Nöllke · Schlagfertigkeit

Schlagfertigkeit

3. Auflage

Matthias Nöllke

Haufe Gruppe
Freiburg · München

Bibliografische Information der Deutschen Nationalbibliothek

Die Deutsche Nationalbibliothek verzeichnet diese Publikation in der Deutschen Nationalbibliografie; detaillierte bibliografische Daten sind im Internet über http://dnb.dnb.de abrufbar

Print: ISBN 978-3-648-06635-5   Bestell-Nr.: 01366-0001
ePUB: ISBN 978-3-648-06636-2   Bestell-Nr.: 01366-0100
ePDF: ISBN 978-3-648-06637-9   Bestell-Nr.: 01366-0150

Matthias Nöllke
Schlagfertigkeit
3. Auflage 2015

© 2015 Haufe-Lexware GmbH & Co. KG, Freiburg
www.haufe.de
info@haufe.de
Produktmanagement: Anne Lennartz

Satz: Agentur: Satz & Zeichen, Karin Lochmann, 83071 Stephanskirchen
Umschlag: RED GmbH, 82152 Krailling
Druck: BELTZ Bad Langensalza GmbH, 99947 Bad Langensalza

Alle Angaben/Daten nach bestem Wissen, jedoch ohne Gewähr für Vollständigkeit und Richtigkeit. Alle Rechte, auch die des auszugsweisen Nachdrucks, der fotomechanischen Wiedergabe (einschließlich Mikrokopie) sowie der Auswertung durch Datenbanken oder ähnliche Einrichtungen, vorbehalten.

Inhalt

Vorwort	**9**
Einführung	**10**
Schlagfertig werden – aber wie?	**11**
Frechheit siegt nicht immer	11
Das spielerische Element	15
Das Ziel: die eigene Souveränität schützen	16
Sie müssen sofort reagieren	20
Schlagfertigkeit gegen Nervensägen	21
Schlagfertigkeit als Spiel	22
Wie Sie Ihr Buch nutzen können	23
Erste Lektion: Körpersprache	**24**
Schlagfertigkeit beginnt mit der Körpersprache	24
Alles eine Frage der Haltung	25
Wie Sie Ihre Gestik einsetzen können	31
Und wie steht es mit Ihrer Mimik?	32
Der Blickkontakt	34
So setzen Sie Ihre Stimme ein	35
Zweite Lektion: Die Blockade verstehen und durchbrechen	**43**
Warum „so etwas" nicht nur Ihnen passiert	43
Wie wir handeln	44
Warum wir so blockiert sind	45
Wie Sie die Blockade durchbrechen	46

Dritte Lektion: Einfache Techniken — 56
Sagen Sie doch was — 56
Die Instant-Sätze — 58
Absurdes Theater — 65

Vierte Lektion: Wie Sie unangemessener Kritik begegnen — 74
Das verletzte Selbstwertgefühl — 74
Das ungerechte Urteil — 75
Die „Gegendarstellung" — 77
Die Nachfrage — 79
Das vergiftete Kompliment — 82
Die Dolmetscher-Technik — 84

Fünfte Lektion: Was tun bei Wut? — 94
Die geballte Energieabfuhr — 94
Bei Wutausbrüchen souverän bleiben — 96
Das „Niederschweigen" — 97
Zwei Grundregeln zur Wutbewältigung — 100
Der Wutkeller — 102
Mit der „Diplomatenzunge" Wut entschärfen — 104
Schützen Sie Ihre persönliche Würde — 106
Darf man die Unbeherrschtheit von anderen ausnutzen? — 109

Sechste Lektion: Schläge unter die Gürtellinie parieren — 111
Die große Häme — 111
Die Umarmungstechnik — 120
„Witzige" Ablenkungsmanöver — 123
Ehrverletzungen — 125
Die „gewissen" Anspielungen — 129

Siebte Lektion: Wie Sie die anderen zum Lachen bringen — 137

Wundermittel Humor — 137
Die lustige Bemerkung — 139
Angriffe parieren — 142
Durchbrechen Sie die Erwartung — 143
Einfach überraschend: Die SIHR-Technik — 145
Nutzen Sie die Ansteckungskraft des Lachens — 150
Die Macht der Anspielung — 151
Spielen Sie den Clown — 155
Machen Sie sich über Ihren Angreifer lustig — 158

Achte Lektion: Schlagfertig vor Publikum — 169

Zuhörer sind überall — 169
Souverän in der Diskussion — 170
Interviews meistern — 181
Die Gegenfrage — 188
Der Gegensog — 191

Neunte Lektion: Schulen Sie Ihr Sprachvermögen — 195

Ihr Handwerkszeug – die gesprochene Sprache — 195
So wird Ihre „Spreche" schlagfertiger — 196
Schlagfertigkeit hoch drei — 205
So werden Sie schneller — 207
Am Ende zurück zum Anfang — 212

Lösungsteil — 214

Über den Autor — 228
Literatur — 229

Vorwort

Als dieses Buch 2002 auf den Markt kam, war nicht zu erwarten, dass es sich schon recht bald zu einem regelrechten Standardwerk entwickeln würde. Immerhin stammt es nicht von einem bekannten Trainer, schlagfertigen Comedian oder mediengewandten „Mr. Schlagfertigkeit", sondern bloß von mir. Und doch gehört es seit Jahren zu den beliebtesten Büchern über Schlagfertigkeit, von Trainern und Seminarleitern empfohlen oder selbst genutzt und auf den Verkaufslisten immer sehr weit vorne zu finden. Etwas überrascht hat mich auch, das Buch auf zwei Literaturlisten zu entdecken. Bei der einen ging es darum, mit Schlagfertigkeit „besser zu flirten", die andere sollte „zur Vorbereitung auf das Abitur" dienen. Den Schülern wurde dieses Werk empfohlen, um bei der mündlichen Prüfung besser zurechtzukommen. Man sieht also: Das Anwendungsgebiet ist von erstaunlicher Breite.

Seit dem ersten Erscheinen des Buches hat das Thema nichts von seiner Aktualität verloren. Noch immer gehören Kurse zur Schlagfertigkeit zu den beliebtesten Seminarangeboten, wenigstens im Bereich Kommunikation. Und noch immer erscheinen Bücher, die neue Aspekte bei diesem Thema entdecken: Schlagfertigkeit mit Zitaten, mit Metaphern oder auch aus der Tiefe des limbischen Systems. Grund genug, eine Neuauflage herauszubringen.

Ich wünsche Ihnen viel Vergnügen bei der Lektüre.

Dr. Matthias Nöllke, München

Einführung

Schlagfertigkeit macht vieles leichter: Mit einer treffenden Bemerkung können Sie unfaire Angriffe abwehren, Konflikte entschärfen, Sympathien ernten, peinliche Situationen meistern oder Ihre Mitmenschen zum Lachen bringen – was manchmal Wunder wirken kann. Wer schlagfertig ist, setzt sich im Allgemeinen besser und vor allem schneller durch; wer schlagfertig ist, kann mit größerer Aufmerksamkeit und höherer Zustimmung rechnen. Wem hingegen das rechte Wort zur rechten Zeit im Hals stecken bleibt, der kann noch so gute Argumente haben, er wird sich schwer tun, wenn er sich gegen zungenfertigere Zeitgenossen behaupten soll. Ob im Berufsleben oder im privaten Bereich, für jeden, der mit Worten umgeht, lohnt es sich seine Schlagfertigkeit zu verbessern. Doch wie macht man das? Kann man Schlagfertigkeit überhaupt lernen und trainieren? Oder ist das nicht vielmehr eine natürliche Gabe, über die einige besonders geistesgegenwärtige Menschen verfügen, während die anderen, die über ein weniger schnelles Mundwerk verfügen, einfach das Nachsehen haben?

Natürlich gibt es einige, die sozusagen von Haus aus einen gewissen Startvorteil mitbringen. Aber das bedeutet nicht, dass man da nicht mit etwas Training aufholen könnte. Im Gegenteil, Schlagfertigkeit ist ganz wesentlich eine Sache der Übung. Auch Menschen, die wir ihrer beeindruckenden Schlagfertigkeit wegen bewundern, haben ihre Fähigkeit erst geübt und weiterentwickelt. Unser Buch will Ihnen helfen, da gleichzuziehen. Vielleicht gelingt es Ihnen sogar leichter als denen, die sich nur auf Ihre naturgewachsenen Talente verlassen. Denn Sie werden Ihre Schlagfertigkeit *systematisch* aufbauen und trainieren, Sie werden die gebräuchlichsten Grundtechniken kennen lernen, Sie werden erfahren, wie man sie einsetzt und in welchen Situationen Vorsicht geboten ist. Sie üben ein, wie Sie Ihre Witzfertigkeit schärfen, Ihren Wortschatz erweitern und unfaire Angriffe souverän parieren können. Dabei werden Sie hoffentlich schnell feststellen, dass Schlagfertigkeit nicht nur nützlich ist, sondern auch Vergnügen macht.

Schlagfertig werden – aber wie?

Schlagfertigkeit boomt. Seit Jahren schon. Es gibt zahlreiche Bücher über die „Magie der Schlagfertigkeit", die „Kunst der Kampfrhetorik" oder „die besten Techniken aller Zeiten". Und nicht zuletzt gibt es gleich zwei TaschenGuides zum Thema „Schlagfertigkeit", die sich bis jetzt knapp 100 000 mal verkauft haben. In Seminaren möchten Ihnen Schlagfertigkeitstrainer zeigen, wie Sie „richtig schlagfertig", „witziger" und „erfolgreicher" werden können. Verschiedene Zielgruppen (Frauen, Verkäufer, Führungskräfte usw.) sollen frisch, fröhlich und frech kontern lernen.

Und natürlich gibt es das bewährte Buch, das Sie gerade in den Händen halten. In diesem Buch lernen Sie Schritt für Schritt ganz praktisch Ihre Schlagfertigkeit zu trainieren. Was aber noch wichtiger ist: Es geht nicht darum, einfach nur witzige oder gar freche Antworten zu finden. Im Kern geht es bei der Schlagfertigkeit, wie wir sie verstehen, immer darum, die eigene Souveränität zu bewahren. Schlagfertigkeit soll Sie schützen, sie soll Ihnen helfen, Ihre persönliche Würde zu behalten. Geht es eher darum, einen möglichst lockeren Spruch anzubringen, kann Schlagfertigkeit – gerade im Berufsleben – höchst nachteilige Folgen haben.

Frechheit siegt nicht immer

Schlagfertige Antworten sind selten besonders nett, das liegt in ihrer Natur. Häufig enthalten sie ein gewisses Quäntchen Bosheit, das gibt ihnen Würze und verstärkt ihre Wirkung. Allerdings liegt darin auch eine große Gefahr. Mit manchen Techniken und Standardantworten, die Sie in einigen Publikationen finden, bekommen Sie garantiert Ärger. Auch wenn der Ton allgemein etwas rauer geworden ist, gilt noch immer: Wer schlagfertig ist, muss nicht unbedingt frech oder gar unverschämt werden. Damit schaffen Sie sich nur Feinde. Und es hilft Ihnen wenig, wenn Sie meinen, die anderen sollten das doch nicht so verbissen sehen. Allzu oft tun sie es eben doch – gerade im Berufsleben. Studien über Mobbing zeigen es ganz deutlich: Sehr häufig beginnt Mobbing mit einer verletzenden, kränkenden Bemerkung. Der „Mobber" rächt sich sozusagen auf seine Weise. Ob das alle Schlagfertigkeitstrainer wissen?

Tipp
> Stellen Sie niemanden bloß. Respektieren Sie immer die persönliche Würde der anderen. Wer andere „in die Pfanne haut", ist nicht schlagfertig, sondern unverschämt.

Sie müssen die Situation richtig einschätzen

Eine schlagfertige Antwort ist immer situationsabhängig. Was heute im Kreise Ihrer Kollegen prächtig ankommt, kann morgen in Gegenwart Ihres Vorgesetzten eisige Stille hervorrufen. Und umgekehrt. Über diesen Effekt schweigen sich die meisten Schlagfertigkeitsbücher jedoch aus. Und das ist kein Zufall. Denn solche Situationen können individuell höchst verschieden sein. Ob Ihr Chef bei der kleinsten Bemerkung an die Decke geht oder sich ausschüttet vor Lachen, darüber kann Ihnen auch das gründlichste Schlagfertigkeitsbuch nichts mitteilen, das bringen Sie besser selbst in Erfahrung – nach Möglichkeit, bevor Sie Ihrem Vorgesetzten gegenüber eine scherzhafte Bemerkung riskieren. Es gibt aber noch einen zweiten Grund, die Situationsanalyse nicht allzu sehr ausufern zu lassen. Denn wenn Sie sich zu viele Gedanken machen, sind Sie blockiert und finden gewiss keine schlagfertige Antwort. Die Wahrheit ist: Sie dürfen sich überhaupt keine Gedanken machen, wenn Sie in der Situation stecken. Sie sollten bereits vorher wissen, was geht und was Sie besser nicht riskieren. Wie Sie ein Gespür dafür entwickeln können, das erfahren Sie in diesem Buch.

Tipp:
> Wer in jeder Situation die gleichen Standardsprüche anbringt, mag viele andere Qualitäten haben, eines ist er gewiss nicht: schlagfertig.

Wann soll man überhaupt schlagfertig sein?

Schlagfertigkeit braucht einen Anlass. Typischerweise handelt es sich um eine unangenehme Situation, mit der Sie nicht gerechnet haben und die Ihnen eine Reaktion abverlangt. Sie werden angegriffen, man macht sich über Sie lustig oder missachtet Ihre Interessen. Testen Sie doch einmal anhand folgender Beispiele Ihre Reaktion:

- Sie sitzen in der Kantine und haben sich gerade einen Kaffee geholt. Da kommt ein Arbeitskollege vorbei und bemerkt: „Na, machen Sie wieder zwei Stunden Kaffeepäuschen?"

  Ihre Reaktion?

  _____

- Sie wollen heute frühzeitig nach Hause. Kurz vor Dienstschluss kommt Ihr Vorgesetzter mit einem Stapel Papier zu Ihnen und erklärt: „Da müssen Sie heute noch drüberschauen."

  Ihre Reaktion?

  _____

- Sie sitzen in einem Meeting. Als Sie gerade reden und die anderen Ihnen interessiert zuhören, sagt Ihr Nachbar laut: „Wann haben Sie sich denn das letzte Mal die Ohren sauber gemacht?" Die anderen lachen.

  Ihre Reaktion?

  _____

- Die neue Sekretärin hat für Sie einen Geschäftsbrief geschrieben, der voller Fehler steckt. Als Sie sie darauf aufmerksam machen, bemerkt sie leichthin: „Seien Sie mal nicht so pingelig. Seit der neuen Rechtschreibung weiß doch ohnehin keiner mehr, wie es richtig geschrieben wird."

  Ihre Reaktion?

  _____

- Sie halten eine Präsentation. Ein humorvoller Kollege hat Ihnen eine Folie untergeschmuggelt, auf der eine boshafte Karikatur Ihres Vorgesetzten zu sehen ist. Als Sie die Folie auflegen, ernten Sie schallendes Gelächter.

  Ihre Reaktion?

  _____

- Sie sprechen mit einem Kollegen. Ihnen unterläuft ein kleines Missgeschick. Ihr Kollege raunzt Sie an: „Sind Sie eigentlich blöd?"

  Ihre Reaktion?

  _____

- Sie sind Mitglied einer etwas antriebsschwachen Projektgruppe. Sie machen Vorschläge und versuchen die anderen ein wenig zur Mitarbeit anzuregen. Ein Kollege wirft Ihnen einen missbilligenden Blick zu und meint verächtlich: „Sind Sie hier der Chef? Oder was?"

  Ihre Reaktion?

Haben Sie Mühe, sich etwas einfallen zu lassen? Oder finden Sie Ihre Reaktion nicht vollkommen überzeugend? Fühlen Sie sich eigentlich nur unbehaglich? Das ist keineswegs ungewöhnlich, sondern die typische Ausgangslage. Übrigens auch für Leute, die sonst durchaus schlagfertig sind. Wir brauchen Schlagfertigkeit gerade dort, wo es uns üblicherweise die Sprache verschlägt. Schlagfertigkeit hilft uns, aus solchen Situationen herauszukommen.

Vorsicht, Verletzungsgefahr!

Schlagfertigkeit funktioniert ein wenig wie ein Fechtkampf und tatsächlich stammt der Begriff auch von dort: Er bezeichnet die Fertigkeit (zurück) zu schlagen, möglichst elegant mit spitzem Florett und natürlich extrem schnell. Wir müssen einen Treffer landen, bevor wir selbst getroffen werden.

Allerdings ist es nicht der Schlagfertige, der angreift. Vielmehr setzt er sich geschickt und geistesgegenwärtig zur Wehr. Er pariert einen Angriff. Das französische Wort „riposte" hat genau diese zwei Bedeutungen. Es bezeichnet den Gegenschlag beim Fechtkampf und die schlagfertige Antwort.

So gesehen ist Schlagfertigkeit nie ganz harmlos; es besteht immer Verletzungsgefahr, denn Schlagfertigkeit ist eine Waffe. Aber eine, die Sie nur zur Selbstverteidigung einsetzen sollten. Sonst kann Schlagfertigkeit schnell destruktiv werden und die Atmosphäre vergiften, auch wenn Sie unter dem Mäntelchen der Scherzhaftigkeit Ihre Schläge austeilen. Und noch etwas gilt es zu beachten: Die Schärfe Ihrer Antwort sollte sich an der Schärfe des Angriffs orientieren. Das bedeutet natürlich nicht, dass Sie jede Replik vorher auf die Goldwaage legen müssen, aber die Verhältnismäßigkeit sollte schon in etwa gewahrt bleiben. Wer nach einem harmlosen Scherz fürchterlich zurückschlägt, reagiert ebenso unangemessen wie derjenige, der hart angegangen wird und leichthin darüber hinweggeht. Im ersten Fall erzeugen Sie Rachegefühle und verlieren Sympathien, im zweiten Fall erzeugen Sie allenfalls Mitleid und riskieren, dass man Sie nicht mehr respektiert. Genau dagegen richtet sich aber Ihre schlagfertige Replik: Sie lassen es nicht durchgehen, dass man Sie unangemessen behandelt.

Das spielerische Element

Zwar geht es häufig um Situationen, die gar nicht besonders lustig sind: Sie werden angegriffen, verächtlich gemacht oder jemand geht Ihnen einfach nur auf die Nerven. Und doch – oder gerade deswegen – kann es sehr hilfreich sein, die ganze Sache spielerisch anzugehen. In vielen Fällen ist die schlagfertige Antwort nicht ganz so ernst gemeint, sondern kommt mit einem Augenzwinkern daher. Warum das? Sehr einfach: Weil Sie damit Ihre Souveränität behalten. Sie bringen zum Ausdruck: Wir spielen nur. Ihr Angriff hat mich nicht wirklich verletzt, sondern ich betrachte ihn als etwas Komisches, das an mir vollkommen abprallt. Ich setze mich jetzt zur Wehr, aber natürlich nur im Spaß. Auch Sie müssen nicht beleidigt sein, denn wir beide spielen ja nur. Oft funktioniert diese „Deeskalationsstrategie" recht gut. Vor allem wenn Ihr Gegenüber Ihrer spielerischen Replik nicht viel entgegenzusetzen hat. Auch manche Provokationen lassen sich auf diese Weise wirksam entschärfen. Allerdings gibt es Grenzen. Wann immer Ihre persönliche Würde verletzt wird, wäre es ein völlig falsches Signal, auf Spiel umzuschalten und die Sache zu verharmlosen. Damit ermuntern Sie Ihren Angreifer nur, seine Angriffe zu verstärken, um Sie beim nächsten Mal noch empfindlicher zu treffen.

Überraschung bitte!
Schlagfertigkeit lebt von der Überraschung. Denken Sie an unseren Fechtkampf. Wenn vorhersehbar ist, wohin Sie „schlagen", dann werden Sie kaum einen Treffer landen. Sie müssen Ihr Gegenüber vielmehr verblüffen. Wenn Ihnen das gelingt, haben Sie schon fast gewonnen. Tatsächlich arbeiten viele Schlagfertigkeitstechniken genau nach diesem Prinzip: Reagiere so, wie es der andere gerade nicht von dir erwartet. Trete aus der Situation heraus – und komme durch die Hintertür wieder herein, so könnte man diese Strategie umschreiben. Wenn der andere überrascht ist, dann fehlen jetzt *ihm* die Worte – und Sie können sich entspannt zurücklehnen.
Allerdings ist das mit der Überraschung nicht immer so einfach. Vor allem scheint es ein Widerspruch in sich zu sein: *Techniken* anzuwenden, mit denen Sie andere überraschen. Techniken, also bewährte Verfahrensweisen, da ist doch alles wohl geordnet, da steckt doch gerade nichts Überraschendes drin – wenigstens sofern die Sache funktioniert.

Da gibt es klare Regeln nach dem Prinzip: Wenn du A oben hineintust, kommt B unten heraus.

Gerade zu Anfang stellt uns das vor ein gewisses Problem. Die Techniken, die Sie im Trainingsteil erlernen und einüben werden, wirken vor allem dann, wenn sie nicht mehr als Techniken zu erkennen sind. Werden sie allzu mechanisch angewendet, verlieren sie viel von ihrer Wirksamkeit. Und doch: Gerade zu Anfang geht es nicht ohne das gewisse mechanische „Knarren". Das sollte Sie nicht beunruhigen. Diese etwas „mechanischen" Techniken, die anfangs ein wenig unbeholfen wirken, sind eine wertvolle Hilfe, um schlagfertig zu werden. Sie funktionieren wie ein Stützkorsett, das es Ihnen ermöglicht, überhaupt erst einmal zu kontern. Wenn Sie ein wenig Übung darin haben, sollten Sie es nach und nach ablegen, um wirklich schlagfertig zu werden. Und Sie werden feststellen, dass Sie unterschiedliche Leute auf ganz unterschiedliche Art und Weise überraschen können. Mehr dazu im Trainingsteil.

Müssen schlagfertige Antworten witzig sein?

Schlagfertigkeit wird nicht selten daran gemessen, inwieweit es Ihnen gelingt, die anderen zum Lachen zu bringen. Auch das hat etwas mit dem Überraschungseffekt zu tun. Wenn die anderen verblüfft sind, fangen sie oftmals an zu lachen. Gut so, Lachen entspannt, Lachen kann einer bedrohlichen Situation den Stachel nehmen. Und schließlich mag man im Allgemeinen die Leute, die einen zum Lachen bringen. Dennoch müssen wir Witzigkeit und Schlagfertigkeit sorgsam unterscheiden. Denn Schlagfertigkeit, wie wir sie verstehen, zielt nicht zuallererst darauf ab, Lachen hervorzurufen, sondern sie will Ihnen helfen souverän aus einer unangenehmen Situation herauszukommen. Komik kann da sehr hilfreich sein (Näheres → S. 137), sie ist aber nur ein Instrument, das Sie einsetzen können oder auch nicht. Denn manchmal ist es besser, auf eine humorvolle Replik zu verzichten und ganz unwitzig zu kontern. Ja, in einigen Fällen kommt nur die humorfreie Antwort in Frage.

Das Ziel: die eigene Souveränität schützen

Wenn es nicht darum geht, einen Lacherfolg zu ernten, worum geht es dann bei der Schlagfertigkeit? – Unserem Verständnis nach besteht das Ziel einer schlagfertigen Antwort darin, die eigene Souveränität zu behalten, auszubauen oder wiederherzustellen. In der „unangenehmen" Situation, in der Schlagfertigkeit gefordert ist, wird unsere Souveräni-

tät bedroht. Zumindest empfinden wir es so. Ein anderer begegnet Ihnen nicht mit Respekt, sondern mit Verachtung. Er ignoriert Ihre Wünsche oder Ihre legitimen Interessen. Es wird etwas von Ihnen verlangt, dem Sie sich eigentlich nicht fügen möchten, dem Sie sich aber auch nicht ganz entziehen können.
Wenn Sie schlagfertig reagieren, bekommen Sie die Fäden wieder in die Hand. Sie bestimmen die Situation – wenigstens soweit es Ihre eigene Person betrifft. Sie gewinnen Ihre Freiheit und Ihr Selbstbestimmungsrecht zurück.

Tipp:
Souveränität (von Lateinisch „superanus" = überlegen): Die Fähigkeit, selbst darüber zu entscheiden, was man tun und lassen möchte. Wer seine Souveränität verliert, lässt sich von anderen steuern – gegen seine Interessen oder sogar gegen seinen Willen. Er ist unfrei.

Warum ist es so wichtig, seine Souveränität zu schützen?

Souveränität bedeutet keineswegs, dass Sie derjenige sind, der bestimmt, wo es lang geht. Auch in einer untergeordneten Position können Sie durchaus souverän bleiben und genau das tun, was man von Ihnen erwartet. Ein souveräner Mitarbeiter ist durchaus loyal und nicht unbedingt auf seinen eigenen Vorteil bedacht.
Im Kern ist Ihre Souveränität das, was Sie als Person auszeichnet. Wenn sie bedroht ist, tun Sie gut daran, sie zu verteidigen. Das hat nichts mit Ihrem Status in einer Organisation zu tun. Vielmehr geht es um Sie als Mensch. Egal, welche Position Sie einnehmen, Sie haben einen Anspruch darauf, mit Respekt behandelt zu werden. Diesen Anspruch können Sie einfordern. Ein besonders elegantes und effektives Mittel, dies zu tun, ist eine schlagfertige Antwort.

Etwas Bosheit muss schon sein

Wenn Sie sich zur Wehr setzen, kann das nicht immer nur höflich und zuvorkommend geschehen. Manchmal müssen Sie sich sozusagen die Hände schmutzig machen, um etwas auszurichten. Sie müssen sich Respekt verschaffen, indem Sie den anderen heftig attackieren, seine Schwächen rücksichtslos offen legen, ja ihn der Lächerlichkeit preisgeben. Mit einem Wort, manchmal müssen Sie richtig boshaft sein. Täuschen Sie sich nicht: Diese Boshaftigkeit ist oft viel schwieriger zu mobilisieren, als man glauben mag. Vor allem im Berufsleben. Dafür gibt es gute Gründe: Schließlich zahlt es sich im Allgemeinen aus, mit seinen Mitmenschen freundlich umzugehen, sie höflich und mit Respekt zu behandeln. Auf diese Weise kommen wir auch mit Leuten gut zurecht, die uns persönlich gar nicht so angenehm sind.

Und doch gibt es Situationen, in denen wir mit Höflichkeit nicht weiterkommen. Im Gegenteil, unsere zuvorkommende Art hindert uns daran, angemessen zu reagieren. Wir wollen Frieden und Harmonie. Und dann werden wir unvermittelt Opfer einer Provokation. Jemand wird frech, er fordert uns heraus, kränkt uns, verletzt unseren Stolz. Und dann? Was tun wir dann? Häufig gar nichts, denn wir fühlen uns wie gelähmt. Wir reagieren hilflos, weil wir nicht gelernt haben, uns angemessen zur Wehr zu setzen.

Manchmal kommt es auch zu einer Überreaktion: Ein kleiner Nadelstich genügt, und man schlägt wild um sich. Man wird zornig oder schmiedet wüste Rachepläne. Mit Schlagfertigkeit und der begrenzten Bosheit, die Sie zum Schlagfertigsein brauchen, hat das natürlich nichts zu tun. Der Konflikt eskaliert und beide Parteien tragen den Schaden davon. Erkennen Sie nun, warum es besser ist, die eigene Bosheit zu pflegen, anstatt sie zu unterdrücken? – Nur so können Sie sie bei Bedarf dosiert einsetzen und lassen sie nicht eskalieren.

Bosheit als Heilmittel

Um keine Missverständnisse aufkommen zu lassen: Es geht nicht darum, ein etwas anrüchiges Verhalten, das wir gerade unter dem Namen „Frechheit" und „Flegelei" verabschiedet haben, durch die Hintertür wieder hereinzuholen. Vielmehr geht es darum, eine Fähigkeit zu kultivieren, die Ihnen bei der Entwicklung Ihrer Schlagfertigkeit zugute kommt: Nämlich ein scharfes Auge zu haben für die kleinen und großen Schwächen Ihrer Mitmenschen. Diese Fähigkeit ist weit weniger entwickelt, als Sie vielleicht annehmen.

> *„Die meisten Menschen sind viel zu sehr mit sich selbst beschäftigt, um wirklich boshaft zu sein." (Friedrich Nietzsche)*

Wenn Sie wissen, wo der andere wirklich Defizite hat und wo er am verletzbarsten ist, dann wissen Sie auch, wohin Sie mit Ihren schlagfertigen Bemerkungen zielen müssen – nämlich in der Regel gerade nicht ins Schwarze hinein, wo Sie den anderen vielleicht „voll erwischen", ihn sich aber zum Todfeind machen. Vielmehr geht es darum, die eigene Bosheit so zu dosieren, dass Sie den Angriff angemessen parieren können. Mehr nicht. Denn auf die Bosheit trifft zu, was auch für viele Gifte gilt: In kleinen Mengen kann sie wirken wie eine Medizin.

Die doppelte Legitimation

Nochmals: Schlagfertigkeit ist keine Flegelei. Die Bosheit einer schlagfertigen Antwort ist niemals Selbstzweck, sie muss gerechtfertigt sein. Sie bedarf sogar einer doppelten Legitimation:

- Sie muss pragmatisch legitimiert sein: Die Schärfe, die Sie Ihrer Antwort geben, muss aus der Situation verständlich sein.
- Sie muss ästhetisch legitimiert sein: Sie müssen Ihren Gegenkonter ein wenig „verpacken", er darf keine plumpe Retourkutsche sein.

Was damit gemeint ist, dürfte unmittelbar klar werden, wenn wir uns jeweils eine konkrete Situation ansehen.

> **Beispiel: Unordnung im Büro**
> Frau Frings hat ein wichtiges Dokument verlegt. Ihre Chefin, Frau Tietze, begibt sich mit ihr auf die Suche und bemerkt angesichts des allgemeinen Durcheinanders: „Frau Frings, in Ihrem Büro herrscht ja das reinste Chaos. Ich bitte Sie, halten Sie in Zukunft besser Ordnung." Frau Frings entgegnet versonnen: „Ach wissen Sie, wer Ordnung hält, ist bloß zu faul zum Suchen."

Diese Antwort ist nicht schlagfertig, sondern unverschämt. Denn Frau Frings fehlt die „pragmatische Berechtigung", über die Bitte Ihrer Chefin einfach so hinwegzugehen und sie dadurch zurückzuweisen. Die Bitte erscheint schließlich nur allzu berechtigt. Wenn Frau Frings ihr nicht nachkommen möchte, braucht sie gute Gründe, die sie darlegen sollte. Doch die Situation ändert sich vollkommen, wenn wir uns vorstellen, dass alles in bester Ordnung ist, eine Kollegin ihre Nase zur Tür reinstreckt und die gleiche Bemerkung macht wie Frau Tietze. Auch wenn der Schreibtisch von Frau Frings gerade ein wenig unaufgeräumt ist, mag ihre Antwort als halbwegs schlagfertig durchgehen. Der Grund: Für die Bitte gibt es keine Berechtigung. Die Antwort von Frau Frings ist also eine etwas nettere Form zu sagen: „Kümmern Sie sich um Ihre eigenen Dinge."

> **Beispiel: „Sie sind vielleicht eine Pfeife"**
> Der Marketingleiter, Herr Fröse, gerät bei seiner Präsentation etwas ins Stocken. Offensichtlich sind zwei Charts vertauscht worden. Sein Kollege vom Vertrieb, Herr Döhler, bemerkt: „Fröse, Sie sind vielleicht eine Pfeife." Fröse antwortet: „Und Sie sind die Oberpfeife, Döhler."

Der Vertriebsleiter Döhler hat sich im Ton vergriffen. Also ist Herr Fröse „pragmatisch legitimiert", sich zur Wehr zu setzen. Schlagfertig ist seine Reaktion jedoch nicht, sondern plump, denn Herr Fröse wiederholt nur das, was Herr Döhler ihm an den Kopf geworfen hat. Um schlagfertig zu sein, muss seine Antwort einen kleinen Umweg gehen, sie braucht einen kleinen Kniff, ein Wortspiel, eine Anspielung. Sonst verpufft sie. Herr Fröse hätte zum Beispiel erwidern können: „Einverstanden, ich bin *vielleicht* eine Pfeife. Aber Sie sind *ganz sicher* die Oberpfeife."

Sie müssen sofort reagieren

Wer schlagfertig kontern will, hat keine Zeit zu verlieren. Er muss unmittelbar antworten. Das gerät gelegentlich in Vergessenheit. Dabei ist das ein ganz entscheidender Punkt. Sie können eben nicht lange überlegen oder Ihre Antwort abwägen. Entweder Sie reagieren sofort oder Sie lassen es bleiben – und schweigen dazu für immer. Eine glänzende Replik ist nichts mehr wert, wenn sie zu spät kommt. Daher sind gerade Menschen mit feinem Humor oft nicht sehr schlagfertig. Sie brauchen viel zu lange, um sich etwas Passendes auszudenken. Und wenn sie doch einmal eine Pointe finden, die sie für geeignet halten, dann scheitern sie nicht selten daran, dass ihr Gegenüber die Antwort nicht versteht. „Worauf will der jetzt hinaus? Geht das gegen mich? Kann mir jemand mal erklären, was er meint?" – Solche Fragen sind natürlich Gift für eine schlagfertige Antwort. Sorgen Sie dafür, dass sie gar nicht erst aufkommen.

Gehen Sie geistig die kurzen Wege

Machen wir uns nichts vor: Es sind die Menschen mit dem etwas rustikaleren Sinn für Humor, die weit schlagfertiger sind als ihre feinsinnigen Kollegen. Dafür gibt es zwei Gründe: Sie werden schneller fündig, und sie sind nicht so wählerisch. Sie haben keine Scheu, eine mittelmäßige Pointe drei-, vier-, fünfmal einzusetzen, durchaus auch in Gegenwart derselben Zuhörer. Damit sind sie vielleicht nicht die geistreichsten Humoristen, doch darum geht es ja auch gar nicht. Es geht um Schnelligkeit und um Treffsicherheit. Wobei Treffsicherheit nicht immer bedeutet, dass Sie einen Blattschuss landen müssen. Wenn wir in der Sprache der Jäger bleiben wollen: Es genügt nicht zu zielen, man muss auch den Abzug lösen.

Gerade wenn Sie für Ihre leise Ironie geschätzt werden, dürften Sie Ihre Schlagfertigkeit beträchtlich erhöhen, wenn Sie die Ansprüche an die Qualität Ihrer Bemerkungen zurückfahren. Allgemein gilt: Perfektionismus ist fehl am Platze. Denken Sie direkt. Nehmen Sie in Ihrem Hirn die kurzen Wege. Dann sind Sie schneller am Ziel. Und was nicht weniger wichtig ist: Die anderen können Ihnen folgen.

Schlagfertigkeit gegen Nervensägen

Zwar ist Schlagfertigkeit in erster Linie ein Mittel zur Selbstverteidigung, wenn wir angegriffen werden. Doch gibt es auch Situationen, die für uns nicht unbedingt bedrohlich sind, in denen uns gleichwohl mit Schlagfertigkeit geholfen wäre. Zum Beispiel, wenn sich jemand bei uns anbiedern will, wenn jemand uns durch seine aufdringliche Freundlichkeit auf die Nerven geht oder wenn Sie jemand für sich vereinnahmen will. Auch und gerade dann ist es äußerst hilfreich, wenn Sie mit einer schlagfertigen Bemerkung die Dinge zurecht rücken können.

> **Beispiel: Wie man einen aufdringlichen Bewunderer loswird**
> Wie viele Wiener Berühmtheiten hatte auch der Theaterkritiker und Feuilletonist Alfred Polgar seinen Stammplatz in einem Wiener Kaffeehaus. Eine Zeitlang wurde er von einem aufdringlichen Bewunderer gequält, der regelmäßig am Tisch von Polgar Platz nahm und seinem Idol mit aufdringlicher Unterwürfigkeit auf die Nerven ging. An einem dieser Abende hielt es Polgar nicht länger aus. Er brach frühzeitig auf. Der Bewunderer beeilte sich ebenfalls zu zahlen und seinen Mantel zu ergreifen. Gemeinsam traten sie nach draußen. „In welche Richtung gehen Sie denn, Herr Polgar?", erkundigte sich der Bewunderer beflissen. Polgar entgegnete kühl: „In die andere."

Bleiben Sie fair

Gerade im Umgang mit Nervensägen gilt der Grundsatz der Verhältnismäßigkeit. Einen schwierigen Charakter der Lächerlichkeit preiszugeben, zeugt nicht gerade von menschlicher Größe, sondern ist abscheulich. Auf der anderen Seite müssen Sie es keineswegs dulden, wenn Ihnen jemand auf die Pelle rückt. Auch das bedeutet nämlich eine Einschränkung Ihrer Souveränität und kann nebenbei bemerkt besonders unangenehm sein, weil sich Ihr Gegenüber einfach nicht abschütteln lässt. Er ist freundlich oder unterwürfig, je nachdem, und er schreibt Ihnen vor, wie Sie Ihre Zeit verbringen, nämlich in seiner Gegenwart. Je nach Art und Ausmaß seiner Aufdringlichkeit können Sie ihn mehr oder weniger dezent darauf hinweisen, dass Sie sein Verhalten nicht sehr schätzen. Erst wenn das nicht weiterhilft, sollten Sie deutlicher werden. Wenn er sich noch immer über Ihre Wünsche hinwegsetzt, müssen Sie handeln.

> **Tipp:**
> Ihre schlagfertigen Bemerkungen sollten sich immer gegen das Verhalten richten, das Sie stört, und nicht gegen die Person.

Lassen Sie sich nicht vereinnahmen

Ihre spitze Zunge ist durchaus auch gefordert, wenn Sie jemand für seine Zwecke einspannen will. Gerade wenn Sie in führender Position tätig sind, wird Ihnen dieser Fall sicher vertraut sein. Da überschüttet Sie jemand mit Komplimenten, wendet sich mit vertraulichen Informationen an Sie oder beklagt sich ausgiebig über jemanden, den er für Ihren Gegner hält – und erwartet von Ihnen, dass Sie sich in irgendeiner Weise erkenntlich zeigen.

Ein solches Manöver können Sie am wirksamsten dadurch durchkreuzen, dass Sie dem anderen zu verstehen geben, dass Sie seine Taktik durchschaut haben und nicht gedenken, sich darauf einzulassen. In manchen Fällen genügen subtile Andeutungen, die nur Ihr Gegenüber versteht. Das hat den Vorteil, dass beide Seiten ihr Gesicht wahren können. Unter Umständen erwerben Sie sich gerade dadurch sehr viel Anerkennung und Respekt. Mehr dazu im Trainingsteil.

Schlagfertigkeit als Spiel

Es gibt noch eine weitere Form von Schlagfertigkeit, eine, bei der Sie sich nicht zur Wehr setzen müssen. Wenn Sie nämlich mehr oder minder freundschaftlich „hochgenommen" werden. Eine lustige Bemerkung, eine augenzwinkernde Anspielung, eine kumpelhafte Frotzelei – das verlangt nach einer passenden, möglichst schlagfertigen Antwort. Sie sollten mithalten, den anderen nach Möglichkeit noch überbieten können, sonst laufen Sie Gefahr als Verlierer dazustehen.

Natürlich können Sie sich dem Spiel auch entziehen. Doch gehen Sie damit das Risiko ein, als humorloser Spielverderber zu erscheinen und als wenig souverän. Einen Spaß können Sie doch schon verstehen, oder?

Alles nicht so ernst gemeint, Sie alter Idiot!

Wir müssen unterscheiden: Zwischen der freundschaftlichen Frotzelei, bei der es darum geht, sich gegenseitig auf die Schippe zu nehmen und gemeinsam seinen Spaß zu haben, und einer unterschwelligen Wettbewerbssituation, bei der es hauptsächlich darum geht, den anderen auszustechen. Das Bemerkenswerte dabei ist, dass sich die beiden Fälle oft zum Verwechseln ähnlich sehen. Vor allem auf Außenstehende wirkt mancher Schlagabtausch ganz anders als auf die Beteiligten. Da scheinen sich zwei Leute Gemeinheiten an den Kopf zu werfen und festigen damit doch nur ihre Freundschaft und gegenseitige Wertschätzung. Gerade unter Männern ist dieses etwas rätselhafte Verhal-

ten recht verbreitet. Ehrentitel wie „alter Idiot" oder „gemeiner Betrüger" sind da durchaus anerkennend gemeint.
Aber das muss nicht immer so sein. Es gibt durchaus Fälle, in denen tatsächlich jemand fertig gemacht werden soll. Aber weil das auf direktem Wege nicht möglich ist, geschieht dies unter dem Deckmantel der Spaßhaftigkeit.
Es empfiehlt sich, auf beide Fälle vorbereitet zu sein. Es ist gewiss nachteilig, wenn Sie auf eine nett gemeinte Frotzelei hin beleidigt sind. Aber ebenso sollten Sie wissen, was zu tun ist, wenn Sie jemand in eine vorgeblich spaßhafte Auseinandersetzung hineinzieht, um Ihnen Gemeinheiten zu sagen.

Wie Sie Ihr Buch nutzen können

In diesem Buch finden Sie insgesamt neun Lektionen, in denen Ihnen unterschiedliche Techniken und Übungen vermittelt werden, die Sie schlagfertiger machen sollen. Die Lektionen bauen aufeinander auf. Zunächst geht es um ganz grundsätzliche Dinge wie die richtige Körpersprache, den Einsatz der Stimme und die Überwindung der geistigen Blockade. Nach und nach lernen Sie verschiedene Techniken kennen, einfache, aber wirksame, witzige, diplomatische, freche und sanfte. Sie erfahren, wie Sie Wutanfällen begegnen, wie Sie Schläge unter die Gürtellinie parieren, was Sie auf ungerechtfertigte Kritik erwidern, wie Sie Ihre Zuhörer zum Lachen bringen, worauf Sie achten müssen, wenn Sie vor Publikum schlagfertig sind und was Sie tun können, um Ihre Schlagfertigkeit zu perfektionieren.
Es empfiehlt sich, das Buch von vorn bis hinten, von Lektion 1 bis 9 durchzuarbeiten; es ist aber ebenso möglich, dass Sie sich einzelne Lektionen vornehmen, wenn Sie eine bestimmte Technik oder ein bestimmtes Thema besonders interessiert. Zu Anfang jeder Lektion erfahren Sie, was Sie in dem betreffenden Kapitel erwartet. Schließlich noch ein Wort zu den Übungen: Sie werden nur dann einen Trainingseffekt erzielen können, wenn Sie die Übungen nicht nur durchlesen, sondern wenn Sie sich die Zeit nehmen, sie tatsächlich auch zu machen. Manche der Übungen können Sie alleine durchführen, für andere brauchen Sie auch (mindestens) einen Partner. Tun Sie sich also nach Möglichkeit mit einem oder mehreren Partnern zusammen. Das wirkt disziplinierend, macht mehr Spaß und gibt Ihnen Gelegenheit, voneinander zu lernen.

Erste Lektion: Körpersprache

Im ersten Kapitel erfahren Sie, was Schlagfertigkeit mit Ihrer Körpersprache zu tun hat und warum es nicht ausreicht, die richtigen Sätze zu sagen. Wir beschäftigen uns mit der Körperhaltung, der Gestik, der Mimik, dem Einsatz der Stimme und dem Blickkontakt.

Schlagfertigkeit beginnt mit der Körpersprache

Es kommt nicht nur darauf an, *was* wir sagen. Mindestens ebenso wichtig ist, *wie* wir es sagen. Und bei dem *Wie* spielt die Körpersprache eine ganz entscheidende Rolle. Die Körpersprache ist sozusagen das Fundament, auf das wir unsere schlagfertige Antwort aufbauen. Wenn das Fundament wackelig ist, gerät auch der Aufbau ins Rutschen. Was Sie mit Ihrem Körper ausdrücken und was Sie mit Ihren Worten sagen, sollte miteinander in Einklang stehen. Gibt es da einen Widerspruch, so wird sich Ihr Publikum immer an das halten, was Ihr Körper zu „sagen" hat.

> **Beispiel: Wenn der Motivator weiche Knie bekommt**
> Die Firma Wendeler steckt in der Krise; die Umsatzzahlen sind rückläufig, Kunden wandern ab. Der Geschäftsführer Heinz Küpper tritt mit einer flammenden Rede vor die Belegschaft, um ihr Mut zuzusprechen. Seine Botschaft: Gemeinsam werde man die Krise meistern. Es gebe bereits Anzeichen einer Verbesserung der Situation. Dabei hält sich Küpper mit beiden Händen am Rednerpult fest, in geduckter Haltung liest er seine Rede ab; an besonders dramatischen Stellen hebt er seine Stimme und ballt die Faust, um sie gleich darauf schlaff neben sich hinsinken zu lassen. Gegen Ende der Rede fangen seine Knie ganz leicht zu zittern an. Welche Botschaft vermittelt er wohl seiner Belegschaft? Niemand der Anwesenden ist überzeugt, dass es jetzt aufwärts geht. Manche denken: Der arme Küpper, andere fühlen sich verschaukelt: Warum erzählt der uns solche Märchen, an die er selbst nicht glaubt?

Der Körper lügt nicht – zumindest nicht so offensichtlich

Mit unserem Körper senden wir ständig Signale aus. Häufig sind wir uns dieser Signale gar nicht bewusst. Teilweise sind sie auch der bewussten Kontrolle entzogen. Wenn sich Schweißperlen auf Ihrer Stirn bilden, sich Ihr Puls beschleunigt oder wenn Sie rot werden, dann geschieht dies einfach mit Ihnen – möglicherweise sogar gegen Ihren Willen. Wenn Sie versuchen, diese unwillkürlichen Körpersignale zu unterdrücken, und gegen sie ankämpfen, so kann die Sache nur schief gehen. Ihr Körper verrät Sie, ob Sie wollen oder nicht.

Körpersprache ist etwas ganz Fundamentales, sie ist ursprünglicher als alles, was wir mit Worten ausdrücken. Daher ist sie auch überzeugender. Wenn Ihnen jemand mitteilt, er sei „zutiefst erschüttert", so werden Sie ihm keinen Glauben schenken, wenn sein Körper nicht dieselbe Botschaft aussendet. Auch wenn er im Ausdruck neutral bleibt, werden Sie ihm die Sache nicht recht abnehmen. Wenn er hingegen gar nichts sagt und einfach nur in sich gekehrt zu Boden starrt, so muss er Ihnen vermutlich seine Erschütterung gar nicht sprachlich mitteilen, damit Sie wissen, was mit ihm los ist.

Kein Zweifel, die Körpersprache ist glaubwürdiger. Und doch kann man auch mit dem Körper lügen oder zumindest etwas vortäuschen. Die Sache ist etwas langwieriger und komplizierter, aber es funktioniert. Sonst gäbe es keine Schauspieler und keine erfolgreichen Hochstapler. Denn wer mit Worten lügen will, muss mit dem Körper anfangen. Uns geht es aber nicht ums Lügen, sondern um einen überzeugenden Ausdruck dessen, was wir sagen wollen. Und da können wir unserer Körpersprache durch ein paar kleine Kniffe aufhelfen.

Tipp:
„Es ist schwieriger, vorhandene Gefühle zu verbergen, als nicht vorhandene vorzutäuschen." – La Rochefoucauld.

Alles eine Frage der Haltung

Wie wir bei den anderen ankommen, das entscheidet sich bereits durch unsere Körperhaltung. Wer mit verschränkten Armen vor seinen Zuhörern sitzt und sie zu einer „lebhaften Diskussion" auffordert, darf sich nicht wundern, wenn sie ausbleibt. Denn die verschränkten Arme signalisieren: Ich blocke ab.

Auf der anderen Seite wirkt jemand einladend, der mit offenen Armen auf uns zugeht (wie es die Showmaster im Fernsehen tun). Was aber das Erstaunlichste ist: Durch die Haltung, die wir einnehmen, beeinflussen wir nicht nur die Art, wie uns die anderen wahrnehmen, vor allem nehmen wir auch Einfluss auf uns selbst, wie wir uns fühlen, wie wir die Situation erleben und welche Gedanken uns durch den Kopf gehen.

Wie sich äußere und innere Haltung gegenseitig beeinflussen

Welche Gefühle wir haben, bringen wir durch unsere Körpersprache zum Ausdruck. Es ist aber auch umgekehrt: Unsere Haltung wirkt auf unser inneres Erleben zurück. Sie kennen das vielleicht aus Stress-Situationen:
Sie sind verunsichert, Ihr Körper spannt sich an, Ihr Atem wird flacher, Ihr Mund wird trocken, Sie fühlen sich elend, Sie sollen etwas sagen, bringen kaum etwas heraus, Ihre Stimme ist brüchig, das erschreckt Sie noch mehr und verstärkt Ihren Stress. Sie kommen einfach nicht aus dieser Spirale des Elends heraus.

Auf der anderen Seite gibt es aber auch eine Spirale des Gelingens. Es geht Ihnen gut, Sie treten selbstbewusst durch die Tür, die anderen geben Ihnen zu verstehen: Ja, den halten wir für selbstbewusst. Das macht Sie sicherer. Sie reden mit fester Stimme, äußern mit der größten Selbstverständlichkeit Dinge, die Ihnen vorher nie eingefallen wären. Sie halten sich für überzeugend und Sie sind es auch. Und weil Sie es sind, halten Sie sich für noch überzeugender und bringen das wiederum zum Ausdruck. Daraus ergibt sich eine Aufwärtsbewegung:

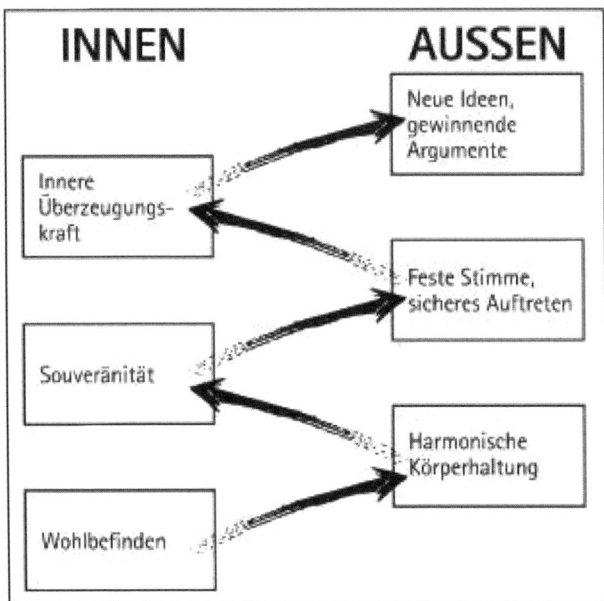

Äußere und innere Signale verstärken einander und können bewirken, dass wir über uns hinauswachsen

Die Kraft des positiven Ausdrucks

Der Zusammenhang zwischen Ausdruck und Gefühl ist vielfach beschrieben worden und wird sogar therapeutisch genutzt. Wenn wir lächeln und zwar richtig, also nicht unser Höflichkeitslächeln aufsetzen, dann zeigt dieses Lächeln nicht nur an, dass wir guter Stimmung sind, sondern es löst gleichzeitig positive Gefühle aus. Die Blutgefäße weiten sich, die das Hirn mit Sauerstoff versorgen, die Stirn entspannt sich, wir sind freier in unserem Denken, unser geistiger Horizont weitet sich. Tatsächlich gibt es eine „Therapie des bewussten Lächelns", die auf natürliche Weise Stress überwinden hilft. Wer sich ängstlich, nervös oder blockiert fühlt, der soll ganz bewusst lächeln und regelmäßig seine Mundwinkel nach oben ziehen. Wissenschaftler vermuten, dass es eine Verbindung zwischen bestimmten Muskelaktivitäten und entsprechenden Hirnzentren gibt. Anders gesagt: Wenn Sie schlechter Stimmung sind, können Sie Ihre Laune einfach dadurch verbessern, dass Sie Ihre äußere Haltung, Ihren Ausdruck verändern. Vorausgesetzt, dass Sie das überhaupt wollen.

Der Effekt hat weitreichende Konsequenzen für unser Thema. Bevor Sie weiterlesen, sollten Sie es einmal an sich selbst ausprobieren. Mit der Übung „Facebuilding", ein Begriff, der auf den Humoristen René Schweizer zurückgeht.

> *Übung: „Facebuilding"*
>
> Ziehen Sie Ihre Mundwinkel auseinander und zwar beide weit nach oben. Ganz so, als ob Sie übertrieben lächeln oder breit grinsen wollten. Ihre Lippen werden sich öffnen. Bleiben Sie ein paar Sekunden so. Mittlerweile hat sich die Ader, die zwischen Jochbein und Stirn verläuft, prall mit Blut gefüllt. Das können Sie mit dem Finger erfühlen. Das Blut wird kurzzeitig im Gehirn zurückgehalten und erzeugt eine Welle angenehmer Gefühle. Wenn Sie alles richtig gemacht haben, müsste das bei Ihnen jetzt auch so sein. Ist das so? Herzlichen Glückwunsch!
>
> Nun ziehen Sie Ihr Gesicht zusammen, senken Sie die Mundwinkel leicht nach unten, verengen Sie die Augen und heben Sie die inneren Teile der Augenbrauen etwas an, so dass die Brauen gespannt sind und sich an der Nasenwurzel eine Falte ergibt. Halten Sie diesen Gesichtsausdruck einen Augenblick lang fest. Wie geht es Ihnen nun?

Was Sie mit einer Haltungsänderung bewirken können

Mit dieser Übung haben wir schon etwas vorgegriffen auf den mimischen Ausdruck. Doch ist es bei der Körperhaltung im Prinzip derselbe Sachverhalt. Nehmen Sie eine sichere Haltung ein, so werden Sie auch innerlich sicherer. Hocken Sie hingegen zusammengesunken auf einer unbequemen Sitzbank, dann dürften Sie es schwer haben, sich zur Wehr zu setzen. Ihnen fehlt buchstäblich der sichere Stand. Wie stark die Körperhaltung Ihre Schlagfertigkeit beeinträchtigt, das können Sie am eigenen Leib erspüren. Indem Sie nämlich Ihre Körperhaltung ändern, sobald Sie angegriffen werden und schlagfertig kontern möchten. Sie sitzen mit übereinandergeschlagenen Beinen auf einem Stuhl, kehren dem „Angreifer" den Rücken zu, sodass Sie Ihren Hals verdrehen müssen, um zu antworten? Dann stehen Sie auf, stellen sich frei in den Raum, so dass Sie Ihrem Gesprächspartner direkt gegenüberstehen. Und nun erst geben Sie Antwort. Egal, was Sie jetzt sagen. Allein die Tatsache, dass Sie sich erhoben haben und dem anderen „auf gleicher Augenhöhe" antworten, wird sich bereits auf die „Schlagkraft" Ihrer Antwort auswirken. Auch das können Sie direkt ausprobieren.

> *Übung: Sicherer Stand*
> Stellen Sie sich auf ein Bein. Das andere halten Sie in die Luft. Ihr Partner übernimmt die Rolle eines Kollegen oder eines Vorgesetzten. Er stellt sich hinter Sie und sagt in vorwurfsvollem Ton so etwas wie: „Warum sind Sie schon wieder hier und machen nicht einfach Ihre Arbeit?" Was geschieht? Wie reagieren Sie? Fällt Ihnen eine Antwort ein? Oder verlieren Sie sogar das Gleichgewicht und fallen um?
> Wiederholen Sie die Übung mit vertauschten Rollen. Und mit zwei kleinen Änderungen. Nun muss sich der „Chef" auf ein Bein stellen, während der Angegriffene selbstbewusst mitten im Raum steht. Wie sind nun die Reaktionen? Wie viel Kraft können Sie Ihrer Antwort mitgeben? Wenn Sie die Sache etwas weiter treiben wollen, dann äußern Sie aus Ihrem sicheren Stand heraus irgendeine Banalität: „Ich will Kuchen holen." Oder: „Soll ich Ihnen auch eine Tasse Kaffee holen?" Das ist gewiss nicht schlagfertig und doch sollten Sie sich damit besser behaupten können als mit jeder Antwort, die Sie auf einem Bein stehend gegeben haben.

So stehen Sie richtig
Ein sicherer Stand ist auf jeden Fall von Vorteil. Doch wie steht man überhaupt sicher? Worauf müssen Sie achten? Was sollten Sie auf jeden Fall vermeiden?
- Stellen Sie Ihre Füße nicht zu eng zusammen. Die Schuhe sollten sich auf keinen Fall berühren. Wenn Sie hingegen zu breitbeinig dastehen, wirkt das provozierend. Je nach Körpergröße bzw. Beinlänge gibt ein Abstand zwischen sieben und zwölf Zentimetern sicheren Stand. Achten Sie darauf, dass Ihre Füße nicht nach innen

zeigen. Wenn sie hingegen ein wenig nach außen zeigen, ist das akzeptabel.

- Stehen Sie frei. Lehnen Sie sich nicht an. Vermeiden Sie, dass Sie allzu dicht „mit dem Rücken zur Wand" stehen. Stehen Sie hinter einem Rednerpult, so verstecken Sie sich nicht dahinter und klammern Sie sich nicht daran fest.
- Versuchen Sie möglichst gerade zu stehen. Eine aufrechte Haltung wirkt wesentlich stärker und Vertrauen erweckender, als wenn Sie Ihren Gesprächspartnern oder Ihrem Publikum gebeugt gegenübertreten.
- Wechseln Sie nicht ständig Ihre Haltung, das kann unruhig und fahrig wirken. Auf der anderen Seite erscheint es steif, wenn Sie über längere Zeit ein und dieselbe Haltung einnehmen.

Manche Menschen haben ein Standbein, das sie besonders stark belasten. Das kann etwas einseitig wirken. Und gesund ist das bestimmt auch nicht, wenn nicht immer wieder abgewechselt wird. Doch manche fühlen sich in dieser Haltung einfach am wohlsten. Und dann ist die Sache auch in Ordnung.

Wohin mit den Händen?

Ein schwieriges Thema, vor allem wenn Sie einen längeren Redebeitrag leisten müssen: Was fangen Sie nur mit Ihren Händen an? Lassen Sie sie einfach herabhängen, sieht das unvorteilhaft aus. Ebenso wenn Sie die Arme verschränken und Ihre Hände verstecken. Das wirkt abweisend. Am sichersten fahren Sie, wenn Sie die Arme leicht anwinkeln und Ihre Ausführungen dann und wann mit einer Geste unterstreichen. Das ist auch die Standardhaltung, die in Seminaren für Rhetorik oder Präsentation vermittelt wird. Vielleicht ist das der Grund, warum sie manchmal etwas steif aussieht.

Doch wenn Sie schlagfertig kontern, halten Sie ja im Allgemeinen keinen längeren Vortrag, sondern fassen sich möglichst kurz. Deshalb können Sie Ihre Hände etwas bedenkenloser einsetzen und ein wenig stärker gestikulieren, ohne Ihre Zuhörer durch ständiges „Fuchteln" nervös zu machen. Auf jeden Fall ist es vorteilhaft, wenn Sie sich mit Ihren Händen Ihrem Gesprächspartner zuwenden, sich ihm öffnen, also nicht mit verschränkten Armen dasitzen oder die Hände irgendwo verborgen halten.

Tipp:
Werden Sie von jemandem angegriffen, der steht, so ist es häufig vorteilhaft, sich ebenfalls zu erheben, um ihm „auf gleicher Augenhöhe" zu antworten. Allerdings ist das nicht immer möglich. Auch verschwindet der Effekt mit zunehmendem Abstand. Je weiter der Angreifer von Ihnen entfernt ist, um so weniger lohnt sich die Mühe aufzustehen.

So sitzen Sie gut

In den meisten Berufen verbringen wir die längste Zeit in sitzender Haltung. Auch hier können Sie eine mehr oder weniger vorteilhafte Körperhaltung einnehmen, wenn Sie kontern wollen. Wie beim Stehen kommt es darauf an, dass Sie sich selbstbewusst zeigen und eine möglichst große Sicherheit ausstrahlen. Achten Sie daher auf die folgenden Dinge:

- Klemmen Sie Ihre Füße nicht hinter die Stuhlbeine. Das wirkt unbeholfen oder nervös. Ziehen Sie überhaupt Ihre Füße nicht unbedingt unter die Sitzfläche, weil Sie damit nämlich unterschwellig zum Ausdruck bringen, dass Sie gehen möchten.
- Schlagen Sie nach Möglichkeit Ihre Beine nicht übereinander. Denn mit dieser Geste nehmen Sie sich zurück, es ist wie das Stehen auf einem Bein. Sie verlieren Ihre Standfestigkeit und die brauchen Sie für Ihre Antwort. Ausnahme: Wenn Sie eine Frau sind und Sie sich in dieser Sitzhaltung sicherer fühlen.
- Nutzen Sie die gesamte Sitzfläche und setzen Sie sich nicht nur auf den Rand. Das wirkt nämlich unsicher und nervös.
- Meiden Sie weiche Sitzmöbel, Polstersessel, in die Sie einsinken, oder Sofas, aus denen Sie sich kaum hochrappeln können. Ebenso Vorsicht bei originellen Designermöbeln. Die Sitzhaltung, die Sie einnehmen müssen, schmälert nicht selten dramatisch Ihre Fähigkeit, sich zur Wehr zu setzen.
- Halten Sie mit beiden Füßen Bodenkontakt, setzen Sie sie nebeneinander vor die Sitzfläche. Idealerweise bilden Ober- und Unterschenkel einen Winkel, der etwas stumpfer ist als der „rechte Winkel" von 90°.
- Sitzen Sie aufrecht und wenden Sie sich mit Ihrem Oberkörper dem „Angreifer" zu. Vermeiden Sie dabei, dass Sie Ihren Kopf verdrehen müssen; rücken Sie lieber Ihren Stuhl entsprechend zurecht. Beugen Sie sich ein wenig vor; so können Sie sich besser konzentrieren.

Wie Sie Ihre Gestik einsetzen können

Sie können die Wirkung einer Aussage verstärken, indem Sie mit Gesten arbeiten, also Ihre Hände zu Hilfe nehmen. In einzelnen Fällen können Gesten auch das gesprochene Wort ersetzen – wenn sie eindeutig sind und den betreffenden Angriff erschöpfend kommentieren. Allerdings sind solche Gesten mit äußerster Vorsicht zu gebrauchen. Denn sie führen nicht selten zur Eskalation.
Weiter verbreitet und letztlich auch hilfreicher sind unterstützende Gesten, mit denen das Gesagte zusätzlich hervorgehoben und kommentiert wird. Etwa wenn Sie mahnend den Zeigefinger erheben, abwehrend Ihre Hände nach unten bewegen oder sie einladend nach jemandem ausstrecken.

Die unscharfe Bedeutung von Gesten

Gesten sind ein Ausdruck unserer Gefühle. Mit ihnen zeigen wir, wie stark wir uns emotional engagieren. Daher können Sie mit der passenden Geste die Wirkung Ihrer Aussage verstärken. Was aber ist eine passende Geste? Das ist gar nicht so leicht zu beantworten, denn es gibt keine eindeutig festgelegte Bedeutung von Gesten. Wir können sie nicht erlernen wie eine Sprache, sondern wir entschlüsseln sie nach Gefühl. Dabei sind Gesten sehr stark kulturell geprägt. In manchen Gesellschaftsschichten und manchen Kulturkreisen wird stärker gestikuliert als in anderen, wo jemand, der viel und heftig gestikuliert als „aufdringlich" erscheint. Auch können sich die Gesten in ihrer Bedeutung sehr stark unterscheiden. Was in dem einen Kulturkreis als schlimme Beleidigung gilt, kann im anderen schlicht unverständlich sein.

Vorsicht vor „aufgesetzten" Gesten

Wir Mitteleuropäer sind eher zurückhaltend mit unseren Gesten. Um so stärker kann die Wirkung sein, wenn Sie ganz bewusst Gesten einsetzen. Denn Gesten machen das Gesagte einfach ausdrucksstärker. Doch Achtung, mittlerweile haben sich gerade unter Führungskräften einige besonders dynamische „Power"-Gesten verbreitet, die oft nur „aufgesetzt" erscheinen. Dadurch kann sich die erhoffte Wirkung leicht in ihr Gegenteil verkehren. Überhaupt ist es immer riskant, fremde Gesten zu übernehmen, die möglicherweise gar nicht zu Ihnen und Ihrer Persönlichkeit passen.
Am besten Sie vertrauen im Wesentlichen Ihrem Fundus von Gesten, über den Sie bereits verfügen. Natürlich können Sie diese Gesten be-

wusster einsetzen und stärker akzentuieren. Wobei übertriebene Gesten schnell etwas Lächerliches bekommen.

Vermeiden Sie negative Gesten

Allerdings sollten Sie sich auch nicht zu sehr auf Ihre vorhandene Gestik verlassen. Es gibt nämlich manche Gesten, die wir ganz automatisch vollziehen, die aber bei den anderen nicht so ankommen, wie wir vielleicht wollen. Dazu gehören Unsicherheitsgesten wie das Schulterzucken oder das Kopfwackeln. „Gewaltgesten" wie Faustschläge oder Würgegriffe. Ebenfalls stark in Verruf geraten ist der Gebrauch des Zeigefingers. Da lohnt es sich schon, auf solche Gesten ganz bewusst zu verzichten.

Beispiel: Weg mit dem Zeigefinger!
Der ehemalige Fraktionsvorsitzende der CDU/CSU im Bundestag, Friedrich Merz, hatte schon immer großes rhetorisches Talent. Allerdings wurden seine geschliffenen Reden – auch von manchen Parteifreunden – als etwas besserwisserisch und oberlehrerhaft empfunden. Vielleicht lag es daran, dass Merz immer wieder mit dem Zeigefinger drohte und ihn wie ein Fallbeil auf- und niedersausen ließ. Vielleicht hat das auch Friedrich Merz eines Tages so gesehen oder ein kompetenter Imageberater hat ihn darauf hingewiesen. Auf jeden Fall ließ Merz den Zeigefinger weg – und aus seinen Reden verschwand das Oberlehrerhafte.

Und wie steht es mit Ihrer Mimik?

Wer in Ihr Gesicht schaut, der bekommt den genauesten Eindruck, was in Ihnen gerade vor sich geht. Sogar wenn Sie versuchen ein Pokerface zu machen. Es ist gewiss kein Zufall, dass es kaum jemandem gelingt, ein völlig ausdrucksloses Gesicht zu machen. Unser Gesicht ist nicht nur ein Spiegel unseres Innenlebens, wir sind auch meisterhaft darin geschult, in unseren Gesichtern zu „lesen". Wir nehmen auch subtile Veränderungen wahr und sind in der Lage, sie zutreffend zu deuten. So können viele ein falsches Lächeln von einem echten unterscheiden – ohne dass sie sagen könnten, worin dieser Unterschied besteht. Aber tatsächlich gibt es einen: Bestimmte Muskeln werden beim falschen Lächeln nicht angespannt, weil wir sie nämlich nicht willentlich beeinflussen können. Tatsächlich können wir unsere Mimik nur zum Teil bewusst steuern. Und das ist auch gut so. Es hat nämlich viele Vorteile, dass wir uns nicht völlig verstellen können, sondern uns immer ein wenig in die Karten schauen lassen. Davon

abgesehen ist ein ehrlicher Umgang miteinander angenehmer und obendrein auch gesünder.
Es geht nicht darum, dass sich auf Ihrem Gesicht etwas abzeichnen soll, was gar nicht Ihrem Innenleben entspricht. Vielmehr möchten wir vermeiden, dass Sie durch vorauseilendes negatives „Facebuilding" in die angesprochene „Stress-Spirale" geraten und sich dadurch selbst blockieren.

Zeigen Sie nicht das „Angstgesicht"
Werden wir attackiert, ist das gewiss kein Grund sich entspannt zurückzulehnen. Allerdings besteht auch kein Anlass, gleich in Panik oder Angststarre zu verfallen. Wie Sie Ihre Blockade überwinden können, dazu erfahren Sie mehr in der nächsten Lektion. Hier geht es uns erst einmal darum, zu vermeiden, dass Sie sich selbst ein Bein stellen. Versuchen Sie Ihre Mimik so weit zu steuern, dass Sie nicht die Augen aufreißen, die Augenbrauen hochziehen und die Mundwinkel nach unten, dabei den Mund vor Entsetzen öffnen; mit einem Wort: Zeigen Sie nicht das so genannte „Angstgesicht", das Sie noch weiter lahm legt und dem Angreifer vermutlich ein besonderes Gefühl der Genugtuung verschafft. Denn er hat Sie voll erwischt, und Sie werden sich kaum noch zur Wehr setzen können.

Vermeiden Sie das elende Lächeln
Nicht weniger fatal, eher noch schlimmer, ist es, wenn Sie versuchen sich in ein Lächeln zu retten. In der Hoffnung, auf diese Weise Ihre Angst zu überspielen. Das funktioniert jedoch nicht. Im Gegenteil: Ihr Lächeln gefriert zu einer grotesken Maske. Und Sie liefern sich ebenso wehrlos dem Angreifer aus. Der Emotionsforscher Paul Ekman hat dieses weit verbreitete Phänomen als das „elende Lächeln" bezeichnet. Es ist ein Ausdruck tiefer Machtlosigkeit. Und das bleibt selbstverständlich auch dem Angreifer nicht verborgen.

Bleiben Sie gelassen
Und welche Miene sollen Sie nun machen? Versuchen Sie einfach gelassen zu bleiben, Ruhe zu bewahren. Nehmen Sie einen möglichst neutralen Gesichtsausdruck an. Ihnen kann nichts geschehen. Sie wissen sich zu wehren, Sie werden Ihre Souveränität behalten. Denn Sie sind derjenige, der allein darüber entscheidet, ob er sich von so einer Bemerkung lähmen lässt.

Der Blickkontakt

Ohne Blickkontakt geht es nicht. Sie können den anderen nur erreichen, wenn Sie ihn anschauen und zwar in die Augen. Dadurch schlagen Sie eine Brücke zum anderen. Und die brauchen Sie – auch und gerade wenn Sie jemand angreift. Wenn wir dem anderen nicht in die Augen schauen können, dann möchten wir eine Beziehung zu ihm unbedingt vermeiden. Dafür kann es zwei unterschiedliche Gründe geben:

- Wir verabscheuen den anderen so sehr, dass er für uns nicht existiert. Wir strafen ihn mit totaler Missachtung.
- Wir fühlen uns dem anderen so sehr unterlegen, dass wir befürchten, jeder Blick von ihm könnte uns vernichten.

In beiden Fällen ist es geradezu ausgeschlossen, dass wir uns mit einer schlagfertigen Replik aus der Affäre ziehen. Wir dürfen den anderen nicht missachten, wir dürfen uns ihm auch nicht so sehr unterlegen fühlen. Wir müssen ihn anschauen. Dann stellen wir fest, dass uns seine Blicke keineswegs vernichten.

In die Augen schauen – aber nicht zu lange

Wenn Sie antworten, suchen Sie den Blickkontakt. Schauen Sie dem anderen in die Augen. Das kann ihn bereits entwaffnen. Heften Sie Ihren Blick aber nicht zu lange auf den anderen. Sonst bekommen Sie Schwierigkeiten. Wie der Anthropologe Irven DeVore meinte, müssten sich zwei Menschen, die sich länger als sechs Sekunden in die Augen schauen, anschließend entweder umbringen oder lieben.

Wie Sie den Blick abwenden

Auch wenn Sie den anderen nicht längere Zeit anstarren dürfen, sollten Sie sich ihm doch im Wesentlichen zuwenden – solange er mit Ihnen spricht (sein Angriff) und solange Sie ihm antworten. Dabei sollten Sie unbedingt den Blickkontakt suchen, wenn Sie *beginnen* zu sprechen und wenn Sie Ihre Bemerkung *abschließen*.

Danach wenden Sie Ihren Blick ab! Unter Umständen können Sie dieses Abwenden noch durch eine Körperdrehung unterstreichen. Mit dieser Geste signalisieren Sie: Die Sache ist für mich abgeschlossen. Sie haben in dieser Situation das letzte Wort gehabt. Ein unschätzbarer Vorteil. Der andere muss jetzt nämlich wieder aktiv werden. Einen neuen Versuch starten. Und das gestaltet sich schwieriger, als Sie vielleicht meinen. Auf jeden Fall erhöht es den Aufwand beträchtlich. Und so soll es sein. Wenn Sie schon jemand angreift, dann wollen Sie es ihm nicht auch noch besonders leicht machen.

Tipp:
Kleine Ursache – große Wirkung: Wenn Sie den Blickkontakt erst herstellen und ihn nach Ihrer Bemerkung wieder aufheben, haben Sie den anderen – wenigstens Ihrer Körpersprache nach – mustergültig ausgekontert. Halten Sie den Blickkontakt hingegen aufrecht, so fordern Sie ihn nachgerade dazu auf, noch einmal nachzulegen.

Übung: Blickkontakt

Ihr Partner wirft Ihnen irgendeine Gemeinheit an den Kopf. Sie blicken ihn an, denken kurz nach, antworten ihm. Wenn Ihnen kein geistreicher Konter einfällt, spielt das nicht die geringste Rolle. Sagen Sie einfach, was Ihnen durch den Kopf geht. Und wenn Ihnen gar nichts durch den Kopf geht, erwidern Sie mit ruhiger Stimme die schlichten Worte: „Was Sie da sagen, finde ich sehr interessant."

Worauf es vielmehr ankommt: Zu Beginn Ihrer Antwort nehmen Sie Blickkontakt auf. Während Sie sprechen, kann Ihr Blick auch kurz abschweifen (denken Sie an die sechs Sekunden von Irven DeVore!). Entscheidend ist, dass Sie wieder Blickkontakt haben, wenn Sie Ihren Satz abschließen, also sagen wir: die letzten drei, vier Worte äußern. Dann wenden Sie sich ab. Was geschieht? Kann Ihr Partner nachsetzen? Und wenn ja, welche Wirkung hat das auf Sie?

Sie wiederholen die Übung; doch diesmal wenden Sie Ihren Blick nicht ab, nachdem Sie Ihre Replik gegeben haben. Wie wirkt sich das aus? Merken Sie, dass nicht mehr Sie die Situation steuern, sondern der andere?

Sie verhalten sich genau so wie bei der ersten Übung, Sie wenden also den Blick nach Ihrem Konter ab. Ihr Partner hingegen weicht Ihrem Blickkontakt aus. Während Sie sprechen und ihm in die Augen schauen, sieht er Sie nicht an. Wie verändert sich dadurch Ihre Position? Spüren Sie, dass Sie durch sein Ausweichen und Wegsehen stärker werden? Wie Ihnen plötzlich eine seltsame Macht zuwächst?

So setzen Sie Ihre Stimme ein

Bis jetzt haben wir uns damit beschäftigt, wie Sie optisch wirken: Durch Ihre Körperhaltung, Ihre Gesten, Ihre Mimik und Ihre Blicke. All diese Aspekte sind sehr wichtig. Damit bereiten Sie nämlich den Boden für Ihre schlagfertige Antwort. Doch die wird natürlich nicht zu sehen, sondern zu hören sein. Und was wir da hören, ist Ihre Stimme. Wenn Ihre Stimme nicht passt, geht auch die treffendste Bemerkung daneben. Ist die Stimme zu schrill, zu dünn, zu blechern, zu leise oder zu verwaschen, nehmen Sie Ihrer Antwort viel von ihrer Wirkung. Stimmtherapeuten behaupten, 80 % einer Aussage werde über die Stimme transportiert. Zwar ist nicht ganz klar, wie sie das gemessen haben, aber dass die Stimme starken Einfluss darauf hat, wie etwas aufgenommen wird, daran gibt es keinen Zweifel.

Der Ton macht die Musik

Mit Ihrer Stimme „färben" Sie Ihre Botschaft. Dabei stehen Ihnen erstaunliche Möglichkeiten offen: So können Sie die größte Gemeinheit so zuckersüß verpacken, dass der andere es Ihnen nicht einmal übel nimmt. Oder Sie antworten mit einer Banalität, der Sie mit Ihrer Stimme eine solche Bedeutungsschwere geben, dass Ihr Gegenüber ganz nachdenklich wird.

Das funktioniert allerdings nur, wenn Sie Ihre Stimme so virtuos beherrschen wie ein Instrument. Das kann man üben, die verschiedenen Ausdrucksmöglichkeiten ausprobieren und verfeinern. Ein wenig werden wir auch in unserem Buch solche Möglichkeiten ausloten. Doch bevor wir uns dieser „hohen Kunst" zuwenden, geht es zunächst einmal um die solide Grundlagenarbeit.

Denn leider sprechen viele Menschen nicht gut, wenn sie sich gegen einen Angriff zur Wehr setzen und schlagfertig kontern wollen. Der Grund: Sie stehen unter Stress, sie verkrampfen sich, das macht ihre Stimme eng und schrill. Manche Männer verfallen beim Versuch, sich zu wehren, auch in einen „bellenden" Tonfall, der keineswegs stark, sondern nur angestrengt klingt.

Kennen Sie Ihr „Stimmenrepertoire"?

Ihre Stimme ist etwas ganz Individuelles. Sie hat ihre eigene Geschichte und ihre eigenen höchst unterschiedlichen Ausdrucksmöglichkeiten. Sie verfügen über ein breites Repertoire von Stimmen, die Sie ganz nach Bedarf einsetzen. In aller Regel denken Sie nicht bewusst darüber nach, sondern „verfallen" einfach in einen bestimmten Tonfall, wenn Sie in eine entsprechende Situation geraten.

Häufig funktioniert das auch recht gut. Wir sprechen mit einem Kunden anders als mit unserem Ehepartner. Ganz automatisch wechseln wir den Tonfall, wenn ein Vorgesetzter in die gesellige Runde unserer Arbeitskollegen tritt. Wie wir da jeweils sprechen, das ist den meisten Menschen nicht bewusst. Und das kann ein Problem werden – wenn sie nämlich in entscheidenden Situationen nicht den richtigen Ton treffen.

- Es gibt Leute, die fangen seltsam an zu näseln, wenn sie mit einem Menschen reden, den sie für wichtig halten, z. B. mit einem Vorgesetzten oder einem Kunden. Kurioserweise wirkt ihr Näseln oftmals arrogant oder antriebsschwach. Ein Eindruck, den sie sicherlich nicht erzeugen wollen.

- Manche Frauen verfallen gegenüber ihrem Vorgesetzten in einen „Kleine-Mädchen"-Tonfall. Ihre Stimme wird höher, manchmal sogar piepsig. Dadurch geraten sie in eine schwache, ja hilflose Position.
- Auch manche Männer machen sich in kritischen Situationen dadurch klein, dass sie mit zu hoher Stimme reden. Andere versuchen ihre Aufregung zu kompensieren und setzen ihre Stimme zu tief an, dann klingt sie aber wenig ausdrucksstark, sondern eher monoton und schnarrend.
- Ein weit verbreiteter Fehler bei wichtigen, offiziellen Anlässen: Im Bemühen, ja keinen Fehler zu machen, fangen viele Menschen an, monoton zu sprechen oder auch zu leiern.

Tipp:
Solche Schwachstellen im Repertoire lassen sich nur dann beheben, wenn Sie sich den betreffenden Tonfall bewusst machen. Und dann ebenso bewusst „gegensteuern". Das geht aber nur, wenn Sie Ihre Stimme aufzeichnen und anschließend aufmerksam abhören. Denn in der jeweiligen Situation können Sie nicht gleichzeitig sprechen und Ihre Sprechweise analysieren.

Treffen Sie den richtigen Tonfall

Um eine schlagfertige Antwort rüberzubringen, brauchen Sie nicht gleich eine Sprecherziehung. Es ist schon viel gewonnen, wenn Sie sich einfach auf die Kernfrage konzentrieren: Was wollen Sie mit Ihrer schlagfertigen Replik transportieren? Eine mögliche Botschaft wäre: Ich bin souverän. Genau das sollte dann auch Ihre Stimme ausstrahlen. Souveränität. Alles, was angestrengt klingt oder aufgeregt, sollten Sie vermeiden. Sprechen Sie ruhig, entspannt und doch mit fester Stimme. Achten Sie auf Ihre Tonhöhe. Setzen Sie vor allem als Frau nicht zu hoch an. Aber auch die sonoren Tiefen haben ihre Tücken – wenn Ihnen nämlich in dieser Stimmlage das Volumen fehlt. Versuchen Sie vielmehr in Ihrer optimalen Stimmlage zu sprechen, die Fachleute sprechen vom „Schokoladenton". Wie Sie den finden, erfahren Sie gleich.

Nicht zu laut und nicht zu leise ...

Auch die richtige Lautstärke ist wichtig. Wer leise spricht, der macht sich klein und signalisiert: Was ich sage, ist nicht wichtig. Allerdings gibt es auch eine leise Sprechweise, die außerordentlich machtvoll sein kann. Wenn Sie damit nämlich den anderen dazu zwingen, Ihnen konzentriert zuzuhören. Doch das funktioniert nur, wenn Sie bereits in einer relativ hohen Position sind. Ansonsten werden Sie einfach nur überhört. Häufig sprechen Menschen, die angegriffen werden, aber zu laut. Auch das ist höchst problematisch. Sie verfallen dann nämlich in einen Tonfall, der sehr unangenehm klingt: Viele Frauen werden schrill, viele Männer fangen an zu „schreien" oder zu „bellen". Kurz gesagt, es hört sich sehr angestrengt und wenig souverän an. Und Sympathien werden Sie durch Geschrei auch nicht ernten.

Der scherzhafte Tonfall

Sehr wirkungsvoll kann es hingegen sein, wenn Sie einen scherzhaften Tonfall anschlagen. Vorausgesetzt natürlich, dass Ihre Antwort dazu passt. Interessanterweise ist der scherzhafte Tonfall individuell sehr verschieden. Manche pflegen einen eher „trockenen" Stil und antworten, wie man in England sagt, „tongue in cheek", mit der Zunge in der Wange. Andere verstehen sich prächtig aufs Augenzwinkern, während die dritten ganz auf ihr ansteckendes Lachen bauen. Egal, welchem Humortyp Sie angehören, ein scherzhafter Tonfall kann Ihre Schlagfertigkeit beträchtlich unterstützen. Denn indem Sie einen Witz über die Sache machen, erweisen Sie sich als souverän. Mehr dazu im Kapitel über Komik und Lachen (→ S. 137).

So finden Sie Ihren „Schokoladenton"

Wir haben es eben angesprochen: Jede Stimme hat ihren so genannten „Schokoladenton". Damit ist die optimale Tonhöhe gemeint, die Sie daran erkennen, dass Ihre Stimme weich und kräftig zugleich klingt – wie Schokolade eben. Etwas prosaischer formuliert: Auf dieser Tonhöhe erzeugen Sie in Ihrem Körper die größte Resonanz. Und weil wir alle unterschiedlich gebaut sind, gibt es auch unterschiedliche „Schokoladentöne".

Der „Schokoladenton" spielt in der Gesangsausbildung eine wichtige Rolle, doch beim Sprechen können wir natürlich genauso davon profitieren. Denn wenn Sie auf der Höhe Ihres „Schokoladentons" sprechen, kostet Sie das die geringste Mühe, ein bestimmtes Volumen zu erreichen. Ihre Stimme klingt angenehm und am wenigsten angestrengt.

> **Übung: Wo steckt der „Schokoladenton"?**
> Stellen Sie sich hin. Öffnen Sie den Mund zu einem langen und lauten „Ooooh". Legen Sie die Hand auf Ihren Brustkorb. Spüren Sie, wie er mitschwingt? Verändern Sie gleitend Ihre Tonhöhe. Werden Sie erst höher, dann tiefer. Spüren Sie, wo Ihr stimmliches Zentrum sitzt, wo der Ton plötzlich richtig „fett" wird? Die Nachbartöne erzeugen nicht so viel Resonanz in Ihrem Brustkorb. Es ist dieser eine Ton, der sich deutlich hervorhebt. Wenn Sie ein Musikinstrument zu Hause haben und einen Anhaltspunkt brauchen: Bei Frauenstimmen liegt der „Schokoladenton" häufig im Bereich vom „eingestrichenen" d, bei Männerstimmen eine Oktave darunter.

Sprechen Sie artikuliert

Eine gute Artikulation wirkt sich ebenfalls positiv auf Ihre Stimme aus. Sie sprechen verständlicher, angenehmer und Sie wirken überzeugender. Wer undeutlich spricht, erweckt keinen souveränen Eindruck. Er erscheint unsicher, so als würde er sich nicht trauen, deutlich auszusprechen, was er sagen will. Oder aber er wirkt nachlässig. Ihm ist es offenbar nicht wichtig verstanden zu werden. Für eine bessere Artikulation gibt es ein einfaches Mittel: Bewegen Sie Ihren Mund und Ihre Lippen.

> **Übung: Klarer sprechen mit dem Korken**
> Wenn Sie einen Korken zwischen die Zähne nehmen und laut sprechen, verbessern Sie Ihre Artikulation. Um sich überhaupt verständlich zu machen, bewegen Sie ganz automatisch viel stärker Ihren Mund, formen Sie die Laute deutlicher mit Ihren Lippen. Sprechen Sie daher mehrmals hintereinander die folgenden Sätze. Erst ohne Korken, dann zweimal mit Korken, dann wieder ohne Korken: „Eine Zwischenlagerung dieses zweckentfremdeten Auslaufmodells kommt zum gegenwärtigen Zeitpunkt für uns nicht in Frage." – „Fünfhundert archaische Chinesen schliefen keuchend und wachten kichernd auf." – „Küche und Kirche, Kuchen und Knochen, Lebertran und Löschwasser." – Nehmen Sie die Sätze mit einem Kassettenrekorder auf und kontrollieren Sie nach: Klingen einzelne Laute noch undeutlich? Versuchen Sie ganz bewusst die Laute nachzuformen. Üben Sie immer wieder mit dem Korken.

Wie steht es mit dem Dialekt?

Anders sieht die Sache aus, wenn Sie einen Dialekt sprechen und die anderen Sie nur schwer verstehen. Dann ist nicht die Artikulation das Problem, sondern dass in Ihrem Dialekt bestimmte Laute anders ausgesprochen werden als im Hochdeutschen. Es gibt spezielle Sprecherziehungskurse, die Ihnen helfen können, sich gegenüber den „Hochsprachlern" besser verständlich zu machen. Im Übrigen können Sie Ihren Dialekt durchaus für schlagfertige Kommentare nutzen. Das wird Ihnen leichter fallen und Ihrer Antwort womöglich auch mehr Würze geben.

Schlagfertig mit Sprachfehler

Um keine Missverständnis aufkommen zu lassen: Ein Sprachfehler ist durchaus kein Hinderungsgrund, schlagfertig zu sein. Im Gegenteil, wer mit Sprachfehler schlagfertig ist, zeigt und stärkt sein Selbstbewusstsein. Und schließlich funktioniert es ja auch. Viele Menschen, die wegen ihrer scharfen Zunge geachtet oder gefürchtet werden, haben einen Sprachfehler.

Das steht keineswegs im Widerspruch zu unseren Bemühungen, unsere Stimme zu verbessern. Davon werden Sie auf jeden Fall profitieren. Nur – Ihre Stimme ist etwas höchst Individuelles, etwas, das ganz und gar zu Ihnen gehört. Ein Ausdruck Ihrer unverwechselbaren Persönlichkeit. Daher geht es auch nicht darum, Ihre Stimme glatt zu schleifen oder sie an einem bestimmten Ideal auszurichten. Auch wenn Sie die Ausdrucksmöglichkeiten Ihrer Stimme besser nutzen, so bleibt sie doch ganz und gar Ihre Stimme.

Richtig atmen

Die Atmung bildet das Rückgrat Ihrer Stimme. Sie sprechen, während Sie ausatmen. Solange Sie Luft holen, können Sie nicht sprechen. Sie brauchen eine „Atempause". Diese Pausen gliedern unseren Redefluss. Haben wir genügend Luft, können wir in weiten Bögen sprechen. Das bedeutet nicht, dass wir weitschweifig oder „langatmig" werden, sondern dass wir länger die Spannung halten können. Das wirkt sich im Allgemeinen positiv auf unser Sprechen aus. Wir haben mehr Gestaltungsmöglichkeiten. Ein langer, ruhiger, tiefer Atem ist ein guter Sprechatem.

Ihr Atem teilt Ihren Redefluss

Viele Menschen atmen zu oft ein und zu schnell aus. Dadurch werden sie kurzatmig. Sie setzen auch ihre Pausen nicht richtig. Weil sie Sorge haben, dass ihnen buchstäblich die Luft ausgeht, atmen sie an der falschen Stelle, nämlich mitten im Satz. Dadurch zerhacken sie den Sinnzusammenhang. Ein solcher Satz hört sich einfach falsch an. Wiederholen Sie nur mal laut den letzten Satz und atmen Sie vor dem Wörtchen „falsch". Wenn Sie an der richtigen Stelle Atem holen, dann hört sich das nicht nur besser an, sondern Sie erleichtern Ihren Zuhörern auch das Verständnis.

Nicht bei jeder Sprechpause einatmen
Häufig wird bei jeder Sprechpause geatmet. Das ist jedoch nicht immer empfehlenswert. Denn bei jedem Einatmen beginnt ein neuer Spannungsbogen. Wenn Sie eine Sprechpause machen und *nicht* atmen, *halten* Sie die Spannung. Das kann ein recht brauchbares Mittel sein, Ihre Rede interessanter zu machen.

Atmen Sie tief ein
Eine tiefe Atmung, bei der Sie viel Luft holen, ist eine gute Atmung. Das heißt allerdings nicht, dass Sie Ihren Mund aufreißen sollten, um möglichst viel Luft in die Lunge zu bekommen. Dieses „Luftschnappen" ist grundfalsch, meist ist es auch keine tiefe, sondern eine bedenklich flache Atmung.
Atmen Sie also lieber durch die Nase – und mit dem Bauch, nicht mit der Brust. Die Bauchatmung sorgt für mehr Luft und verleiht Ihrer Stimme eine größere Stabilität. Sie können die unterschiedlichen Atemtechniken durchaus einmal ausprobieren.

> *Übung: Kurzer Atem, langer Atem*
> Holen Sie Luft. Und lesen Sie. Diesen Text. Bitte laut. Das erste Mal atmen Sie bitte. Bei jedem Punkt. Ein. Das zweite Mal. Machen Sie bei jedem Punkt. Eine Pause. Aber atmen Sie nicht. Sondern halten Sie. Die Spannung. Das dritte Mal. Lesen Sie diesen Text. Ohne Pause von vorn bis hinten. Durch.

Atmen unter Stress
Besonders wenn wir in Stress-Situationen geraten, kann ein ruhiger tiefer Atem Erstaunliches bewirken. Stress lässt sich buchstäblich wegatmen. Allerdings verfallen die meisten genau in die falsche Art zu atmen. Sie atmen kurz und flach. Ganz aufgeregt und schnell. Sehr oft öffnen sie dabei den Mund, um Atem zu holen. Manchmal schnappen sie regelrecht nach Luft wie ein Fisch auf dem Trockenen. Und so ist ihnen auch zumute.
Denn diese Art der Atmung, wie wir sie häufig in Stress-Situation erleben, verschlimmert unseren Zustand beträchtlich. Sie vertreibt unsere Angst nicht, im Gegenteil, sie steigert sie noch. Dieses panikhafte Atmen allein kann Angstzustände auslösen.

Versuchen Sie also, wenn es stressig wird, wenigstens nicht noch tiefer in diese Falle hineinzugeraten. Konzentrieren Sie sich auf Ihre Atmung und atmen Sie bewusst ganz langsam und ruhig. Erst wenn sich die stürmischen Atemwellen ein wenig beruhigt haben, sollten Sie anfangen zu sprechen. Ansonsten würden Sie mit einer abgehackten, atemlosen Sprechweise dazu beitragen, Ihren Zustand zu verschlechtern.

Zweite Lektion: Die Blockade verstehen und durchbrechen

Schlagfertigkeit brauchen wir vor allem bei unangenehmen Überraschungen, in Situationen, in denen unsere Souveränität bedroht ist. Aber gerade da fehlen uns meist die Worte. Erfahren Sie in diesem Kapitel, warum das so ist. Und mit welchen Mitteln Sie die Blockade überwinden können

Warum „so etwas" nicht nur Ihnen passiert

Sie gehen in ein Kaufhaus und wenden sich an eine Verkäuferin, um zu erfahren, wo es hier Batterien gibt. Die Verkäuferin mustert Sie von oben bis unten und bemerkt kopfschüttelnd: „Wo kommen Sie denn her? In der Elektroabteilung natürlich!" Was sagen Sie darauf? Wenn Ihnen keine passende Antwort einfällt, dann geht es Ihnen wie den meisten. Wir sind in solchen Situationen einfach sprachlos oder äußern irgendeinen verunglückten Sarkasmus wie etwa: „Oh, entschuldigen Sie vielmals, dass ich frage." Dann setzen wir unseren Weg fort und ärgern uns. Über die Verkäuferin, aber auch über uns selbst. Sind wir in der Elektroabteilung angekommen, geht uns ganz sicher ein Satz im Kopf herum, den wir hätten sagen sollten. Vielleicht ist der auch nicht sehr beeindruckend, aber allemal besser als das, was wir gesagt haben. Doch warum ist uns nicht einmal dieser blöde Satz eingefallen? Wieso haben wir so hilflos reagiert – gegenüber dieser etwas rüden Verkäuferin, die uns nun wirklich nicht hätte in Verlegenheit bringen dürfen. Warum passiert „so etwas" nur uns? Und warum passiert es immer wieder?

Wir sind einfach nicht vorbereitet
Die Wahrheit ist: Es passiert nicht nur Ihnen und mir, sondern fast alle Menschen kennen solche Situationen. Sogar Schlagfertigkeitstrainern verschlägt es hin und wieder die Sprache. Der simple Grund: Mit bestimmten Situationen rechnen auch sie nicht. Solche mehr oder minder unangenehmen Überraschungen legen uns lahm, gerade wenn wir ansonsten sehr genau wissen, wie wir uns verhalten sollen.

Böse Überraschungen lauern überall

Bei allem, was wir tun, handeln wir immer vor dem Hintergrund unserer Erwartungen. Im Allgemeinen fauchen uns die Verkäuferinnen im Kaufhaus nicht an, sondern behandeln uns freundlich und zuvorkommend. Wir müssen nicht damit rechnen, dass wir angefahren werden, wenn wir uns höflich nach den Batterien erkundigen. Genau das macht uns anfällig für die bösen Überraschungen, die gerade dort lauern, wo wir uns so sicher fühlen, dass wir gar nicht mehr überlegen müssen, was wir tun sollen. Hätten wir ständig mit schlecht gelauntem Verkaufspersonal zu tun, so würde uns die rüde Reaktion der Verkäuferin nicht überraschen. Und wir wären auch nicht überfordert, darauf zu reagieren. Wir hätten uns eine bestimmte Verhaltensweise zurecht gelegt oder auch mehrere, und aus diesem Erfahrungsschatz würden wir uns dann bedienen. Aber so? Wir wissen nicht, was wir tun sollen, weil unsere Erwartungen durchkreuzt worden sind. Das wirft uns aus der Bahn und macht uns ratlos.

Beispiel: Versteckte Kamera
>Nach diesem Prinzip funktionieren auch die beliebten Filme, die mit versteckter Kamera gedreht werden. Jemand wird mit einer Situation konfrontiert, die seine Erwartungen über den Haufen wirft. Kaum einer ist in der Lage, da noch souverän zu bleiben. Als Zuschauer lachen wir darüber, denn die Sache ist ja nicht ernst und wird am Ende aufgeklärt. Mittlerweile sind die „Streiche mit versteckter Kamera" allerdings so verbreitet, dass es fast schon zum Verhaltensstandard geworden ist, nach einer versteckten Kamera Ausschau zu halten, sobald etwas rätselhaft erscheint.

Wie wir handeln

Es entspricht zwar nicht ganz unserem sorgsam gepflegten Selbstbild als bewusst handelnde Wesen, aber über die meisten Dinge, die wir tagaus, tagein tun, denken wir nicht nach. Oder sagen wir treffender: Wir denken *nicht mehr* darüber nach. Und das ist auch gut so, denn es ermöglicht uns etwas viel Entscheidenderes, nämlich schnell und sicher in dieser Welt zurecht zu kommen.

Aus Erfahrung haben wir bewährte Routinen ausgebildet, die mehr oder weniger automatisch ablaufen. Teilweise handelt es sich dabei um recht komplexe Verhaltensweisen, die aber weitgehend ohne den Zugriff des kritischen Verstands ablaufen. Dafür gibt es einen guten Grund: Nachdenken ist aufwändig und braucht Zeit. Darum geraten die Dinge, die sonst wie am Schnürchen klappen, oftmals gerade dann in Unordnung, wenn wir, wie es so schön heißt, unseren „Verstand einschalten".

> **Beispiel: Rechts oben oder links unten?**
> Bei einem Fußballspiel gelangte der dänische Stürmer Brian Laudrup allein vor das gegnerische Tor. Er spielte den letzten Abwehrspieler aus, dann den Torwart, der aus seinem Tor herausgelaufen war. Der Stürmerstar befand sich völlig allein mit dem Ball vor dem freien Tor. Da machte er einen Fehler: Er dachte nach. Soll ich den Ball rechts oder links ins Tor schießen, überlegte Laudrup. Eine Frage, die nicht so schnell zu entscheiden war, denn im Prinzip sprachen ebenso viele Gründe für die eine wie für die andere Seite. Außerdem hätte Laudrup auch in die Mitte schießen können. So aber schoss er – am Tor vorbei.

Unser Verstand braucht seine Zeit

Überall, wo wir uns auskennen, wo wir sicher sind, kommen wir ohne Nachdenken besser zurecht. Wenn eine Situation hingegen neu ist oder schwer zu durchschauen oder unsere Orientierung nicht mehr stimmt, dann kommt automatisch unser Verstand ins Spiel. Auch das ist durchaus zweckmäßig, denn mit unserem Verstand können wir die Situation analysieren und gründlich darüber nachdenken, was jetzt am besten zu tun wäre.
Unser Verstand ist dazu bestens geeignet; nur braucht er seine Zeit. Und diese Zeit haben wir nicht, wenn wir schlagfertig kontern wollen. Die Folge: Wir zermartern uns das Hirn und erwarten, dass wir ebenso schnell eine Antwort finden wie auf dem „automatischen" Wege. Das kann jedoch nicht gelingen. Je mehr wir uns unter Druck setzen, schnell eine Lösung zu finden, umso stärker blockiert uns das.

Warum wir so blockiert sind

Unsere gewohnten Verhaltensweisen stehen uns nicht mehr zu Verfügung. Wir müssen erst darüber nachdenken, eine neue zu entwickeln. Gleichzeitig stellen wir uns unter einen enormen Zeitdruck. Dadurch überfordern wir uns. Wir strengen uns an, die Situation zu bereinigen, machen aber alles noch schlimmer. Wir fühlen uns hilflos, unfähig und schwach.
Es nagt an unserem Selbstwertgefühl, dass wir solche Dinge nicht im Griff haben, sondern unsere Souveränität verlieren. Dass diese Situationen meist keine Katastrophen sind, sondern eher kleine Ärgernisse, bestärkt uns nur in unserem Empfinden, versagt zu haben. Dabei ist

unsere Verhaltensweise keineswegs ein persönlicher Defekt, sondern die natürliche Reaktion auf die bestehenden Umstände. Wir haben uns sozusagen selbst in einen Zustand der Schockstarre versetzt.

Stress verengt unser Denken

In solchen Situationen geraten wir unter Stress – und das gibt uns sozusagen den Rest. Denn Stress macht unser Denken eng. Wir sind beschränkt auf die Alternativen: Weglaufen oder Angreifen. Dabei müssten wir eigentlich unser Denken öffnen und erweitern, um schlagfertig zu kontern. Stattdessen jagen in unserem Kopf die Gedanken wild durcheinander, uns bleibt die Luft weg, wir werden kurzatmig und die Kehle wird trocken.

All diese Symptome verstärken sich gegenseitig und legen uns lahm. Es ist wie bei einem Ertrinkenden, der heftig um sich schlägt und genau dadurch verhindert, dass man ihn noch retten kann. Hier betrifft es unsere eigenen Rettungsversuche: Je mehr wir uns aus der Situation befreien wollen, umso tiefer geraten wir in die Blockade hinein. Was können Sie da noch tun? Steigen Sie aus dieser Situation aus. Vergessen Sie den anderen und/oder die peinliche Situation, in der Sie sich befinden. Richten Sie Ihre Aufmerksamkeit auf sich selbst und versuchen erst einmal sich zu beruhigen. Lassen Sie die Sache an sich vorüberziehen. Das nächste Mal wird es besser laufen.

Wie Sie die Blockade durchbrechen

Führen wir uns noch einmal die Faktoren vor Augen, die eine Blockade verursachen:

- Böse Überraschung: Damit haben Sie nicht gerechnet!
- Souveränität ist bedroht: Wenn Sie nicht reagieren, sehen Sie schlecht aus.
- Tempo, Tempo: Sie müssen ganz schnell etwas unternehmen.
- Angeknackstes Selbstwertgefühl: Die anderen sind stark, Sie fühlen sich schwach.
- Ertrinkender-Syndrom: Je stärker Sie sich wehren, um so schneller gehen Sie unter.

Daraus ergeben sich mehrere Ansatzpunkte, wie Sie aus der Blockade wieder herauskommen können oder gar nicht erst in sie hineingeraten.

Seien Sie offen für Überraschungen

„Das passiert mir nicht noch mal! Beim nächsten Mal sage ich das-und-das!" Das ist die übliche Reaktion, wenn wir den Schock erst einmal verdaut haben. Wir meinen, wir könnten die Blockade verhindern, indem wir uns gründlich vorbereiten. Indem wir uns einfach nicht überraschen lassen, sondern alles vorausplanen. Nach dem Muster: Wenn Fall A eintritt, dann reagiere ich mit B. Wenn eine Verkäuferin mir den Spruch x entgegenschleudert, dann kontere ich mich mit Spruch y. Leider treffen wir dann nie eine Verkäuferin, die uns den Gefallen tut, uns genau die Grobheit an den Kopf zu werfen, auf die wir so meisterlich reagieren könnten. Stattdessen geschieht etwas ganz und gar Abwegiges. Etwas, mit dem ja wohl niemand rechnen konnte ... Und wir hängen wieder fest und sind blockiert.

Wir können uns nicht wirklich schützen, indem wir uns auf alle Eventualitäten vorbereiten. Das macht uns nur unflexibel. „Baue keine Festung" lautet eine altchinesische Weisheit zur Kriegskunst, denn die Festung ist starr und schließt uns ein. Sind die Feinde einmal eingedrungen, wird die Festung zur tödlichen Falle. Das ist das eine, das zweite: Die Welt steckt voller Überraschungen. Damit müssen wir leben. Nicht immer handelt es sich ja um unangenehme Überraschungen ...

Tipp:
Bleiben Sie offen für Überraschungen: Legen Sie nicht alles fest, planen Sie nicht zu eng, lassen Sie zu, dass auch mal Dinge schief gehen können.

Wie Sie dennoch vorbereitet sind

Sollen Sie die Dinge also einfach auf sich zukommen lassen? Nicht unbedingt, denn es kann Ihnen tatsächlich helfen, wenn Sie sich gedanklich mit bestimmten Situationen auseinandersetzen – bevor sie eintreten. Dann können Sie besser und souveräner reagieren. Schlagfertig eben. Auf dieses Prinzip baut ja auch unser Buch. Schlagfertiger sein heißt sehr oft einfach nur: besser vorbereitet sein. Das steht keineswegs im Widerspruch zur eben beschworenen „Offenheit" für Überraschungen, sondern baut darauf auf. Es gibt da nämlich zwei Punkte zu beachten:

- Bleiben Sie flexibel. Kleben Sie nicht an bestimmten Sätzen und Situationen. Variieren Sie Ihre Formulierungen und stellen Sie alles auf den Kopf. Versuchen Sie spielerisch zu sein; dadurch bleiben Sie auch offener für Überraschungen.

- Konzentrieren Sie sich auf die wichtigen – und wahrscheinlichen – Fälle: Wenn Sie einen Vortrag halten, sollten Sie wissen, wie Sie auf Störer reagieren. Sie sollten Ihre „wunden Punkte" kennen, die sich jemand herausgreift, der Sie verletzten will. Genau dazu überlegen Sie sich einen passenden Spruch.

Tipp:
Als „eiserne Reserve" können Sie sich einen Fundus von Bemerkungen zurecht legen, die irgendwie immer passen, wenn Sie in eine unangenehme Situation geraten (mehr dazu → S. 58).

Gewinnen Sie Abstand

Wenn Sie bereits in der Situation stecken, in der Sie überrumpelt werden, ist es für die beste Vorbereitung zu spät. Dann müssen Sie blitzschnell überlegen, was zu tun ist. Am wichtigsten ist zunächst einmal eines: Lassen Sie sich von der unangenehmen Situation nicht überwältigen. Versuchen Sie Distanz zu gewinnen.

Das ist durchaus möglich. Es lässt sich sogar regelrecht einüben, wie Sie gleich sehen werden. Sie sollten sich bewusst machen, dass Sie es in der Hand haben, diese Situation für sich zu ändern. Entscheidend ist nicht, was die anderen von Ihnen erwarten. Entscheidend ist allein, was Sie aus der Situation für sich machen. Sie müssen Ihre Handlungsfähigkeit wiedergewinnen. Der erste Schritt dazu heißt: Treten Sie aus der Situation heraus.

Der „innere Aufprallschutz"

Von der Kommunikationstrainerin Barbara Berckhan stammt der Begriff vom „inneren Aufprallschutz", der anschaulich beschreibt, worum es geht. Sie bauen eine Art inneren Schutzschild auf, der verhindert, dass Sie verletzt werden. Der „innere Aufprallschutz" lässt die bedrohliche Situation gar nicht so nah an Sie heran. Er federt alles ab. Sie können sich die Sache vorstellen wie eine Glocke aus Panzerglas, die Sie sich im Bedarfsfall überstülpen können. Sie sehen und hören alles, aber es kann Ihnen nichts passieren. Die anderen können mit ihren Fäusten auf der Glocke herumtrommeln, ihre Schläge prallen ab. Den Schmerz haben nicht Sie, sondern allenfalls die anderen. Sie befinden sich in einem geschützten Raum, der es Ihnen möglich macht, souverän und selbstbestimmt zu bleiben.

Tipp:
Der „innere Aufprallschutz" hilft Ihnen schwierige Situationen durchzustehen und gelassen zu bleiben: Gegenüber aufgebrachten Kunden, schlecht gelaunten Familienmitgliedern, hämischen Kollegen oder cholerischen Vorgesetzten. Durch solche Situationen müssen Sie durch – und das gelingt Ihnen mit diesem Hilfsmittel.

Übung: So bauen Sie einen „inneren Aufprallschutz" auf
Den „inneren Aufprallschutz" können Sie nicht erst aufbauen, wenn Sie in der unangenehmen Situation stecken. Sie fangen vorher damit an. Wenn Sie entspannt sind und sich in einer ruhigen, stabilen Verfassung befinden. Also zum Beispiel jetzt. Wenn wir uns an Barbara Berckhan halten, so brauchen wir dafür vier Schritte:
1. Erinnern Sie sich an eine Situation, in der Sie relativ gelassen geblieben sind und mit kühlem Kopf reagiert haben, obwohl es hoch her ging. Wie war das? Was ging in Ihnen vor? Wie haben die anderen reagiert?
2. Bauen Sie vor Ihrem geistigen Auge einen Schutzschild auf. Stellen Sie sich die Sache so konkret wie möglich vor. Als Glasglocke, Kunststoffhaube, Schutzanzug oder weiches Polster, das alle Stöße abfängt. Entscheiden Sie sich für das Bild, das Ihnen am besten gefällt und bleiben Sie dabei.
3. Verbinden Sie einen passenden Satz mit Ihrem Schutzschild, den Sie sich in einer heiklen Situation vorsagen können. Zum Beispiel: „Das trifft mich nicht." Oder „Ich bin in Sicherheit." Damit verankern Sie die Vorstellung und sorgen dafür, dass sie im Fall des Falles auch wirklich verfügbar ist.
4. Lassen Sie die Vorstellung vom Schutzschild auf sich wirken. Schalten Sie ihn ein und aus. Beobachten Sie, was passiert. Die Launen und Stimmungen der anderen treffen Sie nicht mehr. Sie sind in Ihrem eigenen Gefühls- und Gedankenraum in Sicherheit.

Versuchen Sie es mal mit Humor

Wir haben es schon angesprochen: Wenn wir blockiert sind, dann reagiert unser Körper leider so, dass er die Blockade noch verstärkt. Warum eigentlich? Sonst reagiert unser Körper doch immer so vernünftig. Auch in diesem Fall hat das Reaktionsmuster durchaus seinen Sinn. Oder zumindest hat es ihn einmal gehabt. Es war sogar überlebenswichtig in einer Zeit, in der unsere Vorfahren möglichst schnell vor einem plötzlich auftauchenden Säbelzahntiger davonlaufen mussten: Im Körper schrillen die Alarmglocken, unsere Muskeln spannen sich an, es zieht sich alles zusammen.
In solchen Augenblicken ließen unsere Vorfahren alles stehen und liegen und ergriffen die Flucht. Und weil sie überlebt haben und diejenigen, die die ganze Sache etwas entspannter angehen ließen, aufgefressen wurden, hat sich diese Verhaltensweise auf uns vererbt. Dum-

merweise ist dieses tief verwurzelte Reaktionsmuster nun nicht mehr so nützlich, weil (glücklicherweise) keine Säbelzahntiger mehr hinter unserem Schreibtisch auftauchen.

Wenn wir in den unangenehmen Situationen, wie sie heute auf uns lauern, wenigstens weglaufen könnten, würde sich zumindest ein Ventil öffnen, durch das unsere Energie abfließen könnte. So aber staut sich die Angst bei uns an. Wir werden immer verkrampfter und reagieren mit einem zweiten Verhaltensprogramm: dem Totstellreflex.

Durch Humor werden Sie wieder handlungsfähig

Doch wir sind unserem biologischen Erbe nicht vollständig ausgeliefert. Wir können wieder handlungsfähig werden. Wir müssen sozusagen eine Art Gegenprogramm fahren und uns *entspannen*. So weit, wie es eben geht. Wir müssen alles aus der Situation heraussaugen, was irgendwie geeignet ist, unsere Spannung abzubauen. Ein besonders gutes Mittel dafür ist der Humor.

- Mit Humor schaffen Sie Distanz und bleiben dennoch *in* der Situation. Sie laufen also nicht vor den Problemen davon oder verschließen die Augen.
- Humor wirkt befreiend und baut den Stress ab.
- Humor macht Sie kreativ, Sie kommen auf neue Gedanken.
- Humor bringt Ihnen das zurück, was durch die belastende Situation bedroht war: Ihre Souveränität.

Wie Sie Humor auch in belastenden Situationen zeigen

In unangenehmen Situationen ist uns ja nun gerade nicht zum Lachen zumute. Wir müssen also selbst etwas dafür tun, damit die Dinge für uns komisch werden. Tatsächlich funktioniert dies ein wenig nach dem Prinzip des Freiherrn von Münchhausen, der sich an seinem eigenen Schopf aus dem Sumpf gezogen hat.

- Sie können versuchen sich aufzuheitern. Denken Sie an etwas Lustiges, eine komische Geschichte, einen Witz, irgendetwas, über das Sie lachen müssen.
- Entdecken Sie die Komik in der Situation selbst. Vielleicht erscheint es Ihnen mit einem Mal furchtbar komisch, dass Sie da in diesem Kaufhaus stehen, sich nichts ahnend an eine Verkäuferin gewandt haben, deren Aufgabe es eigentlich sein sollte Ihnen zu helfen und die Sie stattdessen anraunzt.

- Stellen Sie sich die Situation komisch vor. Verändern Sie in Ihrer Fantasie die Szenerie. Ersetzen Sie die beteiligten Personen durch Tiere oder setzen Sie ihnen rote Clownsnasen auf. Von einem erfolgreichen Verhandlungsführer wird berichtet, er hätte sich in kritischen Situationen die anderen einfach nackt vorgestellt, was sich sehr angstmindernd ausgewirkt hätte.

Natürlich funktioniert diese Strategie nur, wenn die Situation nicht zu ernst und zu belastend ist, sondern auch ihre heitere oder zumindest ihre lächerliche Seite hat. Aber das werden Sie schon selbst spüren, weil Sie dann erst gar nicht auf die Idee kommen, hier etwas Komisches zu suchen. Allerdings ist die Fähigkeit, Komik zu entdecken oder in eine Situation hineinzutragen, individuell sehr verschieden ausgeprägt. Wenn Sie diese Fähigkeit besitzen, sollten Sie sie pflegen. Denn eines ist sicher: Sie kann vieles, was Sie belastet, erträglicher machen.

> *Übung: Der Unternehmenszoo*
>
> Stellen Sie sich Ihre Mitarbeiter, Ihre Vorgesetzten, Ihre Kunden und Ihre Konkurrenten als Tiere vor. Nehmen Sie sich ruhig Zeit dafür. Überlegen Sie, welches Tier zu wem passt. Gibt es einen Löwen, ein Ferkel, einen Affen, eine Maus? Ist Ihr Chef eher ein dickhäutiges Nilpferd oder ein bissiger Terrier oder ein durchtriebener Fuchs? Kann jemand die Rolle des Faultiers übernehmen? Fällt Ihnen eine geeignete Ziege ein, eine Schlange, ein Kojote oder ein Kaninchen? Und was ist mit Ihnen? Welches Tier passt zu Ihnen? Bär, Königstiger oder Flunder? Versuchen Sie die einzelnen Tiere noch etwas näher zu charakterisieren: Ist der Löwe ein stattlicher König der Wildnis oder ein altes, faules, zahnloses Zootier? Sie können auch mehrere Exemplare derselben Art nehmen. Vielleicht gibt es in Ihrem Unternehmen ja nur Mäuse oder Heuschrecken oder Haifische? Kleiner Tipp: Sie finden womöglich leichter das passende Tier, wenn Sie an bestimmte Konstellationen denken. Frau A und Herr B arbeiten zusammen wie... Katze und Maus? Katze und Hund? Hornisse und Pferdebremse?
>
> Wenn Sie Ihr Personal beisammen haben, dann sollten Sie darangehen und sich eine Geschichte ausdenken. Dabei können Sie an vorhandene Ereignisse anknüpfen und sie maßlos übertreiben. Machen Sie kleine Probleme riesengroß. Erzählen Sie eine Geschichte vom großen Fressen und Gefressenwerden. Oder etwas anderes, was Sie zur Zeit beschäftigt. Schreiben Sie diese Geschichte auf. Sie werden sehen, dass Ihnen diese Übung in der nächsten unangenehmen Situation im Kollegenkreis gute Dienste erweist.

Haben Sie den „Mut zur Frechheit"

Gehören Sie auch zu den Zeitgenossen, die es sich mit niemandem „verscherzen" wollen? Schon gar nicht mit einem Vorgesetzten? Sind Sie der Meinung, es ist besser den Mund zu halten und die Sache

„hinunterzuschlucken"? Oder wenn Ihnen ein Kollege frech kommt, erwidern Sie dann lieber nicht seinen Angriff? Weil ja ein Konflikt oder ewige Feindschaft daraus entstehen könnte – wie war das noch mit dem Mobbingbericht (→ S. 11)?

Wenn Sie so denken, werden Sie Ihre Blockade kaum durchbrechen können. Denn schlagfertig sein und niemandem wehtun, das geht nicht. Sie müssen sich schon ein wenig trauen. Ein kleines Risiko müssen Sie eingehen. Und es lohnt sich. Denn erstens leben Sie gesünder, wenn Sie den Ärger nicht länger in sich hineinfressen, sondern sich mit angemessenen Mitteln wehren. Zweitens stärken Sie Ihr Selbstbewusstsein und Ihr Selbstwertgefühl. Und drittens werden Sie davon profitieren, wenn Sie Ihren Mitmenschen deutlich machen, wann sie zu weit gegangen sind. Wenn Sie das nicht tun, dürfen Sie nicht erwarten, dass diese Leute in Zukunft Rücksicht nehmen.

Gerade wenn Sie ein friedliebender, höflicher Mensch sind, tut Ihnen ein wenig „Mut zur Frechheit" ganz gut. Sie werden feststellen, wie angenehm es ist, wenn Sie sich im Bedarfsfall Respekt verschaffen können. Außerdem werden Sie merken, dass Sie sich viel mehr herausnehmen können – wenn Sie sich nur trauen. Wenn Ihnen in einer unangenehmen Situation also nichts anderes einfällt als eine freche Antwort – halten Sie sich nicht zurück. Es wird Ihnen gut tun und Ihrem Ansehen wird es eher nutzen als schaden.

Spaßmacher haben es leichter

Ein gewisser „Mut zur Frechheit" zahlt sich aus. Gar nicht so sehr weil sich die anderen vor Ihrer spitzen Zunge in Acht nehmen, sondern weil schlagfertige Menschen gute Stimmung verbreiten, wenn ihre Bemerkungen treffend und witzig sind – und nicht gehässig. Wir mögen Leute, die uns zum Lachen bringen. Und solange uns die anderen nicht auslachen, sehen wir dem Spaßmacher einiges nach. Er kann sich mehr herausnehmen als jeder andere. Vor allem wenn er sich selbst auch nicht so ganz ernst nimmt.

Kleine Frotzeleien erhalten die Freundschaft

Gegenseitige Wertschätzung kann sich durchaus in kleinen frechen Bemerkungen ausdrücken. Man nimmt den anderen ein wenig „auf die Schippe", zum Beispiel wegen der liebenswerten kleinen Schwächen, die er so hat. Oder man macht ihm völlig abstruse Vorwürfe. Der andere kontert und macht sich über uns und unsere Eigenarten lustig. Beide Seiten können sich darüber amüsieren und haben ihren Spaß dabei. Der angenehme Effekt: Durch solche Neckereien oder Frotzeleien festigt sich das Vertrauensverhältnis.

Allerdings funktioniert die Frotzelei nur unter bestimmten Voraussetzungen:

- Beide Seiten müssen „auf einer Wellenlänge" liegen. Wenn Sie einen Kollegen mal eben in aller Freundschaft hochnehmen, der Ihre Art von Humor nicht versteht, so bekommen Sie ein Problem.
- Bei allen Bemerkungen muss das Augenzwinkern deutlich zu spüren sein. Es muss klar sein, dass alles, was Sie sagen, nicht ernst gemeint oder gar feindselig ist.
- Wenn Sie dem anderen scherzhaft Dinge unterstellen, dann nur solche, die Sie ihm natürlich niemals ernsthaft unterstellen (etwa dass er Sie ständig belügt oder sich auf Ihre Kosten auf die faule Haut legt). Sonst kommt eine Zweideutigkeit in die Sache und die harmlose Frotzelei kann bösartig werden.
- Sie dürfen nur harmlose Schwächen aufs Korn nehmen oder solche, die den anderen nicht belasten. Hat der andere da ein echtes Problem, dann dürfen Sie nicht darüber frotzeln.

Zum letzten Punkt ist noch zu bemerken, dass dabei nicht Ihre Sicht der Dinge maßgeblich ist, sondern die Einschätzung des anderen. Wenn der andere unter seinem Haarausfall leidet, dann sollten Sie dazu keine „lustigen Bemerkungen" machen – auch wenn Sie der Ansicht sind, eine Glatze würde dem anderen sogar gut stehen.

Andersherum gilt: Wenn Sie unter einer Schwäche des anderen leiden, die der andere völlig harmlos findet, dann können Sie sehr wohl darüber frotzeln. Zum Beispiel wenn der andere immer zu spät kommt, was Sie ärgert, den anderen aber völlig kalt lässt.

Hören Sie nicht das Gras wachsen

In manchen Situationen ist es gewiss nicht schlecht, wenn man auf eine Frotzelei gar nicht einsteigt, sondern ganz sachlich antwortet. Wenn Sie nämlich den Eindruck haben, dass die Sache ernst gemeint ist und man Sie „auf die lustige Tour" in Pfanne hauen will. Oftmals ist es jedoch so, dass die Sache wirklich harmlos ist und der andere sich mal von seiner lustigen Seite zeigen will. Da kann es die Stimmung ungemein entspannen, wenn Sie auf die Frotzelei einsteigen und die Sache vollends ins Absurde ziehen.

Beispiel: Hilfe, ich werde angefrotzelt!

Frau Peters ist Texterin bei einer Werbeagentur. Sie hat für ein Unternehmen eine Broschüre getextet und soll die letzten Änderungen mit dem Marketingleiter, Herrn Blume abstimmen. Herr Blume ist mit dem Text zufrieden, es gibt so gut wie keine Änderungen. Abschließend bemerkt er augenzwinkernd: „Ist ja wirklich nicht viel Text für so viel Geld. Das haben Sie doch in zwei Stündchen zusammengeschrieben, Frau Peters." Frau Peters schluckt trocken und sagt: „Mit allem Drum und Dran habe ich sieben Stunden gebraucht. Ich habe zu unserem üblichen Honorarsatz abgerechnet."

Frau Peters hätte zum Beispiel antworten können: „Zwei Stunden? Wir reden von Minuten!" Oder: „Ich habe dabei nur an Ihren Vorteil gedacht. Je weniger ich schreibe, desto weniger müssen Sie lesen."

Wie frech dürfen Sie sein?

Wie witzig oder aggressiv Sie sich zur Wehr setzen sollten, hängt ganz von den Umständen ab. Sie brauchen ein Gespür dafür, was Sie dem anderen in der jeweiligen Situation zumuten können. Sie sollten die Schärfe Ihrer Antwort von den folgenden Faktoren abhängig machen:

- Schärfe des Angriffs: Eine harmlose Frotzelei sollten Sie auch harmlos beantworten. Wer Sie hingegen bloßstellen oder gar fertig machen will, den sollten Sie auch etwas härter anfassen.

- Humorfähigkeit Ihres Gegenübers: Es gibt Menschen, die verstehen überhaupt keinen Spaß, vor allem wenn er auf ihre Kosten geht. Da sollten Sie ganz behutsam sein. Bei Leuten mit Humor können Sie entsprechend mehr riskieren.

- Abhängigkeitsverhältnis: Gegenüber Personen, auf die Sie angewiesen sind, sollten Sie sich eher zügeln.

- Stärke des Angreifers: Wenn Sie jemand attackiert, der Ihnen intellektuell deutlich unterlegen ist, sind milde und witzige Antworten eher am Platz als vernichtende Gegenschläge. Sie sind auch fairer. Anders sieht die Sache aus, wenn derjenige aus anderen Gründen (Geld, Status, Macht) in einer starken Position ist. Dann brauchen Sie keine übertriebene Fürsorge an den Tag zu legen.

- Publikum: Findet die Auseinandersetzung in Gegenwart von anderen statt, müssen Sie eine Entscheidung treffen, was Ihnen wichtiger ist: das Publikum oder ein ungetrübtes Verhältnis zum anderen?

Wenn Sie Publikum haben, kommt es natürlich auch darauf an, wie die Sympathien verteilt sind: Haben Sie alle gegen sich? Ist das Publikum gemischt, neutral oder gar mehrheitlich auf Ihrer Seite? Auf eine wirklich schlagfertige Bemerkung vor einem Publikum sollten Sie allerdings nur selten verzichten – auch wenn es gegen Sie eingestellt ist. Nicht immer ernten Sie damit Sympathien, doch zumindest Respekt. Und – wer weiß? – vielleicht zeigt Ihre wenig nette Antwort langfristig dann doch Wirkung.

Tipp:
Bei aller Frechheit und Respektlosigkeit dürfen Sie eine Grenze auf keinen Fall überschreiten: Die Menschenwürde eines anderen dürfen Sie niemals verletzen.

Schlagfertig mit dem Ellenbogen?

Während manche sich nicht trauen, einen frechen Spruch anzubringen, weil sich jemand dadurch gekränkt fühlen könnte, übertreiben es andere in die Gegenrichtung: Sie setzen Schlagfertigkeit ein, nicht obwohl, sondern weil sie andere dadurch verletzen. Schlagfertigkeit ist für sie ein Mittel, um nach vorne zu kommen, um andere wegzustoßen, um die eigene Überlegenheit zu zeigen und zu genießen. Sie sind schlagfertig nicht mit der Zunge, sondern mit dem Ellenbogen. Diesen rücksichtslosen Einsatz von Schlagfertigkeit lehnen wir ab. Nach unserem Verständnis soll Schlagfertigkeit dazu dienen, die eigene Souveränität wiederherzustellen und nicht andere einzuschüchtern. Davon abgesehen wird niemand für seine Schlagfertigkeit mit dem Ellenbogen Sympathie erwarten dürfen. Vielmehr wird er alle negativen Gefühle, allen Neid und alle Missgunst auf sich ziehen. Wenn Sie derjenige sind, der sich einem solchen Ellenbogen-Menschen gegenüber schlagfertig behauptet, können Sie mit der größten Zustimmung rechnen.

Dritte Lektion: Einfache Techniken

In diesem Abschnitt stellen wir Ihnen die ersten Techniken vor, die Sie schnell erlernen und sofort einsetzen können. Es sind einfache Techniken, die sicher nicht zur hohen Kunst der Schlagfertigkeit gehören, die aber im praktischen Einsatz sehr effektiv sein können. Sie entwickeln einen Fundus von Allzweck-Antworten, auf die Sie zur Not immer zurückgreifen können – auch wenn Ihnen mal gar nichts einfällt.

Sagen Sie doch was

Jemand haut Ihnen irgendeine Frechheit um die Ohren. Was sollen Sie bloß darauf erwidern? Sie fangen an nachzudenken – und damit beginnt das Unglück: Ihnen fällt auf die Schnelle nichts ein. Das blockiert Sie noch mehr, diesen Mechanismus haben wir ja gerade kennen gelernt (→ S. 46). Wir sitzen in der Falle, weil wir meinen, wir müssten etwas Passendes erwidern. Dabei kommt es zunächst darauf an, *überhaupt etwas* zu erwidern. Und wenn es der größte Unsinn ist. Das klingt vielleicht etwas überraschend. Schlagfertige Leute geben doch gerade eine passende Antwort. Sie sind doch nicht schlagfertig, weil sie Unsinn reden, sondern weil ihre Antworten so treffend sind. Solche treffenden Antworten wollen wir auch geben. Wie das geht, soll uns dieses Buch vermitteln.
Einverstanden. Nur müssen wir erst laufen lernen, bevor wir tanzen können. Bezogen auf die Schlagfertigkeit heißt das: Zunächst einmal müssen wir dafür sorgen, dass Sie in der Situation etwas sagen. Das ist ein großer wichtiger Schritt im Vergleich zur Sprachlosigkeit, mit der wir bisher immer wieder auf solche Situationen reagiert haben.

Tipp:
Sobald Sie etwas sagen, fällt die Hilflosigkeit von Ihnen ab. Sie äußern sich und nehmen damit Einfluss auf die Situation. Sie sind nicht länger nur Opfer.

Das Prinzip Selbstbehauptung

Es ist in der Tat erstaunlich, aber allein dadurch, dass Sie überhaupt etwas äußern, tun Sie bereits den ersten Schritt, um sich zu behaupten. Dabei macht vor allem der Ton die Musik (→ S. 36). Natürlich werden Sie wenig Wirkung erzielen, wenn Sie mit zittriger, ängstlicher Stimme sprechen. Antworten Sie hingegen in einem ruhigen, selbstbewussten Ton, trägt das sehr viel zu Ihrer Selbstbehauptung bei. Diesen Effekt können Sie auch an anderen beobachten. Wer ruhig redet, wenn er hart angegangen wird, der ist in der Situation niemals schwach. Auch wenn er Sätze sagt wie: „Dazu fällt mir wirklich gar nichts ein." Oder: „Ich denke nicht daran, zu Ihren Vorwürfen irgendetwas zu sagen." Der Unterschied: Wenn Sie schweigen, bleiben Sie der Situation ausgeliefert. Wenn Sie sprechen, nehmen Sie Einfluss.

> *Übung: Nullsätze*
> Eine Übung, bei der Sie wieder einen Partner brauchen, mit dem Sie nach dem ersten Durchgang die Rollen tauschen können. Ihr Partner greift Sie an. Er macht Ihnen irgendwelche Vorwürfe (z. B. „Du bist faul wie ein Sack Mehl!") oder macht sich über irgendwelche vermeintlichen Schwächen lustig („Haben Sie Deine Brillengläser aus Colaflaschen gemacht?"). Er kann auch einen der Beispielangriffe aus dem Buch übernehmen. Sie antworten darauf gar nichts, überlegen vielleicht, was Sie darauf erwidern könnten, aber Sie sagen nichts. Dann spielen Sie die Sache noch einmal durch. Diesmal aber antworten Sie. Ohne sich aus der Ruhe bringen zu lassen, äußern Sie irgendwelche beliebigen „Nullsätze", Aussagen, die in keinem Zusammenhang mit dem Angriff stehen. Beispielsweise könnten Sie sagen: „Morgen werde ich mir ein Auto kaufen." Oder: „Dazu kann ich leider nichts sagen, ich bin in meinem Schlagfertigkeitsbuch erst bei Lektion drei."
> Wodurch unterscheiden sich die beiden Situationen? Für den Angegriffenen, aber auch für den Angreifer? Merken Sie, wie Sie mit Ihrer Antwort ein Stück Souveränität wiedererlangen?

Tipp:
Sie haben es in der Hand selbst zu bestimmen, was Sie auf einen Angriff sagen. Sie müssen nicht direkt auf das Bezug nehmen, was der Angreifer sagt.

„Ich habe nichts verstanden"

Es ist verblüffend, wie souverän Sie Angriffe an sich abprallen lassen können, wenn Sie sagen, dass Sie nichts sagen. Durch Ihre Äußerung tun Sie den Angriff einfach ab. Er ist unwichtig für Sie, Sie müssen sich überhaupt nicht mit ihm beschäftigen.
Eine zweite Möglichkeit besteht darin, dass Sie zum Ausdruck bringen: Ich habe gar nicht verstanden, was Sie gerade gesagt haben. Das ist gar nicht bei mir angekommen. Also, Ziel verfehlt. Sogar wenn Ihr Gegenüber seine Bemerkung noch einmal wiederholt, wirkt sie bei weitem nicht so verletzend. Und Sie gewinnen Zeit, um sich eine Antwort zu überlegen.

Sie könnten beispielsweise antworten:
„Ich habe nicht verstanden, was Sie gerade gesagt haben."
„Muss ich das verstehen, was Sie gerade gesagt haben?"
Oder noch ein wenig böser: „Haben Sie eigentlich gerade etwas gesagt?"

Beispiel: „Wie bitte?"
Bei einer Vorlesung antwortete der Kommunikationswissenschaftler Paul Watzlawick auf etwas provokante Nachfragen aus dem Publikum mit den schlichten Worten: „Wie bitte?" Nun war Watzlawick in schon etwas vorgerücktem Alter, so dass er vielleicht tatsächlich die Frage nicht verstanden hatte. Die Wirkung war in jedem Fall durchschlagend. Allein dadurch, dass die ironische Spitze wiederholt werden musste, fiel sie in sich zusammen wie ein Soufflé, das man zu früh aus dem Ofen nimmt.

Die Instant-Sätze

Nun sind unsere „Nullsätze" natürlich noch nicht schlagfertig. Sie zielen nirgendwohin und treffen auch nicht. Anders sieht es mit den so genannten „Instant-Sätzen" aus, die erste Schlagfertigkeitstechnik, die Sie kennen lernen, weil sie so einfach ist – und so effektiv, denn auch „Profis" machen immer wieder Gebrauch von „Instant-Sätzen". Die große Stärke dieser Sätze: Sie sind sofort bei der Hand. Der geistige Aufwand reduziert sich gegen Null, Sie werden sicherer und können die eingesparte geistige Energie für andere Dinge nutzen. Doch was sind überhaupt Instant-Sätze? Sicher kennen Sie Instant-Suppen, Fertigsuppen aus der Tüte, über die Sie nur heißes Wasser schütten müssen und schon können Sie anfangen zu löffeln. So ähnlich ist das auch bei den Instant-Sätzen. Es handelt sich um vorbereitete „Fertigsätze", die Sie einfach übernehmen können, wenn Sie in eine knifflige Situation geraten. Sie brauchen nicht einmal heißes Wasser drüberzuschütten.

Bewährte Standardsprüche
Leicht gesagt: Einfach so übernehmen. Wo bekommen wir die „Fertigsätze" denn her? Anders als die Instant-Suppen können Sie die Instant-Sätze ja nicht im Supermarkt kaufen. Und das brauchen Sie auch gar nicht. Sie müssen sich nur ein wenig umhören, dann entdecken Sie gewiss die eine oder andere Formulierung, die Ihnen zusagt. Und die übernehmen Sie einfach.

Beispiel: „Sie sind eben mein Vorbild"
> Herr Merkle ist neu in der Firma. Seine Arbeitskollegen ziehen ihn mit allerlei Bosheiten auf, sie machen sich über seinen Aktenkoffer und seine Krawatte lustig. „Herr Merkle", sagt sein Kollege Emmer, „wieso laufen Sie hier eigentlich rum wie eine Schießbudenfigur?" Merkle zögert keine Sekunde: „Sie sind eben mein Vorbild."

Der Spruch muss passen
Solche Sprüche gibt es zuhauf. „Ich passe mich nur meiner Umgebung an", „Da fragen Sie besser meinen Steuerberater", „Können Sie das auch rückwärts?" oder „Und sonst haben Sie keine Probleme?". Ohne Schwierigkeiten werden Sie sich zehn, zwanzig solcher hilfreichen Floskeln einprägen können, um sie im Bedarfsfall wieder abzurufen. Doch der entscheidende Punkt ist: Der Instant-Satz muss passen. Einmal zu Ihnen, also zu Ihrer Persönlichkeit, dann aber auch zu der Situation.

Legen Sie sich Ihre Instant-Sätze zurecht
Schlagfertigkeit lebt von der überraschenden Erwiderung. Die finden Sie jedoch nicht, wenn Sie bereits in der Situation stecken. Überraschung ist oft nur eine Frage gründlicher Vorbereitung. Nicht Sie sollen ja von Ihrer Antwort überrascht werden, sondern Ihr Gegenüber. Legen Sie sich also Ihre Instant-Sätze zurecht.
Sie müssen sie gar nicht originalgetreu (woher auch immer) übernehmen. Sie können sie verändern und selbst welche erfinden. Das ist sogar besser. Denn Sprüche, die Sie sich selber ausdenken, passen im Allgemeinen auch besser zu Ihnen. Doch selbstverständlich können Sie sich auch bei anderen bedienen.
Geeignete Instant-Sätze zu finden ist gar nicht so schwierig, wie es zunächst den Anschein hat. Denn Sie müssen ja nicht näher auf den Angriff eingehen. Nehmen Sie einfach einen mehr oder minder sinnigen Kommentar, eine Lebensweisheit oder einen Spruch, der sich gegen den Angreifer richtet.

Muster für Instant-Sätze
Ihre Instant-Sätze dürfen nicht zu speziell sein; sie sollen sich ja für viele Situationen eignen. Im Wesentlichen geht es darum, den Angriff zurückzuweisen. Das können Sie tun, indem Sie entweder die Sache ins Absurde treiben, den Angriff völlig überhöhen oder aber zum Ausdruck bringen, dass Sie nicht gewillt sind, sich mit dem Angriff auseinander zu setzen.

„Sie können sich auch ein Loch ins Knie bohren und es als Senffass benutzen", mit diesen Worten pflegte zum Beispiel ein Netzwerkspezialist unsachlichen Kommentaren zu begegnen. „Das ist für meinen eckigen Kopf zu rund", ist ein ehrwürdiger Klassiker unter den Instant-Sätzen, bei dem die reale Kopfform des Sprechenden völlig unerheblich ist.

Bonmots und treffende Zitate

Manchmal helfen Ihnen auch lustige oder boshafte Sentenzen großer und kleiner Geister weiter. Je nach Geschmack und Umfeld können Sie aus den unterschiedlichsten Quellen schöpfen: Ob Philosoph, Politiker, Schriftsteller, Wirtschaftsführer, Fußballtrainer oder Fernsehstar ist eigentlich egal. Hauptsache, das Zitat sitzt.

> **Beispiel: „Das Niveau hat sich gehoben ..."**
> Herr Umstetter stellt ein neues Projekt vor. Sein Kollege, Herr Talmann, macht einige abschätzige Bemerkungen darüber. Es sei „zu simpel gestrickt" und entspreche nicht dem „aktuellen firmenüblichen Standard". Herr Umstetter bittet Herrn Talmann ihm doch zu erklären, was denn der „aktuelle firmenübliche Standard" sei. Herr Talmann gerät ein wenig ins Stammeln. Herr Umstetter bemerkt trocken: „Ich verstehe. Um mit Karl Kraus zu sprechen: das Niveau hat sich gehoben – nur ist keiner mehr drauf."

Das treffende Zitat im rechten Moment parat zu haben, ist eine hohe Kunst. Und doch sind auch Zitate nichts anderes als Instant-Sätze, die Sie bei Bedarf abrufen können. Gegenüber anderen Instant-Sätzen gibt es zwei Vorteile:
- Nicht Sie treffen die Aussage, sondern eine mehr oder minder anerkannte Autorität. Das heißt, häufig können Sie „härter" zurückschlagen, als wenn Sie selbst für die Aussage gerade stehen müssten.
- Indem Sie plötzlich von Goethe, Sepp Herberger oder Greta Garbo sprechen (je nachdem, wen Sie zitieren), gewinnen Sie Abstand zu Ihrer eigenen Situation (→ S. 48) und zeigen sich souverän.

Allerdings gibt es auch zwei Gefahren, auf die Sie achten sollten:
- Wer mit klassischen Zitaten um sich wirft, wirkt allzu bildungsbeflissen. Das muss nicht immer ein Nachteil sein; doch empfinden es viele Zuhörer zu Recht als Kränkung, wenn da einer penetrant herausstellt, dass er etwas weiß, von dem die anderen keinen Schimmer haben („Da kann ich nur mit dem ägyptischen Nobelpreisträger Nagib Machfus sagen ....").

- Wenn Sie immer mit den gleichen Zitaten ankommen, nutzt sich der Effekt schnell ab. Der Eindruck weltläufiger Gewandtheit verflüchtigt sich augenblicklich, wenn Ihre Zuhörer schon im Voraus wissen, welches Ihrer drei Zitate Sie gleich anbringen werden.

Zitate von wem?
Wen Sie zitieren, das ist natürlich eine Geschmacksfrage. Mit den alten Klassikern werden Sie vermutlich nur noch selten Begeisterung auslösen. Für ironische Kommentare eignen sich sehr gut der Satiriker Karl Kraus, Woody Allen, Winston Churchill oder Oscar Wilde. Als skurrile Variante kommt auch Karl Valentin in Frage.
Doch sind es keineswegs nur die bedeutsamen Menschen, bei denen Sie sich bedienen können. Im Gegenteil, es ist viel überraschender und souveräner, wenn Sie jemanden zitieren, der keineswegs als Autorität gilt: einen Fußballtrainer, ein Fotomodel oder einen Schlagersänger. Und die Zitate müssen auch keineswegs der Weisheit letzter Schluss sein. Gerade Banalitäten oder herrlich ungereimte Sätze bieten sich als schlagfertiges Zitat an:

„Schaun wer mal, dann sehn ma schon." (Franz Beckenbauer)

„Wenn ich Ihre Meinung hören will, dann werde ich sie Ihnen mitteilen." (Filmproduzent Samuel Goldwyn)

„Ich habe in der Vergangenheit richtig entschieden und ich habe in der Zukunft richtig entschieden." (der ehemalige US-Präsident George W. Bush)

„Grau ist alle Theorie, maßgebend is auff'm Platz." (Fußballtrainer Adi Preißler)

Schaffen Sie sich einen Fundus von Zitaten
Zitate können ein sehr wirksames Mittel sein, schlagfertig zu antworten. Doch man muss genügend davon kennen, will man sie sinnvoll einsetzen. Wenn Ihnen ein Zitat gut gefällt, dann schreiben Sie es auf. Es gibt auch spezielle Bücher, Zitatesammlungen, von denen manche aber nur die sattsam bekannten, reichlich angestaubten Sentenzen enthalten. Eine gute Auswahl origineller, zeitgemäßer Zitate enthält hingegen der „Zitateguide" von Gisela Fichtl (→ Literaturverzeichnis, S. 229).

Kein passendes Zitat zur Hand? Dann erfinden Sie eins!
Nicht immer fällt Ihnen ein geeignetes Zitat ein. Wenn Sie die Sache etwas spielerisch angehen, können Sie ein Zitat auch einfach erfinden.

Dabei geht es nicht darum, dass Sie Ihre Zuhörer täuschen und Ihre eigenen Lebensansichten, sagen wir: Goethe in den Mund legen. Vielmehr sollte für Ihre Zuhörer schon erkennbar sein, dass Sie die Sache scherzhaft meinen. Legen Sie also einer anerkannten Autorität Worte in den Mund, die diese unmöglich gesagt haben kann. Dadurch lässt sich ein sehr spaßiger Effekt erzielen.

Wie so etwas funktioniert, zeigt das folgende Beispiel aus der Fernsehserie „Die Simpsons", nebenbei bemerkt eine reichhaltige Quelle für Sprüche aller Art.

Beispiel: „Aber in der Bibel steht auch ..."
Der Schulbusfahrer Otto, ein ziemlich abgerissener Typ, verliert seine Wohnung und schlüpft bei den Simpsons unter. Sehr zum Verdruss von Familienvater Homer, der Otto auf dem schnellsten Wege wieder los werden möchte. Seine Frau Marge erinnert ihn jedoch an das christliche Gebot der Nächstenliebe und führt ein passendes Bibelzitat an. Homer: „Aber in der Bibel steht auch: Du sollst keine abgebrannten Penner bei dir aufnehmen!"

Kleine Nervensägen und Spielverderber

Doch nicht immer sind Originalität und Einfallsreichtum gefragt. Sehr wirkungsvoll sind auch Instant-Sprüche, die genau auf das Gegenteil aus sind: Sie sind öde, langweilig, stereotyp. Und genau so soll es sein, denn diese Sprüche sollen dem Angreifer vor allem den Spaß verderben. Ein unschätzbarer Vorteil liegt auch darin, dass sich diese nervigen Sprüche nicht abnutzen, wenn Sie wiederholt von ihnen Gebrauch machen. Im Gegenteil: Je öfter Sie die „Spielverderber" einsetzen, umso stärker wirken sie.

„Schön für dich"

Vielleicht kommt Ihnen dieser Spruch noch aus der Kinderzeit bekannt vor: „Schön für dich", mit diesem Kommentar kann niemand etwas anfangen. Er ist weder witzig, noch aggressiv, auch nicht hintersinnig, er sagt gar nichts aus. Und deshalb ist er so geeignet, alle Provokationen an sich abperlen zu lassen. Sie müssen nur konsequent bei Ihrem „Schön für dich" bleiben – und auch der schärfste Giftzahn wird bei Ihnen nur auf Granit beißen.

Schöne Gießkannen

Eng damit verwandt ist eine Technik, die der Schlagfertigkeitstrainer Matthias Pöhm empfiehlt. Dabei bauen Sie den Angriff einfach nur in

Ihre Antwort ein. Nach dem Muster: „Sie singen wie eine Gießkanne!" – „Schön für die Gießkanne." Oder: „Da kennen Sie aber tolle Gießkannen." Solche Antworten können Sie natürlich nur geben, wenn Sie jemand mit einem Vergleich herabsetzen will. Aber das ist ja ein recht verbreitetes Verfahren.

„Ich hab damit kein Problem!"
Ein Klassiker, der von Altbundeskanzler Helmut Kohl populär gemacht wurde und mittlerweile weite Verbreitung gefunden hat. Besonders wirkungsvoll lässt sich dieser „Spielverderber" anbringen, wenn er von dröhnendem Lachen begleitet wird, das unmissverständlich zum Ausdruck bringt: „Derjenige, der hier Probleme macht, das sind Sie, Sie Stänkerer!"

„Wenn es dir dabei besser geht ..."
Ein weiterer Spielverderber, allerdings einer von der weichen Sorte. Geeignet für alle, die unter den fortgesetzten Neckereien und „witzigen" Sprüchen ihrer Mitmenschen leiden. Sie geben demjenigen, der Sie attackiert, vorgeblich Recht, fügen aber den magischen Spruch hinzu: „Wenn es dir dabei besser geht ..." Damit signalisieren Sie: Die spöttischen Bemerkungen betreffen gar nicht Sie, sondern den anderen und sein Wohlbefinden. Der andere macht Sie fertig, weil er das „braucht". Das ist schon in Ordnung, sagen Sie ihm und kappen damit seinem Angriff die Spitze, denn richtig verletzen kann er Sie ja nun nicht mehr. Mit diesem Kniff, den die Pädagogin und Kommunikationstrainerin Barbara Berckhan entwickelt hat, spielen Sie sozusagen den kleinen Hobbypsychologen und verderben Ihren Peinigern gründlich den Spaß. Auf so eine abgefeimte Idee kann auch nur eine Pädagogin kommen. Üben Sie den richtigen Pädagogen-Tonfall ein und bleiben Sie mit der nötigen Penetranz bei der Sache. Dann bringen Sie die anderen zum Schweigen.

„Lieber dick als doof"
Wir verlassen schon mit einem Fuß das Gebiet der Instant-Sätze, denn diese Technik ist schon etwas variabler als die üblichen starren Instant-Formeln. Ja, es handelt sich um eine etwas kleinere Ausgabe des „klassischen Gegenkonters" (→ S. 159), bei der Sie bereits ein wenig zum Gegenangriff übergehen.
Das Prinzip ist sehr einfach. Sie nehmen den vermeintlichen Vorwurf Ihres Gegenübers auf und verkünden, dass Sie „lieber" so sind als irgendetwas anderes, nämlich das, was Sie Ihrem Angreifer unterstellen.

Nach dem Muster: „Lieber (a) als (b)!" Für (b) können Sie auch etwas völlig Absurdes einsetzen, das einen lustigen Kontrast schafft. Wenn Sie zwischen (a) und (b) noch eine wortspielerische Verbindung zustande bringen, dann ist das schon ziemlich schlagfertig.

Beispiel: „Sie sind ganz schön fett!"
Eine alte Bekannte wirft Frau Bannert an den Kopf: „Sie sind ja ganz schön fett geworden." Die gut genährte Frau Bannert kontert trocken: „Lieber ganz schön und fett als mager und ganz hässlich."

Übung: Zehn kleine Instant-Sätze

Legen Sie sich nun zehn Instant-Sätze zurecht. Vielleicht erscheint Ihnen das zunächst ein wenig viel, doch Sie werden feststellen, dass diese zehn Sätze schneller zusammen kommen, als Sie vermuten, und dass zehn Sätze kaum ausreichen, Ihren „Grundbedarf" zu decken. Überlegen Sie daher: In welche Situationen geraten Sie öfter? Welche Eigenarten spießen die anderen bevorzugt auf? Wie können Sie darauf mit einem Spruch reagieren? Gibt es irgendein Motto, das Sie anbringen können? Oder eine Umkehrung davon? Schauen Sie sich auch noch mal unsere Beispiele an. Gibt es eines, das Ihnen zusagt? Dann übernehmen Sie es!

1.
2.
3.
4.
5.
6.
7.
8.
9.
10.

„Irrtum", sprach der Igel ...

Sicher kennen Sie auch einige mehr oder minder witzigen Sprüche und Floskeln, mit denen eine normale Aussage umschrieben wird. Anstatt zu sagen: „Da haben Sie Unrecht" oder „Das stimmt nicht!", heißt es dann: „Irrtum, sprach der Igel, und stieg von der Drahtbürste." Zur Begrüßung sagt man: „Gib mir fünf!" Woraufhin dem verdutzten Neuling mitgeteilt wird, es handele sich um die fünf Finger der Hand, die man schüttelt.

Immer wieder tauchen neue „Bürotassen-Sprüche" auf: „Eine meiner leichtesten Übungen", „Zum Bleistift" anstelle von „zum Beispiel". Oder: „Hier, bei der Arbeit", wie der unvermeidliche Reflex auf die Frage lautet: „Wo ist eigentlich Klaus-Günther?"

Hinter diesen Sprüchen steht das Bemühen, die Situation zu entkrampfen, für eine lockere Stimmung zu sorgen und alles nicht „so verbissen" zu sehen. Doch leider sind die meisten dieser Sprüche so abgedroschen, dass sie nur noch nervtötend wirken. Sie haben nicht das Geringste mit Schlagfertigkeit zu tun, auch wenn Ihre Mitmenschen, die solche Phrasen dreschen, das sicher ganz anders sehen. In solchen Fällen ist es vielleicht das letzte Mittel, mit dem ebenso geistreichen Spruch zu kontern: „Noch so'n Spruch – Kieferbruch!"

Vorsicht, Sprücheklopfer

Für alle Instant-Sätze gilt der Ratschlag: Verwende sie sparsam (mit Ausnahme des sehr speziellen Falles der „Spielverderber"). Auch gute Sprüche sind eben nur Sprüche – also keine persönliche, authentische Äußerung von Ihnen. Es bleibt den anderen unklar, was Sie eigentlich wollen. Wer *nur noch* Sprüche macht, der mag zwar auf seine Weise unangreifbar sein, souverän ist er nicht. Auch kann er nicht mit besonderer Wertschätzung rechnen.

Wem zu allem und jedem der passende Spruch einfällt, der mag zwar zunächst Bewunderung ernten, doch schon bald geht er den anderen mit den tollen Sprüchen auf die Nerven. An einem Sprücheklopfer ist nichts echt, man bekommt ihn nirgendwo zu fassen, er ist buchstäblich hohl. Oder kennen Sie einen Sprücheklopfer, der besonderen Respekt genießt?

Absurdes Theater

Manchmal lässt jemand in unserer Gegenwart eine „Bemerkung" fallen, eine Bemerkung, die wir nicht übergehen können, die uns provozieren soll, oder wir werden unqualifiziert angegriffen. Eigentlich, so denken wir im Stillen, ist uns die ganze Sache zu dumm. Am liebsten würden wir dazu gar nichts sagen. Doch das ist oft keine gute Idee (manchmal schon, → S. 57), denn dadurch überlassen wir dem anderen, dem Quälgeist, kampflos das Feld: Wir sind unsouverän.

In solchen Situationen verspricht das „absurde Theater" wirksame Abhilfe. Sie lassen sich erst gar nicht auf eine Auseinandersetzung ein, sondern überrumpeln den anderen mit einer absurden Reaktion. Darauf muss er irgendwie reagieren, was ihn aber in aller Regel überfordert, denn er rechnet ja damit, dass Sie ernsthaft auf seinen Angriff eingehen oder vor Wut explodieren. Sie tun aber etwas völlig anderes. Damit haben Sie der Provokation die Spitze abgebrochen und bringen den Provokateur selbst in Verlegenheit – ohne sich mit ihm auf eine Auseinandersetzung einzulassen und ohne ihn zu kränken.

Einfach verblüffend

Das Prinzip ist leicht zu begreifen. Sie können diese Technik sofort einsetzen, und sie macht Spaß, zumindest wenn Sie einen gewissen Sinn für absurde Komik haben. Dann könnten Sie durchaus auf den Geschmack kommen, diese Technik auch öfter anzuwenden – worin wiederum eine gewisse Gefahr liegt, denn der Überrumpelungseffekt nutzt sich mit der Zeit ein wenig ab.

Aber eben nur ein wenig. Denn es gibt unendlich viele Spielarten des „absurden Theaters". Und jemand, den Sie mit dieser eher sanften Technik ins Abseits geschickt haben, wird sich nicht unbedingt ein zweites oder drittes Mal darin versuchen, Sie zu provozieren. Und wenn doch, dann machen Sie ruhig weiter mit Ihrem „absurden Theater". Es besteht keine Gefahr ausgekontert zu werden.

Bühne frei: Was ist überhaupt „absurdes Theater"?

Vielleicht kennen Sie die Theaterstücke von Eugène Ionesco oder anderen Vertretern des „absurden Theaters". Die Personen in diesen Stücken führen äußerst merkwürdige Dialoge. Sie äußern Dinge, die in keinem Zusammenhang zum vorher Gesagten stehen, benutzen unpassende Höflichkeitsfloskeln und durchbrechen in allem, was sie tun, ständig die Erwartung des Publikums.

Ganz ähnlich gehen Sie auch vor. Sie sagen etwas, das mit dem, was Ihr Gegenüber geäußert hat, nicht das Geringste zu tun hat. Dabei bleiben Sie vollkommen ernst. Sie können zwar völligen Unsinn zusammenreden, aber in der Art, *wie* Sie es sagen, verhalten Sie sich so, als würden Sie ganz normal auf den anderen eingehen.

Es gibt unterschiedliche Spielarten des „absurden Theaters". Wir stellen Ihnen zwei praxiserprobte Varianten vor.

Das unpassende Sprichwort

Oberflächlich verhalten Sie sich so wie beim „Instant-Satz". Sie beantworten den Angriff mit einer Sentenz, einem Sprichwort. Allerdings steht das in keinerlei Zusammenhang mit der Provokation und darf durchaus unsinnig sein. „Der Krug geht so lange zum Brunnen, bis er bricht." – „Viele Hunde sind des Hasen Tod." – „Wer nicht mitrudert, fällt aufs Glatteis." Oder ähnlich tief schürfende Einsichten.

> **Beispiel: „Wissenschaftlich erwiesen: Frauen können nicht richtig einparken"**
> Seit kurzem arbeitet Bernd in einer Abteilung, in der auch viele Frauen beschäftigt sind – offenbar für Bernd ein Problem. Denn er hat sich einen Sport daraus gemacht, seine Kolleginnen mit Bemerkungen zu provozieren, die er „politisch nicht korrekt" nennt. Eines Morgens bemerkt er zu seiner Kollegin Carola: „Ich hab gestern in der Zeitung gelesen, es ist jetzt wissenschaftlich erwiesen: Frauen können nicht richtig einparken." Carola erwidert lächelnd: „Wie heißt es so schön, Bernd? Der Neid brütet Schwäne aus faulen Enteneiern."

Unpassend passt immer

Sprichwörter, die überall und nirgends passen (so wie das russische Sprichwort mit den faulen Enteneiern), sind am besten geeignet. Denn der größte Effekt ergibt sich, wenn Ihr Gegenüber zuerst seine Stirn in Falten legt, um darüber nachzudenken, was Sie ihm gerade erzählt haben. Nach und nach dämmert es ihm, dass Sie ihn auf den Arm genommen haben.
Weitere geeignete Exemplare:
- „Am Bart des Törichten lernt der Barbier rasieren." (spanisch)
- „Die eilige Hündin wirft blinde Junge." (litauisch)
- „Wenn ein Hühnerei einem Mann den Kopf einschlägt, dann war ein Stein darin." (afrikanisch)
- „Es gibt keine Nadel, die an beiden Enden spitz wäre." (chinesisch)

Auch Verballhornungen können Sie nehmen. Etwa: „Wer andern eine Grube gräbt, ist ein Bauarbeiter." Oder Sie denken sich selbst irgendetwas aus. Einzige Anforderung: Es darf *nicht* passen. Wenn Ihr Gegenüber dann erstaunt nachfragt: „Was hat das denn damit zu tun?", blicken Sie ihm tief in die Augen und sagen geheimnisvoll: „Denken Sie doch mal scharf nach." Oder Sie sagen einfach, wie es ist: „Nichts."

> *Übung: Ihre absurde Sprichwortsammlung*
>
> Gibt es Situationen, in denen Sie sich hämische, halblaute Kommentare anhören müssen? Oder macht es einigen Mitmenschen Spaß, Sie mit irgendwelchen Bemerkungen „aufzuziehen"? Wie steigen Sie darauf ein? Regen Sie sich auf? Kommt es zu einer lautstarken Auseinandersetzung, die sich aufschaukelt? Oder zucken Sie irgendwann die Schultern – und gehen? Oder reagieren Sie gar nicht, während der andere die Dosis seiner Provokationen allmählich steigert, um Sie noch zu erreichen?
>
> Reagieren Sie beim nächsten Mal mit einem absurden Sprichwort, das Sie sich jetzt aussuchen. Legen Sie drei Sprichwörter fest, unter denen Sie dann wählen können.
>
> Mein absurdes Sprichwort Nr. 1:
>
> Mein absurdes Sprichwort Nr. 2:
>
> Mein absurdes Sprichwort Nr. 3:

Das absurde Sprichwort tut nicht weh

Ein Vorteil, den Sie nicht gering schätzen sollten: Sie weichen der Auseinandersetzung elegant aus, ohne Ihren Gesprächspartner vor den Kopf zu stoßen. Es gibt keinen Gegenangriff, bei dem Sie den anderen verletzen. Sie teilen ihm nur mit: „So redet man nicht mit mir." Wenn sich der andere sachlich mit Ihnen auseinandersetzen möchte, können Sie das Gespräch jederzeit wieder aufnehmen – wenn Sie möchten.

Ohne Frage hat das Ausweichen seine Vorteile. Zum Beispiel auch, wenn Sie jemand lustig „anfrotzelt" und Sie nicht die geringste Lust haben, darauf einzusteigen. Es hat allerdings auch seine Grenzen. Wenn Sie jemand hart angeht, beleidigt oder mit ungerechtfertigten Vorwürfen überschüttet, dann ist das unpassende Sprichwort – wie überhaupt das „absurde Theater" – fehl am Platz.

Der absurde Anschluss

Ohne Frage ist der absurde Anschluss spektakulärer als das „unpassende Sprichwort", bei dem Sie ja eigentlich nicht viel falsch machen können. Allerdings ist es auch viel schwieriger, einen absurden Anschluss zu finden. Denn Sie müssen aus der Situation heraus Ihre Antwort entwickeln. Eine absurde Antwort, das liegt nicht jedem. Und der absurde Anschluss ist sicher keine Anfängertechnik. Dass sie trotzdem so früh auftaucht, liegt an ihrer Verwandtschaft zum „unpassenden Sprichwort". Und daran, dass wir Sie möglichst früh auf ein Talent hinweisen möchten, das vielleicht noch unentdeckt in Ihnen schlummert.

Entdecken Sie Ihren Sinn für absurden Humor

Manche finden zu dieser Art von Humor einfach keinen Zugang. „Non-sense" ist für sie schlicht „Blödsinn" und sonst nichts. Andere haben wiederum einen weit größeren Sinn für absurde und groteske Komik, als ihnen selbst bewusst ist. Ausprobieren lässt sich die Sache allemal. Wenn Sie feststellen, dass Ihnen diese Art zu reagieren nicht behagt, dann lassen Sie es einfach bleiben. Sie können auch auf andere Art und Weise schlagfertig sein. In den nächsten Lektionen werden Sie die entsprechenden Techniken kennen lernen.

Vielleicht machen Sie aber auch die Entdeckung, dass Ihnen diese Strategie liegt, dass Sie Spaß daran haben. Dann empfehlen wir Ihnen, dieses Talent unbedingt zu pflegen und auszubauen. Denn die Lust am Grotesken und Absurden macht es für Sie einfacher, schlagfertig zu sein. Es ist zwar nur eine Art von Schlagfertigkeit, aber eine, die sich vielfältig nutzen lässt.

Beim absurden Anschluss nehmen Sie den Vorwurf oder die Unterstellung Ihres Gesprächspartners auf und treiben das Ganze ins Absurde. Sie können die Provokation maßlos überhöhen oder abseitige Aspekte ins Spiel bringen. Die Sache kippt ins Komische, der Angriff prallt an Ihnen ab. Sie haben die Lacher auf Ihrer Seite – und häufig auch die Sympathien.

> **Beispiel: Die magischen Aprikosen**
> In einem Restaurant bestellt eine Runde zum Dessert einen besonderen Kuchen, in dem Aprikosenstücke sind. Der Kellner serviert und verschwindet.
> Eine Dame aus der Runde mustert den Kuchen misstrauisch, sticht mit der Gabel hinein: Die Stückchen sind ja von Pflaumen! Als der Kellner das nächste Mal im Tisch vorbeikommt, fragt ihn die Dame mit spitzer Ironie: „Sagen Sie mal, was ist denn bloß mit unseren Aprikosen passiert?" Dem Kellner dämmert, dass er den Kuchen verwechselt hat und erwidert trocken: „Oh, sie haben sich in Pflaumen verwandelt." Die Runde lacht. Der Kellner bietet an, den Kuchen auszutauschen. Die Runde winkt ab.

Die Situation in dem Beispiel hätte durchaus auch kippen können. Wenn der Kellner sich mit seiner Bemerkung einfach hätte aus der Affäre ziehen wollen. Der Hinweis der Dame war ja berechtigt. Ihn zu übergehen, wäre ziemlich unverschämt gewesen. Aber der Kellner nimmt der ironischen Bemerkung der Dame die Spitze, indem er „mitspielt" und ins Absurde treibt. Er zeigt sich souverän. Doch danach tut er gut daran sich zu entschuldigen und anzubieten, den Fehler wieder gutzumachen. Auch die anderen müssen „mitspielen". Wenn Sie eine vollkommen humorlose Runde vor sich haben, können Sie nicht erwarten, dass man Ihre lustigen Einfälle besonders amüsant findet. Manchmal kann Ihnen das egal sein. Hauptsache, Sie kommen souverän aus der Situation heraus. Greift Sie aber jemand an, auf den Sie angewiesen sind, dann riskieren Sie mit „absurden Anschlüssen" womöglich Kopf und Kragen.

Tipp:
Vor einem Publikum haben Sie wesentlich bessere Chancen einen Lacherfolg zu ernten. Jemand, der Sie angreift, wird nur dann in das Gelächter mit einstimmen, wenn er eine große Portion Humor hat. Und darauf sollten Sie sich niemals verlassen.

Bringen Sie abseitige Aspekte ins Spiel

Sie müssen gar nicht auf den Vorwurf eingehen. Sie erzielen meist einen größeren Verblüffungseffekt, wenn Sie eine völlig neue Sache ins Spiel bringen. Dadurch wird die Sache noch komischer, und Sie lenken die Aufmerksamkeit in eine völlig neue Richtung, was Ihnen ja auch nur recht sein kann.

Beispiel: Rentenkürzung im Bus
Im vollbesetzten Bus. Ein zweijähriges Kind quengelt, weil es etwas zu trinken haben möchte. „Was plärrt die Kleine so herum?", raunzt ein älterer Herr. „Das ist ja nicht zum Aushalten!" Der Vater versucht seine Tochter zu beruhigen: „Zu Hause gibt es lecker Apfelsaft." Die Kleine quengelt weiter: „Ich hab Durst!" Der ältere Herr schüttelt verständnislos den Kopf. Der Vater sanft zu seiner Tochter: „Wir haben aber nichts dabei, mein Schatz." Dann schaut er auf und verkündet: „Jeder, der sich jetzt noch beschwert, bekommt 50 Euro von seiner Rente abgezogen!" Der ganze Bus lacht.

Solche Einfälle entwickeln sich aus der Situation heraus, sie lassen sich nicht planen. Begünstigt werden sie, wenn Sie spielerisch an die Sache herangehen und sich nicht von der Situation gefangen nehmen lassen (mehr dazu im Kapitel über Komik und Lachen, → S. 137).

Finden Sie absurde Gegenargumente

Sie können dem Angriff auch dadurch begegnen, dass Sie etwas völlig Widersinniges dagegensetzen, ein unbrauchbares Gegenargument formulieren oder auf einen angeblichen Vorteil hinweisen. Dazu brauchen Sie Fantasie. Überlegen Sie: Was ist an der Sache, die man Ihnen vorwirft, vielleicht gar nicht so schlecht? Wer könnte irgendeinen Vorteil aus der Sache ziehen? Ihr Arzt, das Finanzamt, der Zoo? Werden Sie schneller dadurch, machen Sie jemanden reicher oder glücklicher, sparen Sie Zeit oder Geld, vermeiden Sie dadurch irgendwelche Unannehmlichkeiten? – Letzteres tun Sie übrigens immer. Denn es lassen sich immer irgendwelche Unglücksfälle finden, denen Sie *nicht* ausgesetzt sind, weil Sie das tun, was man Ihnen vorwirft. Dabei kommt es natürlich nicht auf Logik an, sondern auf Unlogik. Blasen Sie irgendwelche Kleinigkeiten zu riesiger Größe auf und ignorieren Sie alles, worauf es wirklich ankommt. Sonst kommt womöglich noch jemand auf Idee, über Ihr absurdes Gegenargument zu diskutieren.

Beispiele: Absurde Gegenargumente
„Ich fand, Sie sind bei Ihrem Vortrag zu sehr an der Oberfläche geblieben." – „Na ja, da konnte ich zumindest nicht untergehen."
„Ihr Handy ist ja von vorgestern!" – „Aber dafür tropft es nicht."
„Trink doch nicht so viel! Du ruinierst deine Gesundheit!" – „Wieso? Ich kenne mehr alte Säufer als alte Ärzte." (ein Klassiker; stammt von Rabelais)
„Du bist einfach zu fett." – „Na und? Fett schwimmt oben."
„Ihre Haare sind ja gefärbt!" – Dafür ist die Länge echt."
„Sie sind nicht in der Lage, selbstständig zu arbeiten!" – „Was soll ich machen? Ich bin nun mal so beliebt bei den Kollegen!"

Tipp:
Absurde Gegenargumente sind nur sinnvoll, wenn es nichts zu diskutieren gibt. Berechtigter Kritik sollten Sie damit nicht ausweichen.

Machen Sie sich maßlos herunter

Eine weitere Spielart vom „absurden Anschluss" besteht darin, dass Sie sich die Vorwürfe zu eigen machen und sie auf eine absurde Größe aufblasen. Sie rechtfertigen sich nicht, geben keine Begründung für Ihr Verhalten, was womöglich endlose Diskussionen auslösen würde. Stattdessen springen Sie auf die Klage auf und verstärken sie. Nach Möglichkeit, bis sie komisch wird. Im günstigsten Fall lacht Ihr Gegenüber entspannt mit. Im ungünstigsten Fall lachen Sie allein. Und das ist manchmal auch nicht das Schlechteste, oder?

Beispiel: Ein teuflischer Plan
> Günter Holzer und Ingomar Löwe sind verabredet. Ingomar Löwe kommt pünktlich. Günter Holzer erscheint drei Minuten später. Ingomar Löwe beklagt sich: „Wieso lässt du mich eigentlich immer warten?" Günter Holzer erwidert: „Ganz einfach: Ich wollte dir mal so richtig eins auswischen. Ich bin extra zu spät von zu Hause losgefahren. Gestern Abend habe ich den Wecker extra drei Minuten vorgestellt, meiner Frau habe ich ein besonders starkes Schlafmittel gegeben. Und jetzt dieser Triumph, dich drei Minuten schmoren zu lassen!"

Diese Taktik ist nur dann sinnvoll, wenn Ihnen Vorwürfe gemacht werden, die einfach lächerlich sind. Entweder ist die Sache eine Lappalie oder Sie haben die Sache schon hundertmal erklärt. Dann sind Sie mit diesem „absurden Anschluss" einfach unangreifbar, denn der andere kann Sie schlechterdings nicht mehr attackieren, wenn Sie sich selbst noch stärker runtermachen. Auf der anderen Seite ist diese Technik durchaus eine „harte Technik", mit der Sie sich Feinde machen können. Denn es gibt wenig, was so kränkend ist wie die Verweigerung von Kommunikation.

Übertreiben Sie hemmungslos

Ganz ähnlich funktioniert die letzte „absurde" Technik, die wir Ihnen vorstellen: Sie nehmen das Gesagte auf und setzen noch eins drauf. Nach dem Motto: „Das ist ja noch gar nichts." Wenn Ihnen jemand vorwirft, dass Sie zu viel rauchen, sagen Sie: „Ich qualme so viel, dass sie mir jeden Tag eine Lunge rausnehmen, um damit die Straße zu teeren." Oder jemand ermahnt Sie, Strom zu sparen und Ihren Computer nicht so oft abzuschalten (weil jedes Hochfahren so viel Energie „frisst"). Dann geben Sie ihm zu verstehen, dass Sie leider so viel Strom verpulvern, dass Ihretwegen ein eigenes Atomkraftwerk gebaut werden musste.

> *Üben Sie: Spielen Sie absurdes Theater*
> Versuchen Sie für die folgenden Äußerungen jeweils zwei absurde Anschlüsse zu finden. Natürlich gibt es keine „richtige" Lösung, sondern nur Antworten, die Ihnen mehr oder weniger zusagen. Unsere Lösungsvorschläge finden Sie im Anhang (→ S. 214).

1. Fall: Nehmen wir an, Sie litten an Haarausfall und würden eine Zweitfrisur tragen. Bei einem Empfang macht eine rücksichtsvolle Kollegin die Entdeckung: „Sie tragen ja ein Toupet!"

Absurder Anschluss Nr. 1:

Absurder Anschluss Nr. 2:

2. Fall: Sie besuchen mit ein paar Kollegen einen Kongress. In der Pause unterhalten Sie sich über einen Vortrag. Ein Mitarbeiter unterbricht Sie und fragt Sie herausfordernd: „Haben Sie überhaupt verstanden, was Professor Müller mit dem Begriff Data Mining gemeint hat?"

Absurder Anschluss Nr. 1:

Absurder Anschluss Nr. 2:

3. Fall: Als verantwortungsvoller Autofahrer wissen Sie natürlich, dass man sein Auto stehen lässt, wenn man etwas getrunken hat. Aber an diesem Abend haben Sie wirklich nur ein Bier konsumiert. Als Sie gehen, tritt Ihnen der Gastgeber entgegen: „Sie haben getrunken. Sie können nicht mehr fahren!" Eine solche Unterstellung ärgert Sie. Sie erwidern:

Absurder Anschluss Nr. 1:

Absurder Anschluss Nr. 2:

4. Fall: Im Kollegenkreis erzählen Sie von einem besonders schwierigen Kunden. Sie berichten, wie viel Ärger er Ihnen schon bereitet hat. Eine Kollegin bemerkt spitz: „Na, das ist ja auch kein Wunder. Sie können eben nicht richtig mit Kunden umgehen."

Absurder Anschluss Nr. 1:

Absurder Anschluss Nr. 2:

Vierte Lektion: Wie Sie unangemessener Kritik begegnen

In diesem Kapitel setzen wir uns mit einer typischen Situation auseinander, in der Sie Schlagfertigkeit benötigen: Jemand übt an Ihnen in unangemessener Weise Kritik. Er unterstellt Ihnen etwas, er mäkelt an Ihnen herum, kanzelt Sie ab oder vergreift sich im Ton. Sie erfahren, wie Sie darauf reagieren können und lernen zwei der wichtigsten Techniken kennen: Die Gegendarstellung und die Dolmetscher-Technik.

Das verletzte Selbstwertgefühl

Kaum etwas verletzt uns so sehr wie ungerechtfertigte Kritik. Wenn Sie sich in ein Projekt reinhängen, sich Mühe geben und Außerordentliches vollbringen, dann erwarten Sie zu Recht, dass Ihre Leistung anerkannt wird. Geht Ihr Vorgesetzter hingegen über die Sache hinweg oder krittelt sogar daran herum, sind Sie enttäuscht oder verärgert. Gerne würden Sie etwas erwidern, um sich Luft zu verschaffen, aber was? Oder: Jemand übt an Ihnen Kritik, der selbst gar nicht kompetent ist. Er legt Maßstäbe an, die unangemessen sind, und fällt ein vernichtendes Urteil. Lassen Sie das so stehen? Ein dritter Fall: Sie haben einen Fehler gemacht. Ein Kollege regt sich maßlos darüber auf. Er wirft Ihnen vor, Sie würden sich auf Kosten Ihrer Mitarbeiter auf die faule Haut legen. Fühlen Sie nicht das nagende Bedürfnis, die Verhältnismäßigkeit klarzustellen?

Die Macht der Urteile

Warum drängt es uns in solchen Situationen überhaupt dazu, das Wort zu ergreifen? Und warum sind wir doch so oft sprachlos? Wieder einmal liegt es daran, dass unsere Souveränität bedroht ist. Wir können es schwer ertragen, wenn jemand so ganz anders urteilt als wir, zumal wenn er *uns* beurteilt – und auch noch *schlecht* beurteilt. Das fordert uns heraus. Auch wenn sich Leute äußern, die uns eigentlich völlig egal sein könnten. Denn auf eine gewisse Weise stellen sie mit ihrem Urteil unseren Wert und unsere Weltsicht in Frage.
Das sind ziemlich große Worte. Dennoch sind sie angemessen. Wenn jemand über uns falsch urteilt, dann darf das nicht so stehen bleiben. Sonst verlieren wir unsere Souveränität. Wir werden gegen unseren Willen verurteilt, ohne Einspruch zu erheben. Wie machtvoll Urteile sein können, das können Sie in einem kleinen Selbstversuch nachvollziehen.

> **Übung: Experiment: Fehlurteile**
> Wenn Sie das nächste Mal mit jemandem ins Kino gehen oder einen Fernsehfilm anschauen, dann werden Sie sicher anschließend darüber reden, wie Ihnen der Film gefallen hat. In diesem Fall drehen Sie bitte Ihr eigentliches Urteil vollkommen um. Hat Ihnen also der Film gefallen, dann machen Sie ihn runter. Fanden Sie den Hauptdarsteller schlecht, dann loben Sie ihn in den höchsten Tönen, während Sie über die Hauptdarstellerin, die Ihnen eigentlich sehr gut gefallen hat, Spott und Häme ausschütten. Beobachten Sie sehr aufmerksam, was passiert: Kommt es zu einer heftigen Auseinandersetzung? Ändert sich Ihr eigenes Urteil über den Film? Lüften Sie am Ende unbedingt Ihr Geheimnis. Erzählen Sie also dem anderen von Ihrem Experiment. Sonst könnte es sein, dass Sie ab jetzt als etwas wunderlich gelten. Fragen Sie aber auch den anderen, was er von Ihnen gedacht hat und ob er sich durch Ihr Urteil herausgefordert gefühlt hat.

Wir wollen fair beurteilt werden

Es geht nicht darum, immer nur Freundlichkeiten zu hören. Ein negatives Urteil ist nicht das Problem. Tatsächlich kann ein angemessener Tadel sehr hilfreich sein, wenn wir einen Fehler gemacht haben. Und ein Lob kann uns stark in Verlegenheit bringen, wenn wir uns falsch beurteilt fühlen. Zwar werden wir dann nicht unbedingt den Drang in uns spüren, mit einer schlagfertigen Antwort die Dinge zurechtzurücken. Unangenehm bleibt die Sache dennoch. Es geht also um Fairness. Wo die Fairness fehlt, können wir sie einfordern.

Das Fehlurteil soll nicht so stehen bleiben

Warum sollen wir uns überhaupt äußern? Weshalb sollten wir unsere Sicht der Dinge mitteilen, wenn wir uns ungerecht beurteilt fühlen? Entweder kann uns der andere ohnehin egal sein, weil sein Urteil für uns keine Folgen hat, oder aber sein Urteil *hat* Folgen, dann aber werden wir durch unsere Äußerung nur selten etwas daran ändern können. Und doch ist es richtig, sich zu äußern. Denn dadurch lassen wir das Urteil nicht so stehen. Wir setzen etwas dagegen. Genau darauf kommt es an, wenn wir unsere Souveränität verteidigen wollen.

Das ungerechte Urteil

Fühlen wir uns ungerecht beurteilt, so wurmt uns das ungemein. Und doch kommt es jeden Tag vor. Bei uns und bei anderen. Schließlich sind wir alle menschliche Wesen mit unseren Unvollkommenheiten. Und was ein „ungerechtes Urteil" ist, darüber lässt sich natürlich auch

streiten. Denn was dem einen höchst gelungen erscheint, kann ein anderer als zutiefst mangelhaft empfinden. Typische Fälle sind beispielsweise:
- Wir haben unsere Sache im Ergebnis sehr gut gemacht. Das wird jedoch völlig ignoriert, sondern irgendein unwesentliches Detail wird bemäkelt.
- Uns ist eine Aufgabe übertragen worden, die uns überfordert hat. Wir haben uns nach Kräften bemüht, aber wir sind gescheitert. Dafür werden wir nun haftbar gemacht.
- Uns wird irgendetwas zu Unrecht unterstellt.
- Wir werden nach Maßstäben beurteilt, die wir für unangemessen halten.

Die vier Ursachen

Was führt überhaupt zu einem ungerechten Urteil? Im Wesentlichen sind es vier verschiedene Ursachen. Wenn wir die richtige herausfinden, können wir ganz gezielt gegensteuern.
- *Desinteresse:* Der Urteilende hat überhaupt gar keine Lust, sich mit der Sache näher zu befassen. Er urteilt nach dem ersten Eindruck und daher oftmals falsch.
- *Mangelnde Kompetenz:* Der Urteilende versteht zu wenig von der Sache, über die er sich äußert.
- *Ein dahinterliegendes Motiv:* Der Urteilende benutzt die Sache, um ganz etwas anderes zu erreichen: Vielleicht will er uns verdrängen, kalt stellen, uns eine „Lehre" erteilen oder sich einfach seiner Macht versichern.
- *Auffassungsunterschiede in der Sache:* Nicht immer müssen persönliche Schwächen oder Abneigungen mit im Spiel sein; manchmal gibt es einfach auch sachliche Gründe, die zu einem Urteil führen, das wir als ungerecht empfinden.

... und wie Sie darauf reagieren sollten

- Den *Desinteressierten* können Sie noch am leichtesten umstimmen. Oft hat er sein Urteil einfach „nur so dahingesagt". Bleiben Sie daher bei der Sache und erklären Sie klipp und klar, wie Sie die Angelegenheit beurteilen. Fordern Sie ihn abschließend auf, Stellung zu nehmen.

- Bei *mangelnder Kompetenz* ist die Position des Urteilenden entscheidend: Handelt es sich um Ihren Vorgesetzten, ist größtes Fingerspitzengefühl erforderlich. Bei einem Außenstehenden hingegen können Sie seine ganze Inkompetenz gnadenlos freilegen.
  Sie werden sich damit keinen Freund machen; um so wichtiger ist es, sachlich zu bleiben. Denn auf diesem Terrain hat Ihr Gegenüber Ihnen am wenigsten entgegen zu setzen.
- Wer ein *dahinterliegendes Motiv* verfolgt, den werden Sie nie und nimmer in der Sache überzeugen. Bestehen Sie jedoch auf Ihrer abweichenden Einschätzung (Technik folgt sofort). Handelt es sich nicht gerade um Ihren Vorgesetzten, *kann* es von Nutzen sein, das „eigentliche" Motiv zur Sprache zu bringen. Allerdings nur wenn Sie handfeste Hinweise haben. Sonst blamieren Sie sich.
- Bei *Auffassungsunterschieden* sollten Sie Ihre Sicht der Dinge darlegen. Ist sie dem anderen hinlänglich bekannt, genügt ein knapper Hinweis, dass Sie die Dinge anders sehen.

Als Schlagfertigkeitstechnik eignet sich die Dolmetscher-Technik (→ S. 84), ganz besonders aber auch die nun folgenden Techniken, die „Gegendarstellung" und die Nachfrage, die sich im Übrigen miteinander kombinieren lassen.

Die „Gegendarstellung"

Diese Technik gehört nicht unbedingt zu den elegantesten, doch sicherlich zu den effektivsten. Ihre Antwort besteht aus zwei Teilen. Im ersten Teil weisen Sie das Urteil Ihres Gegenübers zurück. Im zweiten Teil stellen Sie die Sache richtig. Ein wenig so wie es bei den „Gegendarstellungen" üblich ist, die die Zeitungen abdrucken müssen, wenn sie eine „unzutreffende Tatsachenbehauptung" aufgestellt haben. Eine schlagfertige „Gegendarstellung" ist natürlich extrem kurz, sollte jedoch genauso entschieden im Ton sein. Konkret sieht die Sache so aus:

> **Beispiel: „Gegendarstellungen" bei Fehlurteilen**
> Herr Frickler ist schneller mit einer Aufgabe fertig als sein Kollege, Herr Binder. Der wirft einen Blick auf das Ergebnis von Herrn Frickler und bemerkt: „Sie haben es sich ja sehr einfach gemacht." Frickler: „Ich habe es mir keineswegs einfach gemacht. Ich habe einfach nur effektiver gearbeitet als Sie."
> Frau Neuwirt bekommt wegen ihrer Kleidung von ihrer Chefin einen Rüffel: „Wie laufen Sie denn hier rum? Wir sind hier nicht im Massagesa-

lon!" Frau Neuwirt: „Ich laufe keineswegs so rum wie im Massagesalon. Das ist ein völlig normales Geschäftskostüm."

Sie merken: Die Sache ist ganz simpel und läuft fast mechanisch ab. Sie brauchen sich nicht um Originalität zu bemühen. Halten Sie einfach in zwei Sätzen dagegen. Das genügt.

Unterstellungen aushebeln

Sie können die „Gegendarstellung" auch gut dafür einsetzen, um Unterstellungen zu begegnen. „Ach, Sie wollten wohl früher nach Hause", bemerkt Ihr Chef, „deswegen haben Sie sich so beeilt." Ganz im Sinne der „Gegendarstellung" antworten Sie: „Ich habe mich keineswegs beeilt. Ich habe nur zügig meine Arbeit erledigt."

„Natürlich", bemerkt ein Kollege vielsagend bei einer Betriebsfeier, „du hast dich wieder in die Nähe vom Chef gesetzt. Na ja, was tut man nicht alles für seine Karriere ..." – Sie antworten in aller Ruhe: „Ich habe mich keineswegs in die Nähe des Chefs gesetzt. Der Chef hat sich in meine Nähe gesetzt."

„Das ist Ihre Ansicht"

Ein sehr gutes Mittel, den ersten Teil der „Gegendarstellung" etwas anzuschärfen, ist die Feststellung, dass es sich bei dem Urteil (oder der Unterstellung) um die ganz persönliche Sicht Ihres Gegenübers handelt. Dies ist besonders dann zu empfehlen, wenn das Urteil als feststehende Tatsache ausgegeben wird.

> *„Wie wollen Sie es eigentlich schaffen, ohne jede Fachkenntnis diese Abteilung zu leiten?" – „Das ist Ihre Ansicht, dass ich keine Fachkenntnis besitze. Ich bin zuversichtlich, dass ich sowohl fachlich als auch von meiner Persönlichkeit her hinreichend für diese Aufgabe qualifiziert bin."*

> *„Ihr erstes Projekt haben Sie ja schon einmal spektakulär in den Sand gesetzt." – „Das ist Ihre Ansicht. Tatsächlich haben wir ein schwieriges Projekt mit großem Engagement zu einem besseren Abschluss gebracht als allgemein erwartet."*

Wichtig: Es geht nicht darum, dass Sie Schönfärberei in eigener Sache betreiben. Sonst werden Sie unglaubwürdig. Es geht darum, dass Sie Ihre Sicht der Dinge darlegen. Dadurch sind Sie souverän. Ihr Kommentar zu dem letzten Beispiel könnte daher auch so ausfallen:

„Das ist Ihre Ansicht. Tatsächlich sind zu Anfang des Projekts viele Dinge schief gelaufen. Doch wir haben daraus gelernt und das Projekt schließlich zu einem besseren Abschluss gebracht, als alle erwartet haben."

Unterstellung zu dumm? – Nur zurückweisen!

In der Regel empfiehlt sich schon das zweiteilige Modell mit der Richtigstellung. Doch in manchen Fällen sind die Urteile oder Unterstellungen so albern und weit hergeholt, dass Sie auf eine förmliche Richtigstellung verzichten können und nur noch „zurückweisen". Dies gilt vor allem, wenn Sie kein Publikum vor sich haben, das Sie noch überzeugen müssen. In diesem Fall beschränken Sie sich einfach auf den ersten Teil und erklären das Urteil Ihres Gegenübers für irrelevant. Sagen Sie einfach: „Das ist mir egal." Oder: „Das kümmert mich wenig." Oder: „So ein Pech aber auch." Allerdings ist diese Art der Zurückweisung schon recht brüsk und deshalb mit Vorsicht einzusetzen. Doch bei manchen aufdringlichen Zeitgenossen brauchen wir manchmal genau das.

„Sie haben aber große Füße!" – *„Das ist Ihre Ansicht. Mir ist das egal, was Sie über meine Füße denken."*

„Sie kommen aber immer ganz schön spät zur Arbeit." – *„Ihre Meinung."* Oder: *„Was interessiert Sie das?"*

Mit der letzten Antwort erreichen wir bereits das Terrain der nächsten Technik.

Die Nachfrage

Mit unterschiedlichen Fragetechniken werden wir uns noch in einem späteren Kapitel beschäftigen (→ S. 188). Jetzt geht es nur darum, wie Sie Fehlurteilen und Unterstellungen am besten begegnen können. Und da bietet sich auch die Technik der Nachfrage an. Ihr Vorteil – vor allem gegenüber der mitunter etwas harten „Gegendarstellung" – liegt darin, dass sie vergleichsweise milde ist. Die Nachfrage bietet sich also an, wenn Sie es mit Ihrem Vorgesetzten zu tun haben.

„Was meinen Sie damit?"

Wenn Sie jemand angiftet, dann fragen Sie doch einfach zurück: „Wie meinen Sie das?" oder: „Was meinen Sie damit?" oder: „Wie kommen Sie darauf?" Dadurch bleiben Sie erst einmal souverän, ohne den anderen vor den Kopf zu stoßen. Und der andere muss deutlicher werden und sein Urteil näher begründen. Darüber lässt sich aber reden. Und vielleicht ergeben sich ja einzelne Punkte, wo Sie einhaken können.

Beispiel: Die neue Aufgabe

Frau Nickel möchte eine neue Aufgabe übernehmen. Ihre Chefin lehnt ab und erklärt, dass sie dafür „nicht geeignet" sei. Für Frau Nickel ist das ein Fehlurteil, denn sie würde die Aufgabe ihrer Ansicht nach spielend bewältigen. Frau Nickel ist etwas gekränkt und erkundigt sich: „Was meinen Sie damit, dass ich nicht geeignet bin?" – „Nun", erklärt ihre Chefin, „die Aufgabe erfordert auch Führungserfahrung." – „Wie kommen Sie darauf, dass ich die nicht habe? Bei meiner letzten Stelle habe ich eine Projektgruppe geleitet." – „Das genügt nicht", entgegnet die Chefin, „Sie brauchen längere Führungserfahrung auf einer regulären Stelle." Jetzt ist es für Frau Nickel an der Zeit, ihre eigene Position zu formulieren: „Das verstehe ich nicht. Ich habe die Projektgruppe ein ganzes Jahr lang geleitet und das Projekt erfolgreich abgeschlossen."

Sie bleiben souverän

Die Nachfrage können Sie so weit treiben, bis alles für Sie geklärt ist. Dann können Sie die Sache entweder akzeptieren oder aber eine „Gegendarstellung" folgen lassen. Dabei beachten Sie bitte eins: Es ist *nicht* das ausschließliche Ziel, den anderen zu überzeugen (obwohl das natürlich ein angenehmer Nebeneffekt wäre). Auch wenn Frau Nickel die Aufgabe nicht bekommt, hat sie durch ihr Nachfragen und das Formulieren ihrer eigenen Position das Ziel von Schlagfertigkeit erreicht: In jedem Augenblick hat sie ihre Souveränität behalten.

Tipp:

Die Nachfrage eignet sich besonders gut, wenn Ihr Gegenüber unsachlich urteilt. Dann holen Sie ihn auf eine sachliche Ebene zurück. Oder Sie bringen ihn in Erklärungsnotstand.

Beispiel: „Stalinistische Methoden"

„Sie haben gerade gesagt, bei uns herrschten stalinistische Methoden", erklärt Herr Blümel, „was verstehen Sie denn darunter?" Der forsche Mitarbeiter gerät ins Stammeln.

„Definieren Sie erst mal ..."

Die „harte" Version der Nachfrage haben wir gerade kennen gelernt. Sie heißt: „Was verstehen Sie denn darunter?" Oder etwas schärfer: „Was verstehen Sie überhaupt darunter?" Noch etwas aggressiver lässt

sich die Sache fassen mit der Aufforderung: „Definieren Sie erst mal ..."
Eine Redefigur, die auf den ersten Blick sehr stark und einschüchternd wirkt. Vor allem wenn Sie abgeschlossen wird mit der Feststellung: „Na sehen Sie! Sie sind nicht mal in der Lage, klar zu sagen, was Sie meinen. Wie sollen wir dann weiterreden?"

Tatsächlich ist in einer aufgeheizten Runde kaum noch jemand in der Lage irgendetwas zur Zufriedenheit der Gegenseite zu „definieren". So dass Sie mit Sicherheit in den „Genuss" kommen werden, den anderen entsprechend herunterzuputzen. Doch der Eindruck von Stärke trügt. Denn Sie setzen diese Redefigur nur ein, um die Verständigung lahm zu legen. Damit stellen Sie sich selbst ein Bein, vor allem wenn Ihr Gesprächspartner sich durch diesen simplen Trick nicht beeindrucken lässt. Auch vor einem neutralen Publikum kann dieser forsche Angriff nach hinten losgehen.

Üben Sie: Antworten auf Fehlurteile und Unterstellungen

Kontern Sie mit „Gegendarstellung", Zurückweisung und Nachfrage. Wählen Sie die Antwort aus, die Ihnen am besten gefällt. Unsere Lösungsvorschläge finden Sie im Anhang (→ S. 214).

1. Fall: Sie möchten an einer Dienstreise nach Italien teilnehmen, bei der wichtige Kontakte geknüpft werden sollen. Eine Kollegin bemerkt mit hochgezogenen Augenbrauen: „Sie wollen mitfahren? Sie sind doch zu alt."

Ihre „Gegendarstellung":

Ihre Zurückweisung:

Ihre Nachfrage:

2. Fall: Gleiche Ausgangslage. Die Kollegin mit den hochgezogenen Augenbrauen bemerkt diesmal: „Sie fahren mit? Und die ganze Arbeit bleibt dann wieder an mir hängen!"

Ihre „Gegendarstellung":

Ihre Zurückweisung:

Ihre Nachfrage:

3. Fall: Sie haben ein Konzept erarbeitet, um die Arbeitsabläufe in Ihrem Büro besser zu organisieren. Ihr Chef liest sich die Sache durch und bemerkt: „Na, das ist ja alles noch ein bisschen unausgegoren."

Ihre „Gegendarstellung":

Ihre Zurückweisung:

Ihre Nachfrage:

4. Fall: In Ihrem Betrieb gibt es eine Volleyball-Gruppe, der Sie sich gerne anschließen möchten. Ein Kollege, der eine leichte Abneigung gegen Sie hat, lässt Sie wissen: „Als Brillenträger können Sie an der Gruppe aber nicht teilnehmen."

Ihre „Gegendarstellung":

Ihre Zurückweisung:

Ihre Nachfrage:

Das vergiftete Kompliment

„Also, ich fand Ihre Ausführungen sehr interessant", bemerkt ein Kollege, nachdem Sie mit Ihrem Bericht fertig sind. „Ihre Vorschläge sind zwar nicht durchführbar, aber wirklich originell. Und was ich außerdem vermisst habe, war eine gewisse Ordnung Ihrer Gedanken. Das ging alles ziemlich wirr durcheinander, ich konnte Ihnen kaum folgen. Aber Sie haben gut formuliert." Solche verqueren Stellungnahmen sind unangenehm, man weiß gar nicht, was man darauf sagen soll. Und genau das ist häufig auch die Absicht des „vergifteten" Kompliments. Sie sollen glauben, man mache Ihnen ein Kompliment, damit Sie nicht merken, dass Sie eigentlich angegriffen werden.
Im beruflichen Alltag kommen solche „vergifteten Komplimente" recht häufig vor. Der Grund: Ihr Gesprächspartner wagt es nicht, Sie offen zu kritisieren – was er aber eigentlich möchte. Deshalb baut er in sein Lob einen mehr oder weniger versteckten Widerhaken ein. Warum aber diese Tarnung? Dafür gibt es zwei unterschiedliche Gründe:

- Der andere will Sie um keinen Preis verletzen. Gerade Führungskräfte scheuen offene Worte, weil sie meinen, sie müssten erst mal tüchtig loben, wenn sie kritisieren wollen. Ein folgenschwerer Irrtum.
- Der andere will Sie herabsetzen. Vielleicht fürchtet er Sie als Konkurrent oder Sie sind ihm einfach unsympathisch. Beides kann er natürlich nicht zugeben, also tut er so, als würde er es besonders gut mit Ihnen meinen.

Wenn alle verlogen loben

In manchen Unternehmen hat sich eine fatale Harmoniesucht eingebürgert. Man findet erst mal alles richtig und großartig, was „geleistet" wird. Kritik ist etwas Negatives, das die anderen entmutigt. Also erst mal die Leute mit einem Lob „aufbauen", ehe man sich daran machen kann, Ihnen zu sagen, was man wirklich von ihrer Leistung hält: nämlich nichts. Diese Verlogenheit hat schwere Folgen. Es ist immer weniger möglich *tatsächlich* zu loben und *tatsächlich* konstruktive Kritik zu üben. Weil sich jeder fragt: Was meint der Chef jetzt wirklich, wenn er sagt: „Wir haben ein großartiges Jahr hinter uns. Alle haben ausnahmslos erstklassige Arbeit geleistet. Dafür wollte ich mich bei Ihnen aufrichtig bedanken." – Ist wirklich alles bestens oder steht eine kolossale Entlassungswelle bevor?

Abhilfe

Sie müssen irgendwie herausbekommen, was Ihr Gegenüber wirklich meint. Dazu stehen Ihnen zwei Wege offen: Die Nachfrage („Wie meinen Sie das?") oder die Dolmetscher-Technik, die Sie gleich kennen lernen werden. Im Übrigen sollten Sie dem anderen zu verstehen geben, dass Sie einen ehrlichen Einwand mehr zu schätzen wissen als ein verlogenes Lob.

Versteckt anschwärzen

Dies ist die eigentliche Domäne des „vergifteten Kompliments": Eigentlich will jemand etwas Gemeines über Sie sagen, Sie herabsetzen, Sie anschwärzen. Aber wenn es offen geschehen würde, könnten Sie sich ja wehren oder andere ergreifen für Sie Partei. Dann sähe Ihr Gesprächspartner schlecht aus. Also schickt er ein Kompliment voraus – als falsche Fährte sozusagen, damit alle denken, er sei auf Ihrer Seite. Außerdem ist das Kompliment in der Gruppe sozusagen seine Reißleine. Wenn die Sache mit dem „Gift" nicht so gut funktioniert und die entscheidenden Leute auf Ihrer Seite sind, dann kann er sich auf das Kompliment zurückziehen.

„Für Ihre Verhältnisse großartig"

Besonders perfide sind auch Komplimente, die mit dem Zusatz versehen werden: „Für Ihre Verhältnisse" oder „für Sie". Ein wunderbarer Vortrag – für Ihre Verhältnisse. Objektiv war die Sache zwar furchtbar, aber da Sie vollkommen unfähig sind, ist ein furchtbarer Vortrag „für Ihre Verhältnisse" noch wunderbar.

Abhilfe

Es gibt eine einfache Art der Gegenwehr: Sie nennen die Herabwürdigung Ihrer Person beim Namen. Dabei sollten Sie die Sache ruhig ein wenig zuspitzen. Näheres erfahren Sie gleich bei der „Dolmetscher-Technik" unter dem Stichwort „die Giftzunge" (→ S. 88). Hier nur noch so viel: Wenn Sie die Unterstellung offen gelegt haben, sollten Sie noch eine Frage nachlegen, um alle Unklarheiten auszuräumen: „Wollten Sie das damit sagen? Habe ich Sie da richtig verstanden?" Sie können sicher sein: Ihr Gesprächspartner hat nicht ohne Grund sein Gift in ein süßes Kompliment verpackt. In der Regel wird er klein geben. Oder aber er übt jetzt offen Kritik. Dann wissen aber alle, woran sie sind.

> **Beispiel: „Ich habe mich gar nicht gelangweilt"**
> „Ein toller Vortrag, ich habe mich gar nicht gelangweilt. Höchstens die letzten Minuten." – „Na großartig, Sie halten mich also für einen solchen Langweiler, dass es für Sie eine Spitzenleistung ist, wenn Sie erst in den letzten zehn Minuten wegdösen? Habe ich das richtig verstanden?" – „Nein, es hat mir wirklich gut gefallen. Aber es ist doch so, dass alle Vorträge irgendwann einen Durchhänger haben. Jedenfalls empfinde ich das so."

Natürlich wird das „vergiftete Kompliment" gelegentlich auch ironisch oder gar hämisch gebraucht. Doch wie Sie mit Häme umgehen, das wird uns noch in einem späteren Kapitel beschäftigen (→ S. 111).

Die Dolmetscher-Technik

Sie lernen nun eine der wirkungsvollsten Schlagfertigkeitstechniken kennen. Wie so oft ist das Grundprinzip ganz einfach. Dabei ist die Technik sehr variabel und lässt Reaktionen unterschiedlicher „Härtegrade" zu. Sie können lustig, aggressiv, charmant, frech oder albern sein, ganz wie Sie wollen. Es lohnt sich, die Dolmetscher-Technik immer wieder zu trainieren und durch wiederholten Gebrauch zu verfeinern. Denn mit ihrer Hilfe können Sie sich nicht nur gegen ungerechte Urteile wehren, sondern im Prinzip allen Angriffen begegnen.

Sie leisten Übersetzungshilfe
Die Sache ist schnell erklärt: Sie betätigen sich als Dolmetscher und übersetzen die bösartigen Attacken Ihres Gegenübers in eine freundlichere Sprache. Das klingt nicht gerade aufregend, sondern eher harmlos. Doch das ist eine Täuschung, denn Sie nehmen es in die Hand, Ihrem Gegenüber zu erklären, was er gerade gesagt hat.
Dadurch bleiben Sie souverän. Sie bestimmen, wohin die Reise geht. Das wird sich Ihr Gesprächspartner nicht immer gefallen lassen, doch wird er es nicht ganz einfach haben, Sie vom Kurs abzubringen.

Gehen Sie auf Vorwürfe nicht ein
Wenn uns jemand irgendetwas sagt, dann neigen wir dazu, darauf einzugehen, dazu Stellung zu nehmen. Das ist auch nicht unbedingt schlecht, denn das sorgt dafür, dass wir nicht (ständig) aneinander vorbeireden. Auch gibt es Schlagfertigkeitstechniken (wie die „Gegendarstellung", die wir gerade kennen gelernt haben), die genau von diesem Prinzip Gebrauch machen. Der andere äußert einen Vorwurf, wir weisen ihn zurück und stellen die Sache richtig.
Bei der Dolmetscher-Technik ist das jedoch ganz anders: Sie als Person verschwinden sozusagen von der Bühne und begeben sich außerhalb der Schusslinie. Sie tun nichts anderes als die Äußerungen Ihres Gesprächspartners zu wiederholen – allerdings mit anderen Worten. So verwandelt sich etwa eine Beleidigung durch Ihre „Dolmetschertätigkeit" plötzlich in ein Kompliment. Ein nachgerade klassisches Beispiel:

„Sie sind vielleicht eine Krücke!" – *„Sie meinen, ich bin die Stütze des Unternehmens."*

Ihre Übersetzung muss nachvollziehbar sein
Sie können nicht einfach nach Belieben harte Worte in butterweiche übersetzen (oder umgekehrt). Sie brauchen irgendeine Verbindung, eine gedankliche Brücke. Und die sollte nicht über drei Ecken führen. Nehmen wir nur unser „klassisches Beispiel".

Beispiel: Wie die Krücke zur Stütze wird
Krücke ist eigentlich eine abwertende Bezeichnung für jemanden, der unfähig und schwach ist, so jemand, der eigentlich eine Krücke braucht. Für Ihre Übersetzung brauchen Sie ein positives Merkmal der Krücke, so eines, das überall bekannt ist. Denn Sie wollen ja, dass Ihre Übersetzung verstanden wird. Die Krücke stützt, ja, sie dient als Stütze. Also kann man für Krücke durchaus Stütze sagen. Und wenn sie noch das Unternehmen stützt, dann ist die positive Übersetzung perfekt. Der gedankliche Weg ist recht kurz, das macht die Antwort so „schlagend".

Nicht immer werden Sie so elegant parieren können. Aber das muss auch gar nicht so sein. Hauptsache, Sie finden irgendeine Verbindung, die die anderen nachvollziehen können. Dabei müssen Sie einem Angriff durchaus nicht immer witzig begegnen und ihn in sein offensichtliches Gegenteil verkehren. Sie können ihn auch entschärfen.

Die drei Zungen der Dolmetscher-Technik

Hinter der Dolmetscher-Technik verbergen sich eigentlich drei Schlagfertigkeitstechniken, die Sie ganz unterschiedlich einsetzen. Als schlagfertiger Dolmetscher verfügen Sie nämlich über drei Zungen:

- die Honigzunge, mit der Sie giftige Angriffe in süße Schmeicheleien umdeuten,
- die Giftzunge, mit der Sie versteckte Kränkungen noch verletzender machen,
- die diplomatische Zunge, mit der Sie scharfe Töne mildern und sich in eine bessere Position bringen.

Die Honigzunge

Wenn Sie mit der „Honigzunge" übersetzen, so parieren Sie den Angriff eigentlich mit einem Witz. Ihre Verfälschung ist natürlich offensichtlich. Sie haben die Lacher auf Ihrer Seite, weil es Ihnen gelingt, über Ihre Gedankenbrücke etwas zusammen zu bringen, was nicht zusammengehört. Genau nach diesem Prinzip funktionieren ja auch viele Witze. Wir erfreuen uns an diesen „unmöglichen" Gedankenverbindungen und lachen darüber.

Weil der Angriff hingegen in der Regel weit weniger witzig ausfällt, haben Sie ihn abgewehrt. Und Sie dürfen sich für Ihre Geistesgegenwart und Ihren schnellen Witz bewundern lassen. Vorausgesetzt, es ist ausreichend Publikum vorhanden.

Tipp:
Nicht immer ist es empfehlenswert, seine Antwort mit „Sie meinen ..." einzuleiten. Manche humorlosen Gesprächspartner kontern dann einfach: „Nein, das meine ich nicht." Und Ihr schönes Wortspiel ist beim Teufel. In solchen Fällen können Sie das obligate „Sie meinen" einfach weglassen und es bei einem schlichten „Ja" belassen.

Die „Honigzunge" ist eine sehr spielerische und sehr anspruchsvolle Technik. Ein bisschen funktioniert sie so wie der „absurde Anschluss" (→ S. 68). Sie verlangt die Fähigkeit zu ungewöhnlichen Gedankenverbindungen sogar in noch höherem Maße.

Alles eine Frage der Vorbereitung

Allerdings sollten Sie nicht allzu fest damit rechnen, dass sich solche Geistesblitze ganz automatisch und spontan einstellen. Tatsächlich können Sie sehr viel für Ihre Honigzunge tun, wenn Sie sich vorher gut vorbereiten. Machen Sie sich also schon vorher darüber Gedanken, was man Ihnen so an den Kopf werfen könnte. Und gehen Sie dann in aller Ruhe auf die Suche nach einer Verbindung.

Nicht jeder Angriff lässt sich positiv umdeuten. Sie brauchen immer irgendeinen „Haken", an dem Sie etwas Positives ins Spiel bringen können. Wenn Ihnen jemand ein knappes „Idiot" an den Kopf wirft, dann ist die Honigzunge nicht die geeignete Schlagfertigkeitstechnik. Aber es gibt genügend Angriffe und sprichwörtliche Redensarten, bei denen Sie den einen oder anderen „Haken" entdecken werden.

„Sie sind eine Pfeife." – „Ja, alles hört auf mich." Oder: „Ja, ich gebe die entscheidenden Signale."

Üben Sie: Übersetzen Sie mit der Honigzunge

Versuchen Sie bei den folgenden Beispielen immer irgendeinen positiven Aspekt zu entdecken. Wofür lässt es sich benutzen, was sind seine Vorteile, seine Stärken, gibt es etwas Verwandtes oder klangliche Verbindungen mit irgendetwas, das positiv ist? Unsere Lösungsvorschläge finden Sie im Anhang (→ S. 215).

1. „Sie sind ein Kamel!"
Ihre Übersetzung:

2. „Sie sind eine Marionette der Geschäftsführung."
Ihre Übersetzung:

3. „Sie sind der faulste Mitarbeiter hier. Sie gehen immer als erster."
Ihre Übersetzung:

4. „Sie benehmen sich hier wie die Axt im Wald!"
Ihre Übersetzung:

5. „Sie sind ein alter Knacker."
Ihre Übersetzung:

Die Giftzunge

Mit der Giftzunge sollten Sie immer dann antworten, wenn Ihr Gesprächspartner Ihnen ein „vergiftetes Kompliment" (→ S. 82) macht oder Sie aus purer Gedankenlosigkeit kränkt oder ärgert. Solche Leute nennt man „taktlos". Mit der „Giftzunge" tragen Sie dazu bei, dass der Takt wieder stimmt.

Die Gemeinheiten, die in den Äußerungen Ihrer Gesprächspartner stecken, schälen Sie heraus. Und damit auch der unsensibelste Klotz merkt, dass er zu weit gegangen ist, helfen Sie der Sache noch ein wenig nach und geben der Äußerung die nötige Schärfe. Aus einer wenig schmeichelhaften Bemerkung machen Sie eine dicke, fette Beleidigung. Wenn die Sache gut geht, wird Ihr Gegenüber alles sofort zurücknehmen und Sie sind das ungute Gefühl los, das „vergiftete Komplimente" und Taktlosigkeiten meist auslösen.

Beispiel: Der Urlaub in Südafrika

„Ach, Sie fahren nach Südafrika?", bemerkt Frau Lambrecht spitz. „Wir fahren an die Ostsee. Wir haben es nicht mehr nötig, aller Welt zu zeigen, dass wir überall rumgekommen sind." – Frau Franke kontert trocken: „Sie wollen damit sagen, dass mein Mann und ich aufgeblasene Angeber sind, die ihr Reiseziel danach auswählen, ob sie damit Eindruck schinden können? Herzlichen Dank!"

Übertreiben Sie mit Augenmaß

Sie sollten unbedingt darauf achten, nicht allzu sehr zu übertreiben. Eine maßvolle Zuspitzung ist sinnvoll, aber wenn Sie irgendwelche haarsträubenden Vorwürfe in eine harmlose Bemerkung hineinlesen, machen Sie sich lächerlich. Ihre Schlussfolgerung muss auf jeden Fall nachvollziehbar sein. Sonst fragt sich Ihr Gesprächspartner zu Recht: „Warum ist der nur so überempfindlich und fühlt sich gleich angegriffen? Ist an den Vor würfen, die er da in meine Äußerung hineingelesen hat, am Ende sogar noch was dran?"

Und noch etwas sollte Ihnen nicht passieren: Dass Ihr Gegenüber auf Ihre Entlarvung hin strahlend bemerkt: „Genau, Sie haben es erfasst."

Üben Sie: Übersetzung mit der Giftzunge
Spitzen Sie die folgenden Bemerkungen so zu, dass Ihr Gesprächspartner seine Bemerkung voraussichtlich zurücknimmt. Unsere Lösungsvorschläge finden Sie auf Seite 216.

1. Sie sind auf eine Geburtstagsfeier eingeladen bei einer Bekannten, mit der Sie keinen engeren Kontakt haben. Sie erscheinen pünktlich. Die Tür geht auf. Ihre Bekannte bemerkt: „Na, so was! Da habe ich so viele Leute eingeladen. Und ausgerechnet du kommst als erstes!"
Ihre Übersetzung:

2. Sie erzählen im Kollegenkreis von einem spannenden Fernsehfilm. Ein Kollege bemerkt: „Ich schaue ja *kaum Fernsehen. Ich habe Besseres zu tun.*"
Ihre Übersetzung:

3. Versetzen Sie sich in die Lage eines Ehemanns, der seiner Frau gerade ein kostbares Schmuckstück zum Geburtstag geschenkt hat. Ein Freund bemerkt dazu: „Ich sage immer: Wer teure Geschenke macht, der hat's irgendwo auch nötig."
Ihre Übersetzung:

Die diplomatische Zunge

Wenn Sie die diplomatische Zunge einsetzen, dann werden Sie am allerwenigsten einen Knalleffekt erzielen – und doch unter dem Strich häufig am meisten erreichen. Was eben auch gute Diplomatie auszeichnet. Mit der diplomatischen Zunge tun Sie zweierlei: Sie entschärfen die Angriffe der Gegenseite und Sie lenken die Aufmerksamkeit auf die Aspekte, die *Ihnen* wichtig sind.

Bringen Sie Abkühlung in die Sache

Gerade wenn die Emotionen hoch kochen und allerlei verletzende „Bemerkungen" durch den Raum fliegen, ist die diplomatische Dolmetscherleistung hilfreich. Während Sie sonst durch schlagfertige Bemerkungen nicht unbedingt zur Entschärfung von Konflikten beitragen, können Sie mit dieser Technik das Gespräch wieder auf eine sachliche Ebene zurückholen. Wenn jemand beispielsweise äußert: „Sie sind wirklich der allergrößte Idiot, der mir je begegnet ist!", dann verschieben Sie diese Äußerung auf eine andere Ebene. Sie könnten zum Beispiel sagen: „Sie meinen, Sie sind ungerecht behandelt worden."

Sie behalten Ihre Souveränität

Stimmt der andere Ihnen jetzt zu, haben Sie eine schwere Beleidigung souverän umgedeutet. Sie müssen sich dagegen jetzt nicht mehr zur Wehr setzen, wenn Sie nicht wollen. Das Gespräch kann auf einer sachlichen Ebene weiterlaufen. Aber auch wenn Ihr Gegenüber weiterhin emotional „unter Dampf" steht, behalten Sie Ihre Souveränität. Erstaunlicherweise ist es der andere, der sich von seinen Emotionen gefangen nehmen lässt und deshalb nicht mehr souverän ist, während Sie sich in dieser Situation abgeklärt und besonnen, mit einem Wort: souverän zeigen. Doch wird Ihr Gegenüber nur in seltenen Fällen länger „unter Volldampf stehen. Sie werden verwundert sein, wie schnell sich dieser Dampf verflüchtigt, wenn Sie konsequent bei Ihrer Diplomatenzunge bleiben.

Und wenn der andere widerspricht?

Nicht immer wird Ihr Gegenüber Ihre „Übersetzung" akzeptieren. Das ändert jedoch nicht viel. Fordern Sie ihn auf die Sache richtig zu stellen. Oder bieten Sie eine weitere „diplomatische Übersetzung" an. Auf diese Weise können Sie das Gespräch sehr subtil lenken, vor allem wenn Sie in einer übergeordneten Position sind und beispielsweise ein Mitarbeiter „ausrastet". Dann können Sie ihn mit der diplomatischen Zunge auf den Boden der gemeinsamen Interessen zurückholen.

> **Beispiel: „Wie der letzte Dreck"**
> Frau Haböck ist außer sich: „Sie behandeln die Leute wie den letzten Dreck!" – Der Büroleiter, Herr Uhlig, erkundigt sich sachlich: „Sie meinen, Sie sind ungerecht behandelt worden." – „Ach was", entgegnet Frau Haböck, „nicht ungerecht, sondern einfach nur schlecht! Sie brüllen die Leute an, sobald Ihnen was nicht in den Kram passt." – „Sie meinen, in der Sache habe ich vielleicht schon nicht ganz Unrecht, aber ich sollte ein bisschen freundlicher zu Ihnen sein können." – „So ungefähr.

Sie lassen sich nicht fertig machen

Aber nicht nur von der bequemen Position einer Führungskraft aus lässt sich die diplomatische Zunge nutzen. Es ist mindestens genauso hilfreich, wenn Sie als Mitarbeiter die wütenden Angriffe Ihres Vorgesetzten mit der diplomatischen Zunge parieren.

Beispiel: „Sie haben mir gerade noch gefehlt!"
> Frau Haböck steckt den Kopf ins Büro von Herrn Uhlig: „Hätten Sie wohl mal zwei Minuten Zeit?" – Sie haben mir gerade noch gefehlt!", blökt Herr Uhlig zurück. Frau Haböck lässt sich dadurch nicht beirren. „Sie meinen, Sie bräuchten noch fünf Minuten?" – „Geben Sie mir zehn!", entgegnet der entnervte Herr Uhlig.

Der Mechanismus, der dahintersteckt, ist ganz einfach: Sie lassen es einfach nicht zu, dass der andere Sie „fertig macht". Sie filtern aus seinen Worten die kränkende Botschaft einfach heraus. Alles, was beleidigend ist, überhören Sie. Die Kränkung *erreicht* Sie gar nicht, sie bleibt gewissermaßen bei dem anderen. Durch Ihre Übersetzung in eine akzeptable Botschaft signalisieren Sie dem anderen zweierlei:

- das Angebot, auf eine sachliche Ebene zurückzukehren,
- die Botschaft, dass Beleidigungen gar nicht bei Ihnen ankommen. Deshalb ist die diplomatische Zunge auch dann noch ungemein nützlich, wenn jemand bei seinen Beleidigungen bleibt. Sie lassen sich dadurch nicht umwerfen, Sie behalten Ihre Souveränität (Näheres mit Training → S. 170).

Übersetzungshilfe: Die fünf Ebenen

Die Kommunikationstrainer Christoph und Matthias Dahms haben eine Technik entwickelt, die der Dolmetschertechnik sehr stark ähnelt, die so genannte „Spiegeltechnik". Bei ihrem Modell unterscheiden sie fünf Ebenen, die als „Übersetzungshilfe" auch für die Dolmetschertechnik von Nutzen sein kann.

1. **Ich-Ebene:** Sie lassen die Aussage bei Ihrem Gegenüber: „Sie meinen, Sie seien ungerecht behandelt worden." → Das Gespräch dreht sich um den anderen und seine Befindlichkeit. Was ist überhaupt mit *ihm* los? Vorteil: Sie stehen nicht mehr in der Schusslinie.

2. **Du-Ebene:** Sie beziehen die Aussage auf sich als den Angesprochenen: „Sie meinen, ich hätte Sie ungerecht behandelt." → Das Gespräch dreht sich um Sie und Ihre Rolle. Was denkt Ihr Gesprächspartner von Ihnen? Vorteil: Der Angriff lässt sich erst einmal entschärfen. Sie können dann besser dazu Stellung nehmen.

3. **Wir-Ebene:** Sie treffen eine Aussage über sich und Ihren Gesprächspartner: „Sie meinen, wir könnten nicht zusammenarbeiten." → Sie lenken das Gespräch auf Ihre Beziehung zueinander. Vorteil: Wenn es sich hauptsächlich um ein Problem der persönlichen Beziehung handelt (die „Chemie nicht stimmt"), kommen Sie hier am schnellsten weiter.

4. **Info-Ebene:** Sie beziehen sich auf die Fakten: „Sie meinen, Sie beenden hiermit das Arbeitsverhältnis." → Emotionen raus. Was geschieht jetzt überhaupt? Vorteil: Sie kommen schneller zum Punkt, Missverständnisse werden vermieden.
5. **Appell-Ebene:** Sie verstehen die Aussage des anderen als Aufforderung: „Sie meinen, Sie sollten einen Tag Sonderurlaub bekommen." → Was will der andere überhaupt? Sind seine Wünsche realistisch, erfüllbar? Vorteil: Kann die Sache stark abkürzen.

Beziehen Sie Stellung

Die „diplomatische Zunge" ist nicht so gemeint, dass Sie akribisch ergründen sollen, was denn Ihr Gegenüber gemeint haben könnte, um das dann umzusetzen. Es geht im Wesentlichen darum, dass Sie eine Grundlage finden, auf der Sie sich verständigen können. Deshalb ist es ebenso wichtig, dass Sie zu den „übersetzten" Aussagen Ihres Gesprächspartners immer mal wieder Stellung beziehen. Ganz gleich, ob zustimmend oder ablehnend.

Üben Sie: Übersetzen Sie mit der diplomatischen Zunge

Finden Sie zu den folgenden Aussagen jeweils drei akzeptable „Übersetzungen", die der Auseinandersetzung die Schärfe nehmen. Machen Sie ruhig Gebrauch von den unterschiedlichen Ebenen (unsere Lösungsvorschläge auf Seite 216). Gerade beim zweiten Fall sollten Sie darauf achten, dass es nicht immer darum geht, eine Verständigung herbeizuführen, sondern die Souveränität zu bewahren.

1. Fall: Betriebsversammlung. Schlechte Stimmung. Der Geschäftsführer hat zu tun und lässt sich durch Sie vertreten. Kaum haben Sie begonnen zu sprechen, da unterbricht Sie ein älterer Mitarbeiter: „Ach, hören Sie doch auf! Sie sind doch nur so eine Schießbudenfigur!"

Ihre Übersetzung Nr. 1:

Ihre Übersetzung Nr. 2:

Ihre Übersetzung Nr. 3:

2. Fall: Stellen Sie sich vor, Sie wären Verkäufer einer Obdachlosenzeitschrift. Höflich wenden Sie sich an einen gutgekleideten Herrn, der Sie anherrscht: „Ach, lassen Sie mich doch bloß in Ruhe mit Ihrer verfluchten Zeitschrift!"

Ihre Übersetzung Nr. 1:

Ihre Übersetzung Nr. 2:

Ihre Übersetzung Nr. 3:

3. Fall: Ihr Vorgesetzter hat Probleme mit seinem Computer. Er ruft Sie zu sich und bittet Sie, sich die Sache doch mal anzusehen. Das tun Sie. Jedoch bringen Sie das System zum Absturz. Eine Datei ist verloren. Ihr Vorgesetzter fährt Sie an: „Sie sind wirklich total unfähig!"

Ihre Übersetzung Nr. 1:

Ihre Übersetzung Nr. 2:

Ihre Übersetzung Nr. 3:

Fünfte Lektion: Was tun bei Wut?

In dieser Lektion beschäftigen wir uns mit einer Situation, in der Sie es mit der Schlagfertigkeit nicht so leicht haben: Wie sollen Sie sich verhalten, wenn Ihr Gegenüber vor Wut schäumt? Wir spielen verschiedene Verhaltensweisen durch und erkennen ihren Nutzen, aber auch ihre Gefahren. Außerdem lernen Sie eine neue Technik kennen, nämlich das „Niederschweigen". Und wir vertiefen die „Dolmetscher-Technik" mit der „Diplomatenzunge".

Die geballte Energieabfuhr

Wut ist eine ungeheure Kraft, leider eine zerstörerische. Wenn sich jemand wütend vor uns aufbaut, anfängt zu brüllen, zu kreischen oder zu schreien, haben wir dem mit unserer Gemütsverfassung auf Normaltemperatur erst einmal wenig entgegenzusetzen. Es dauert einen Augenblick, ehe sich entscheidet, wie wir reagieren. Meist auf eine der beiden folgenden Arten:

- Wir werden ebenfalls wütend, brüllen zurück. Der Streit eskaliert.
- Wir erdulden die Wut, lassen uns als Opfer missbrauchen und fühlen uns gedemütigt.

Wut nicht mit Wut bekämpfen

Wenn jemand seine Wut an uns auslässt, dann kann es sein, dass wir ebenfalls in Wut geraten. Zumindest wenn der andere nicht in einer stärkeren Position ist. Aber selbst dann kommt es gelegentlich vor, dass manche Menschen nach einiger Zeit die Beherrschung verlieren, erst die Stimme erheben und dann zurückbrüllen – oft mit verheerenden Folgen. Auf jeden Fall wird die Auseinandersetzung heftiger, sie kann völlig aus dem Ruder laufen, wenn der eine nicht nach kurzer Zeit den Ort der Auseinandersetzung verlässt, was stets lautstark zu geschehen hat, um zu signalisieren, dass man nicht etwa klein bei gibt, sondern noch immer „unter Dampf" steht.

Es kostet meist viel Zeit und guten Willen, um zu einem normalen Verhältnis zurückzukehren; manchmal genügt eine einzige Auseinandersetzung dieser Art, um das Verhältnis beider Parteien dauerhaft zu zerrütten.

Tipp:
Versuchen Sie daher unter allen Umständen, Wut nicht mit noch größerer Wut zu bekämpfen.

Die große Demütigung

Wer Wut erdulden muss, fühlt sich gedemütigt. Wenn Sie unter einem cholerischen Vorgesetzten zu leiden haben, dann kennen Sie dieses Gefühl abgrundtiefer Machtlosigkeit. Fast alle nehmen die Wutausbrüche Ihres Vorgesetzten in Opferhaltung hin. Er ist ja in der stärkeren Position.
Doch auch vielen Führungskräften verschlägt es die Sprache, wenn einem ihrer Mitarbeiter plötzlich der Kragen platzt oder ihre Sekretärin die Beherrschung verliert. In gewisser Hinsicht ist das für sie noch schlimmer, denn wenn sie sich von einem Mitarbeiter anschreien lassen, gefährdet das ihre Position als Führungskraft. Sie haben sich machtlos und hilflos gezeigt. Dadurch verlieren sie Anerkennung und Respekt. Auch wenn er im Nachhinein seinen Angestellten zur Verantwortung zieht, kann der Vorgesetzte diesen einen Moment nicht mehr ungeschehen machen: als er sich von seinem Angestellten anschreien ließ und wie ein begossener Pudel dasaß.

Macht und Ohnmacht

Wut ist Zeichen sowohl von Macht wie von Ohnmacht. Wer dem Wütenden „in die Hände fällt", der ist ihm ausgeliefert. So gesehen hat der Wütende unumschränkte Macht über sein Opfer, das gegenüber seiner Wut völlig machtlos erscheint. Auf der anderen Seite ist aber auch der Wütende machtlos. Er handelt ja nicht souverän, aus freien Stücken, sondern weil ihn die Wut „packt", ihn „überwältigt". Er hat „sich nicht im Griff". Daher ist der Wütende in einem sehr viel grundsätzlicheren Sinne ohnmächtig, nämlich ohnmächtig gegenüber der eigenen Wut. Allerdings muss das nicht zwingend so sein. Es gibt nämlich auch die kalkuliert eingesetzte Wut. Dann wird sie ganz bewusst als Waffe oder als Machtmittel eingesetzt. Wer auf diese Weise wütend wird, der verliert keineswegs die Kontrolle. Vielmehr will er mit seiner Wut jemanden fertig machen oder ihm demonstrieren, wie mächtig er ist: Sehen Sie mal, ich kann mir Ihnen gegenüber alles rausnehmen, und Sie armes Würstchen können nicht das Geringste dagegen tun.

Bei Wutausbrüchen souverän bleiben

Unter zivilisierten Menschen sollte eigentlich selbstverständlich sein, dass man sich nicht anschreit. Es gibt andere Möglichkeiten, sich zu verständigen. Und diese anderen Möglichkeiten sollten Sie im Ernstfall auch einfordern. Machen Sie sich bewusst: Sie müssen sich von niemandem anschreien lassen. Auch nicht wenn Sie einen Fehler gemacht haben. Mag ja sein, dass Sie im Recht sind. Aber wie sollen Sie sich konkret verhalten, wenn jemand in Rage gerät? Doch wohl keine Vorträge darüber halten, wie man konstruktiv Kritik übt. Stattdessen geht es darum, dass wir unsere Souveränität halbwegs über die Zeit retten, in der sich der andere austobt.

Aktivieren Sie Ihren „Aufprallschutz"

Sie erinnern sich sicherlich noch an unseren „inneren Aufprallschutz" aus der zweiten Lektion (→ S. 48). Den können Sie nicht nur gut gebrauchen, wenn Sie jemand mit einem dummen Spruch herausfordert, sondern ganz besonders jetzt. Warten Sie also erst einmal ab. Lassen Sie die groben Angriffe an sich abprallen. Unternehmen Sie nichts. Halten Sie erst einmal stand. Auch körperlich. Vermeiden Sie die „Angsthaltung" (→ S. 33). Atmen Sie ruhig, konzentrieren Sie sich auf Ihren ruhigen, gleichmäßigen Atem.

Sagen Sie so wenig wie möglich, am besten gar nichts. Unterlassen Sie es unbedingt, sich zu rechtfertigen oder nach Erklärungen zu suchen. Dadurch bewirken Sie nur, dass Ihr Gegenüber wutentbrannt Ihre guten Gründe in den Boden stampft.

Tipp:
> Innerlich wird Ihnen ohnehin nicht danach sein, aber unterlassen Sie es in jedem Fall, eine demonstrativ gelassene bis herausfordernd selbstbewusste Haltung einzunehmen.

Der andere muss sich austoben

Wut ist eine Energie, die sich entladen muss. Lassen Sie dem anderen Zeit, seinen Dampf abzulassen. Warten Sie, bis er sich abgekühlt hat. Greifen Sie erst wieder ins Geschehen ein, wenn Ihr wütendes Gegenüber aufhört, sie zu beschimpfen und inhaltliche Aussagen macht, zu denen Sie wirklich Stellung nehmen können. Antworten Sie knapp, sachlich, emotionslos.

Beispiel: Der unfähigste Mitarbeiter des Universums
„Sie sind wirklich der unfähigste Mitarbeiter des Universums!", donnert der Redakteur. „Wissen Sie nicht, wie man ein Mikrofon hält?!" Der Reporter schweigt. „Und wieso diese völlig bescheuerte Frage am Schluss?!" Der Redakteur schlägt mit der Faust auf den Tisch: „Meine ganze Sendung ist kaputt!" Kein Kommentar vom Reporter. „Und warum?" Keine Antwort. „Weil Sie zu blöd waren, die Staatssekretärin zu interviewen!" Schweigen. „Wieso zum Donnerwetter haben Sie denn nicht Ihre Fragen aufgenommen?" Die erste inhaltliche Frage. Der Reporter antwortet: „Ich bin davon ausgegangen, dass wir nur die Antworten der Staatssekretärin brauchen."

Bloß keine schlagfertigen Erwiderungen
Solange der andere noch „auf 180" ist, wäre es äußerst verwegen, mit einer schlagfertigen Erwiderung zu kontern. Es sei denn, Sie legen Wert darauf, den anderen zum Explodieren zu bringen. Vielleicht kommt es Ihnen (noch) ein wenig befremdlich vor, Ihnen könnten während des Wutanfalls des anderen schlagfertige Antworten zufliegen. Doch warten Sie nur ab. Wenn Ihr „Aufprallschutz" einmal steht und Sie die Sache tatsächlich mit einer gewissen inneren Distanz betrachten, werden Sie erstaunt sein, wie viele Möglichkeiten sich plötzlich auftun, eine schlagfertige Erwiderung zu platzieren.
Der Grund: Ihr Gegenüber redet sich erst einmal immer stärker in Rage. Weil von Ihnen nichts kommt, ist er genötigt, das „Gespräch" ganz allein zu bestreiten. Seine geistige Kraft ist jedoch außerordentlich geschwächt; es ist ja schon anstrengend genug, wütend zu sein. Und deshalb reden Menschen, die wütend sind, den größten Blödsinn ihres Lebens zusammen. Das gäbe Ihnen natürlich Gelegenheit, schlagfertig dazwischenzufunken. Doch: Widerstehen Sie dieser Versuchung!

Das „Niederschweigen"

Schweigen und Schlagfertigkeit, wie passt das zusammen? Nun, zur Schlagfertigkeit gehört eben auch, dass man zur richtigen Zeit den Mund halten kann. Aber haben wir nicht bislang immer behauptet, Schlagfertigkeit durchbreche die Sprachlosigkeit? Schlagfertigkeit mache Sie souverän? Und in manchen Situation käme es darauf an, überhaupt etwas zu sagen – denken Sie nur an unsere „Nullsätze" (→ S. 57)? Nun, das bleibt nach wie vor gültig. Dennoch kann es in manchen Situationen besser sein zu schweigen. Dabei handelt es sich nicht um pure Sprachlosigkeit, sondern um ein souveränes Schweigen.

Sie entscheiden, wann Sie antworten

Das „Niederschweigen" ist eine durchaus angemessene Reaktion auf einen Wutausbruch. „Worüber man nicht sprechen kann, darüber muss man schweigen", sagt der Philosoph Ludwig Wittgenstein. Das gilt auch hier: Solange sich der andere austobt, hat es gar keinen Sinn das Wort zu ergreifen. Was wollen Sie denn vernünftigerweise sagen? Er wird allen guten Gründen sofort den Hals umdrehen, also halten Sie Ihre Rechtfertigung noch ein wenig zurück. Auch wenn Sie Ihr Gegenüber auffordert: „Was sagen Sie denn dazu?", müssen Sie nicht notwendigerweise antworten.

Sie warten vielmehr ab, bis sich die passende Gelegenheit ergibt. Günstig ist es immer dann, wenn sich die erste Versachlichung abzeichnet. Wenn Ihr Gegenüber also darauf zu sprechen kommt, was vorgefallen ist. Dann können Sie antworten, wenn Sie wollen. Sie müssen es aber nicht.

Je länger Sie schweigen, desto hilfloser wird der andere

Es ist ein merkwürdiges Phänomen, aber wenn Sie wirklich gar nichts sagen, bleibt der andere in seiner Wut ganz allein und beruhigt sich nach und nach. Wichtig ist, dass Sie auch körpersprachlich „schweigen", also eine möglichst neutrale Haltung einnehmen. Wenn Sie zusammengesunken auf Ihrem Stuhl sitzen und Ihre Augen niederschlagen, können Sie nicht erwarten, den anderen „nieder zu schweigen".

Beispiel: Szene eines Ehekrachs
Das Ehepaar Trautmann hat einen heftigen Ehestreit. Sie schreit ihn an, überhäuft ihn mit Vorwürfen: „Du bist der rücksichtsloseste Mistkerl!", „Du denkst nur an dich!", „Du hast mich ausgenutzt!", „Du hast mich belogen und betrogen!", „Warum tust du mir das an?" – Herr Trautmann erwidert nichts, sitzt in seinem Sessel und trinkt in aller Ruhe ein Glas Bier. „Wie kannst du nur so dasitzen und dein Bier trinken?" Keine Reaktion. „Ich bedeute dir wohl überhaupt nichts?" Herr Trautmann sieht seine Frau an und sagt noch immer nichts. „Jetzt rede endlich!", schreit sie ihn an. Kein Wort. „Warum sagst du denn nichts?" – „Bist du fertig?", fragt er unbeeindruckt.

Sie lassen den anderen zappeln

Es ist mit Händen zu greifen: Derjenige, der die Situation bestimmt, ist derjenige, der schweigt. Solange Sie keine Antwort geben, keine Stellungnahme abgeben, kann der andere nichts machen. Er wird immer hilfloser.

Machen Sie ruhig einmal die Gegenprobe und stellen Sie sich vor, bei den letzten beiden Beispielen hätten die „Schweiger" gesprochen. Sie hätten nicht viel sagen müssen, um die ganze Wucht des Wutausbruchs noch zu steigern. Sie hätten mit Ihrer Reaktion dem Feuer nur neue Nahrung gegeben.

Beispiel: Ehekrach Gegenprobe
Sie: „Du bist der rücksichtsloseste Mistkerl!" – Er: „Ich finde, jetzt übertreibst du!" – Sie: „Ach ja, ich übertreibe? Ich finde eher, dass ich noch untertreibe!" – Er: „Aber hör doch ..." – Sie: „So wie du dich benimmst! So rücksichtslos, so egoistisch!" – Er: „Ich gebe ja zu ..." – Sie: „Du hast mich hintergangen und ausgenutzt!" – Er: „Aber du bist ganz schuldlos, wie?" – Sie: „Ach, das ist ja wohl die Höhe! Du hintergehst mich – und ich soll auch noch Schuld daran sein!"

Souverän schweigen und genießen

Das dosierte „Niederschweigen" kann jedoch nicht nur bei Wutausbrüchen gute Dienste leisten. In vielen Situationen, in denen man von Ihnen eine prompte Reaktion erwartet, können Sie durch Schweigen die Gegenseite verunsichern. Zum Beispiel:

- Jemand macht Ihnen ein Angebot. Ihr Schweigen signalisiert weder Zustimmung noch Ablehnung. Ihr Gegenüber ist verunsichert: Soll er sein Angebot nachbessern?
- Ein Mitarbeiter berichtet von einem Projekt. Natürlich schildert er alles in den rosigsten Farben. Sie sind misstrauisch und schweigen. Dadurch signalisieren Sie: Wir sind noch nicht fertig, erzählen Sie mehr. Der Mitarbeiter räumt ein, dass es da ein paar Probleme gegeben habe ...
- Sie übernehmen die Leitung einer Gruppe. Sie machen erst einmal keine Vorgaben, sondern warten einfach ab, wie sich die Dinge entwickeln.

Vorsicht, Eskalationsgefahr!

Das „Niederschweigen" kann für den anderen außerordentlich zermürbend sein. Das macht diese Methode einerseits so ungeheuer stark, andererseits liegt darin auch eine erhebliche Gefahr. Wenn der andere bei einem Streit den Eindruck hat, dass er gar nicht mehr an Sie herankommt, dann wird er versuchen, Ihnen doch noch eine Reaktion zu entlocken. Wenn die Sache gut geht, stellt er fest, dass er „auf der Wutschiene" nicht weiterkommt. Er bezieht sich auf die Sache und

nicht mehr auf Sie als Person, so dass Sie wie erwähnt sachlich Stellung nehmen können. Oft aber weiß sich der andere nicht anders zu helfen, als mit voller Kraft auf der „Wutschiene" bis zum bitteren Ende durchzufahren. Das heißt, er wird Sie immer heftiger attackieren und herausfordern. So lange, bis Sie irgendwie reagieren – auch wenn er damit rechnen muss, dass Ihre „Antwort" immer zerstörerischer ausfällt.
Eine solche Eskalation müssen Sie auf jeden Fall verhindern. Wenn Sie merken, dass Ihr Gegenüber immer ausfallender wird, dann wechseln Sie zur „Dolmetscher-Technik" der „diplomatischen Zunge" (mehr dazu gleich, siehe S. 104).

Lassen Sie sich nicht überspielen
Es ist ratsam, die Technik des „Niederschweigens" mit Augenmaß zu gebrauchen. Denn wenn Sie sich grundsätzlich erst einmal in Schweigen hüllen, wenn die anderen von Ihnen eine Antwort erwarten, sorgen Sie für Verärgerung und Sie riskieren, dass man Sie einfach überspielt.

> *Üben Sie: Schweigen Sie den anderen nieder*
> Eine Übung mit Partner: Stellen Sie sich vor, Sie hätten sich von Ihrem Partner das Auto geliehen und es zu Schrott gefahren. Die Versicherung zahlt nicht, weil Sie nicht angeschnallt waren, mit überhöhter Geschwindigkeit gefahren sind und außerdem Alkohol getrunken hatten. Sie können auch nicht zahlen, weil Sie etwas knapp bei Kasse sind. Ihr Partner macht Ihnen schwere Vorwürfe. Sie versuchen sich zu rechtfertigen. Zweite Runde: Sie schweigen einfach. Danach tauschen Sie die Rollen – wenn Sie dann noch mögen.
> Wann wird das Schweigen für den anderen einfach unerträglich? Wann für Sie selbst? Diese Übung hilft Ihnen in der realen Situation das richtige Maß des Schweigens zu finden.

Zwei Grundregeln zur Wutbewältigung

Kehren wir wieder zu unserem Hauptthema zurück, zum Wutausbruch. Meist erfolgt er ja nicht vollkommen grundlos. Sie haben also vielleicht einen kleinen Fehler gemacht. Oder sogar einen großen? Nun ja, Fehler machen wir alle. Doch das tröstet Sie wenig, wenn Sie einen tobenden Chef vor sich haben, der Gift und Galle speit. Damit

Sie unbeschadet aus so einer Situation herauskommen, halten Sie sich an zwei Grundregeln:
- Räumen Sie Ihren Fehler unumwunden ein.
- Fangen Sie nicht an über Beleidigungen zu diskutieren.

Regel 1: Fehler unumwunden einräumen

Die Betonung liegt auf „unumwunden". Geben Sie sachlich darüber Auskunft, was Sie „verbockt" haben. Sparen Sie sich Rechtfertigungen und Ausflüchte. Stehen Sie zu Ihrem Fehler. So etwas kann höchst entwaffnend sein, während es außerordentlich quälend ist, wenn Ihr Gegenüber Ihnen die „ganze Wahrheit" erst noch „aus der Nase ziehen" muss. Das dehnt die Sache und verstärkt in aller Regel die Wut. Wenn Sie aber keine Anstalten machen, irgendetwas zu verschleiern, sondern selbstbewusst Ihren Fehler zugeben, dann bleibt für den anderen eigentlich nicht mehr viel zu tun. Wenn Sie außerdem glaubhaft machen können, dass „so etwas" nicht noch einmal vorkommt, dann braucht er sich ja eigentlich gar nicht mehr aufzuregen, oder?

Regel 2: Über Beleidigungen niemals diskutieren

Ganz klar, über Kränkungen und Beleidigungen wird nicht diskutiert. Überhören Sie das wüste Geschimpfe einfach. Das bedeutet keineswegs, dass Sie sich die Beleidigungen „gefallen lassen" oder sie sogar stillschweigend akzeptieren. Sie gehen zunächst ganz souverän darüber hinweg. Sobald Sie sich entschließen, Ihr Gegenüber darauf hinzuweisen, dass er Sie gerade beleidigt hat, müssen Sie nämlich auf eine der folgenden Arten reagieren:
- Sie müssen den anderen auffordern, seine Beleidigung zurückzunehmen. Das wird er aber nicht tun, solange er noch vor Wut kocht. Dann müssen Sie aber umgehend den Raum verlassen, wenn Sie noch einen Rest von Selbstachtung behalten wollen. Das wirkt sich aber nicht unbedingt konfliktmindernd aus.
- Sie bleiben und lassen es zu, dass der andere einen Kübel Mist nach dem anderen über Sie auskippt. Und was das Schlimmste ist: Der andere weiß genau, dass Ihnen das richtig weh tut.
- Sie weisen den anderen darauf hin, dass er Sie gerade beleidigt hat und verlassen ohne weiteren Kommentar den Raum. Ein starker Abgang, aber besondere Sympathien werden Sie damit nicht einheimsen. Vor allem wenn sich Ihr Gegenüber kaum warm geschimpft hat, wird er es Ihnen verübeln, dass Sie so schnell das Feld räumen.

Die Wut ufert aus

Was aber noch weit unangenehmer ist: Sie fordern den anderen geradezu heraus, Sie erst richtig fertig zu machen. Anstatt seine Wut langsam im eigenen Saft verkochen zu lassen, sorgen Sie dafür, dass sie ausufert. Wie so etwas funktioniert? Zum Beispiel so:

> **Beispiel: Die „absolute Null"**
> „So was habe ich noch nie erlebt!", brüllt der Geschäftsführer seinen Pressesprecher an. „Das Interview mit dem Marketingleiter haben Sie total verbockt! Sie sind eine absolute Null!" – „Na, hören Sie mal", entgegnet der, „jetzt werden Sie doch nicht gleich ausfallend." – „Ausfallend?", faucht der Geschäftsführer. „Das ist eher noch verharmlosend." – „Also, ich bin keine absolute Null und verbitte mir solche Beleidigungen." – „Sie verbitten sich solche Beleidigungen, aha. Und was vor einem Jahr? Da haben Sie zu spät zu unserer Hauptpressekonferenz eingeladen. Und vor zwei Jahren? Da haben Sie die Pressemappen verwechselt. Und vor drei Jahren ..."

Sämtliche Verfehlungen, an die sich Ihr Gegenüber noch erinnern kann, kommen wieder auf den Tisch. Alte Narben reißen wieder auf. Vielleicht weiß der Pressesprecher ja auch etwas zu den alten Geschichten zu sagen, und die beiden streiten erregt über Vorkommnisse, die Jahre zurückliegen.

Eine Beleidigung lässt sich nicht kommentieren

Es ist ein weit verbreiteter Irrtum, dass der Angegriffene etwas „zu den Vorwürfen sagen muss", wenn die Vorwürfe im Wesentlichen nur aus Beleidigungen bestehen. Erinnern Sie sich an unseren „Ehekrach" (→ S. 98): Der Ehemann kann schlechterdings nichts dazu sagen, wenn seine Frau ihn einen „rücksichtslosen Mistkerl" nennt. Sparen Sie sich jeden Kommentar, auch und gerade wenn Sie dazu aufgefordert werden. Schweigen Sie souverän – oder schützen Sie Ihre persönliche Würde (→ S. 99).

Der Wutkeller

Ein Wutausbruch ist ein emotionaler Ausnahmezustand. Sehr hilfreich ist die Vorstellung von einem „Wutkeller". Stellen Sie sich die Auseinandersetzung einfach so vor, als würde sie auf zwei Etagen stattfinden. Im Erdgeschoss sitzen Sie dem anderen gegenüber und klären sachlich seine Vorwürfe. Im Keller tobt er unterdessen seine Wut aus. Lassen Sie ihn dort allein und steigen Sie nicht leichtfertig zu ihm hinunter. Manchmal kehrt erstaunlich schnell Ruhe ein im „Wutkeller".

Dann können Sie ungestört Ihr Gespräch im Erdgeschoss fortführen. Und die Wut, diese zerstörerische Energie, kann abziehen wie durch einen Kamin. Damit tun Sie nicht nur sich selbst einen Gefallen, sondern auch Ihrem Gegenüber, der außer sich geraten ist.

Sie können Wut nicht lange übergehen
Wir haben es bereits kurz angesprochen: Nicht immer wird die Wut so ohne weiteres verrauchen, ja, manchmal nimmt sie sogar zu, weil sich manche Menschen selbst in Rage reden oder es nicht vertragen, dass jemand auf ihre Wut nicht reagiert. Dann müssen Sie handeln. Sie müssen in den „Wutkeller" hinabsteigen. Aber nicht, um dort zu streiten, sondern für einen sachlichen Kommentar.

Halten Sie dem anderen den Spiegel vor
Wenden Sie sich an den anderen und stellen Sie ganz einfach fest: „Sie sind erregt." Oder: „Sie sind sehr wütend." Oder auch: „Sie sind sehr laut." Treffen Sie diese Feststellung so nüchtern wie möglich. Beschreiben Sie einfach, was Sie sehen, was Sie hören, was dem anderen auch bewusst werden könnte, wenn Sie ihn darauf hinweisen. Wertende Äußerungen wie „Sie wissen nicht, was Sie da reden!" wirken nur provozierend. Sie sollen dem anderen einen Spiegel vorhalten, in dem er sich selbst erkennt – und nach Möglichkeit erschrickt. Verzichten Sie daher darauf, sich selbst ins Spiel zu bringen, womöglich als beklagenswertes Opfer. Die Feststellung „Sie schreien" wirkt viel stärker als die mitleidsheischende Frage: „Warum schreien Sie mich eigentlich so an?" Damit sorgen Sie nämlich dafür, dass Sie alle die unschönen Dinge, die Sie gerade um die Ohren gehauen bekommen haben, nochmals zu hören bekommen – nur ein paar Dezibel leiser.

Lassen Sie sich nicht zum Opfer machen
Der sachliche Kommentar hat noch eine weitere Funktion: Sie bleiben souverän. Sie nehmen nicht die Opferhaltung ein und das ist der entscheidende Punkt. Sie sind der Beobachter, der dem anderen einen Spiegel vorhält. Punktum. Oft können Sie es förmlich spüren, wie Ihnen durch diese eine Äußerung plötzlich wieder Macht zuwächst. Sie sind nicht hilflos. Auch wenn das den anderen ärgert – bleiben Sie konsequent bei Ihrer Linie und Sie werden diese Auseinandersetzung unbeschadet überstehen.

Mit der „Diplomatenzunge" Wut entschärfen

Die „diplomatische Zunge" kennen Sie schon aus der vierten Lektion (→ S. 89). Diese Technik kann Ihnen gerade in solch kritischen Situationen von Nutzen sein, wenn Ihr Gesprächspartner sich nicht mehr so ganz im Griff hat. Vor allem in drei Fällen:

- Ihr Gegenüber kocht zwar, aber er kocht noch nicht über. Gerade im Berufsleben sind solche „Niedrigtemperatur"-Wutausbrüche weit häufiger als das ganz große Donnerwetter. Dann können Sie sich aber nicht daneben stellen und den anderen „niederschweigen".
- Sie wissen noch gar nicht so ganz genau, worum es überhaupt geht. Was sollen Sie verbrochen haben? Wie viel weiß Ihr Gegenüber von dem, was Sie tatsächlich ausgefressen haben? Hat Sie vielleicht jemand einfach nur angeschwärzt? Mit einem Wort: Es besteht Klärungsbedarf, Sie müssen mit dem schäumenden Etwas, das Ihnen gegenübersitzt, kommunizieren.
- Das „Niederschweigen" hat nicht die gewünschte Wirkung gehabt, den Ton zu mäßigen. Stattdessen steigert sich der andere immer stärker in seinen Zorn hinein. Bevor er gewalttätig wird oder ihm die Hirnschlagader platzt – versuchen Sie es mit der „Diplomatenzunge".

Übersetzen Sie die Ausfälligkeiten in ein sachliches Gespräch

Sie schweigen nicht, Sie rechtfertigen sich nicht, Sie geben das wieder, was der andere Ihnen an den Kopf wirft – nur eben mit freundlicheren oder sagen wir besser: sachlicheren Worten. Sehen wir uns noch einmal das Beispiel mit dem Reporter und seinem Redakteur an (→ S. 97). Mit der „diplomatischen Zunge" könnte der Reporter die Angriffe folgendermaßen „übersetzen":

Beispiel: Der „unfähigste Mitarbeiter des Universums"
„Sie sind wirklich der unfähigste Mitarbeiter des Universums!", donnert der Redakteur. „Wissen Sie nicht, wie man ein Mikrofon hält?!" Der Reporter: „Sie meinen, die Tonqualität ist schlecht." (Info-Ebene; der Reporter klärt erst einmal den Sachverhalt).
„Schlecht ist überhaupt kein Ausdruck!", ereifert sich der Redakteur: „Ihre Fragen kann ich wegwerfen! Sie sind überhaupt nicht zu verstehen!" – „Sie meinen, ich hätte das Mikrofon nicht nur auf die Staatssekretärin richten dürfen", entgegnet der Reporter (Du-Ebene, der Reporter bereitet eine Rechtfertigung vor; es gab Gründe dafür, dass er sich so verhalten hat).

Der Redakteur: „Natürlich nicht! Ihre albernen Fragen brauchen wir doch auch!" – Der Reporter erklärt: „Das konnte ich nicht wissen. Ich bin davon ausgegangen, dass wir nur die Antworten der Staatssekretärin brauchen. Deshalb habe ich das Mikrofon nur auf sie gerichtet. Sie hätte ja weitersprechen können, während ich das Mikro auf mich richte." (Jetzt ist Gelegenheit für eine „Gegendarstellung").
„Und was wird jetzt aus dem Interview?" – „Ich schreibe Ihnen einen Beitrag drumherum", sagt der Reporter.

Der Wechsel der Ebenen

Unser Beispiel zeigt es schon: Durch den Wechsel der Ebenen können Sie den Verlauf der Auseinandersetzung ein wenig steuern. Wenn es Ihnen darum geht, den Angriff von sich selbst abzulenken, dann übersetzen Sie auf die „Ich-Ebene": „Sie meinen, Sie sind belogen worden." Dann wird sich der Angreifer auf diese Aussage stürzen und sie kommentieren. Sie sind fürs erste nicht mehr Gegenstand des Gesprächs. Doch möglicherweise haben Sie Ihrem wutschäumenden Gesprächspartner ja etwas über sich mitzuteilen, eine Rechtfertigung. Dann ist es, wie wir gesehen haben, nicht sehr geschickt, die Rechtfertigung einfach so ungeschützt in den Raum zu stellen. Dann wird sie nämlich zermalmt. Sie können sie besser platzieren, wenn Sie sie mit einer Übersetzung auf die „Du-Ebene" vorbereiten. Wenn in Ihrem Gesprächspartner nämlich der dringende Wunsch entsteht die näheren Gründe zu erfahren, warum Sie so gehandelt haben. Auf der „Du-Ebene" würden Sie dann formulieren: „Sie meinen, ich hätte sie belogen." – „Aber nein, so war es gar nicht und Sie sagen auch gleich, warum."

Der andere will sich aber aufregen

Nicht immer wird sich die Sache in Wohlgefallen auflösen; manchmal ist der andere Ihnen einfach böse und er wird es eine Zeitlang auch bleiben. Das müssen Sie hinnehmen und sollten es bis zu einem Grad auch respektieren. Ratschläge wie „Regen Sie sich doch nicht so auf!" sollten Sie sich verkneifen. „Ich will mich aber aufregen!" heißt nämlich die passende Antwort darauf.
Wenn sich der andere aufregen will – bitte sehr, es ist seine Wut, nicht Ihre. Sie sollten vielmehr Abstand gewinnen von dieser Wut und nicht noch beurteilen, ob der andere wütend sein darf oder soll oder muss. Halten Sie sich da raus. Solange Sie mit der „diplomatischen Zunge" Ihre Übersetzungsarbeit leisten, kann Ihnen im Übrigen nicht viel passieren. Auch wenn der andere sich weiter aufregt. Sie sollten es

einmal selbst ausprobieren. Wenn Sie eine gewisse Fertigkeit im Übersetzen gewonnen haben, werden Sie erstaunt sein, wie wenig der andere im Grunde ausrichten, wenn er mit seiner Wut alleine bleibt.

> *Üben Sie: Der Angriff auf die Diplomatenzunge*
>
> Eine Partnerübung, bei der Sie sich gegenseitig auf die Probe stellen. Denken Sie sich zunächst irgendein realistisches Wut-Szenario aus, mit dem Sie beide etwas anfangen können. Zum Beispiel: Der „Angreifer" ist wütend, weil der andere nicht zum vereinbarten Treffpunkt gekommen ist. Er hat lange auf ihn gewartet und allerlei Schereien gehabt. Er hat eine wichtige Sportveranstaltung verpasst und / oder ist von Straßendieben bestohlen worden. Er hat einen Sonnenbrand bekommen, ein weiteres Rendezvous versäumt, die letzte U-Bahn verpasst und musste nach Hause laufen. Legen Sie fest, wer als erstes angreift und wer „übersetzen" muss. Begrenzen Sie außerdem Ihre Gesprächszeit auf fünf oder zehn Minuten. Dann lassen Sie Ihr Szenario ein paar Minuten auf sich einwirken, ehe Sie beginnen. Entscheidend sind zwei Punkte: Der Angreifer sollte die ganze Zeit über wütend bleiben, wenn er mag, kann er sich richtig in seinen Zorn hineinsteigern; der andere bleibt konsequent bei seiner „Übersetzung"; es ist allerdings erlaubt, hin und wieder eine „Gegendarstellung" einzuschalten (so wie bei der Originaltechnik ja auch). Und noch etwas: Als „Übersetzer" sollten Sie nach Möglichkeit zwischen den verschiedenen Ebenen (→ S. 91) abwechseln.
>
> Wenn Sie fertig sind, tauschen Sie die Rollen. Anschließend besprechen Sie: Haben Sie als Angreifer Ihre Wut tatsächlich nicht rüberbringen können? Ist es Ihnen als „Übersetzer" gelungen, souverän zu bleiben? Haben Sie die Sachverhalte richtig übersetzt? Haben Sie sich als Übersetzer sicher gefühlt?

Schützen Sie Ihre persönliche Würde

Vielleicht haben Sie es schon bei Ihrer Übung festgestellt: Es gibt eine Grenze, bei der Sie auch mit der „diplomatischen Zunge" kaum noch weitermachen können. Sobald Ihre persönliche Würde in Gefahr gerät, müssen Sie handeln. Sie können sich nicht mehr schützen, indem Sie „auf Durchzug stellen", dem anderen den Spiegel vorhalten oder die unfreundlichen Worte in eine neutrale Version umgießen. Sie müssen die Initiative ergreifen und alle weiteren Angriffe auf Ihre Person unterbinden. Vielleicht erscheint Ihnen das ein wenig beängstigend. Der andere, vielleicht Ihr Chef, tobt, und Sie sollen sich zur Wehr setzen? So ist es. Ab einem gewissen Punkt müssen Sie etwas tun, denn es geht um Ihre Souveränität und Ihre persönliche Würde. Die brauchen Sie sich von niemandem nehmen zu lassen – auch nicht von Ihrem Chef.

Wann ist der Punkt erreicht?

Es lassen sich keine klaren Regeln aufstellen, ab wann Sie aktiv werden sollten. Das ist von mehreren Faktoren abhängig: Wie stark oder schwach Ihre Position gegenüber dem Angreifer ist, ob Sie von ihm abhängig sind, ob Sie von Ihrem Naturell her eher dickfellig sind oder sensibel, ob Sie den anderen als leicht erregbares Nervenbündel kennen oder als eiskalten Technokraten. Ob die Wut „berechtigt" ist, weil der Angreifer Ihretwegen einen beträchtlichen Schaden davongetragen hat. Oder ob es sich um einen reinen Willkürakt handelt, mit dem Sie „getestet" werden sollen.

All das spielt eine Rolle, wenn wir dem anderen ein gewisses Maß an Wut zugestehen, das er „ausleben" darf. Doch irgendwann meldet sich in unserem Inneren ein Gefühl, das uns sagt: „Es reicht." Hören Sie auf dieses Gefühl.

Drei Arten die Beleidigungen zu beenden

Sammeln Sie sich innerlich, lassen Sie Ihr Selbstbewusstsein wachsen. Sprechen Sie mit lauter, fester Stimme. Aber auch nicht zu laut. Schreien Sie nicht. Bleiben Sie ruhig und gesammelt. Stellen Sie unmissverständlich fest: „Sie haben mich eben beleidigt." Oder sagen Sie es noch deutlicher: „Sie haben mich eben einen Vollidioten genannt. Das ist beleidigend." Ihnen stehen drei Möglichkeiten offen, das Gespräch fortzusetzen oder zu beenden:

1. Die softe Tour
Sie können noch einmal eine Brücke bauen: „Ich weiß, Sie sind aufgebracht, weil ich meinen Mantel versehentlich an Ihren Garderobehaken gehängt habe. Ich kann das auch verstehen. In Zukunft wird das auch nicht mehr vorkommen. Doch gibt es keinen Grund, mich zu beleidigen."

2. Die weniger softe Tour
Sie stärken Ihre Position durch eine Forderung: „Ich erwarte von Ihnen, dass Sie sich entschuldigen." Eine Entschuldigung ist ja wohl das Mindeste, was Sie erwarten können, wenn jemand Sie als „Vollidiot" beschimpft (in den meisten Fällen ist es auch das Höchste). Und unterschätzen Sie die positive Wirkung einer Entschuldigung nicht. Bleibt sie aus, hat sich Ihr Gegenüber endgültig als Flegel geoutet und Sie gehen zu Möglichkeit 3 über.

3. Die harte Tour

Sie brechen das Gespräch ab: „Unter diesen Umständen bin ich nicht bereit, das Gespräch mit Ihnen fortzusetzen." Wenn Sie noch sitzen, erheben Sie sich und verlassen den Raum. Schließen Sie leise die Tür.

Sorgen Sie für einen starken Abgang

Auch die „harte Tour" können Sie mehr oder weniger „hart" gestalten. Sind Sie trotz allem noch an einer Verständigung interessiert, können Sie dem anderen noch eine Chance geben. Fügen Sie hinzu, bevor Sie den Raum verlassen: „Sie können mich jederzeit anrufen, wenn Sie Ihren normalen Ton wiedergefunden haben."

Und dann gehen Sie. Ohne Zögern. Vielleicht ruft Ihnen der andere noch etwas Kränkendes hinterher. Ignorieren Sie es. Der andere befindet sich gerade in einer höchst unangenehmen Lage, nicht Sie. Da kann es dann schon mal sein, dass er zu seinen vielen unbedachten Worten noch ein letztes, besonders unbedachtes Wort hinzufügt.

Zum Beispiel: „Wenn Sie jetzt gehen, brauchen Sie gar nicht wieder zu kommen." Entweder ignorieren Sie das, weil solche „letzten Worte" meist leere Drohungen sind. Oder Sie gehen auf Nummer sicher und spielen den Ball zurück: „Heißt das, dass wir jetzt vernünftig miteinander reden?"

Selbstbewusstes Auftreten verschafft Respekt

Wer mit Nachdruck eine Entschuldigung einfordert oder sich von den Drohgebärden des anderen nicht beeindrucken lässt, der handelt nicht nur selbstbewusst, er stärkt auch sein Selbstbewusstsein für künftige Auseinandersetzungen. Umgekehrt gilt: Wer bei einer solchen Gelegenheit „klein beigibt", der hat es künftig gewiss nicht leichter sich zu behaupten.

Die Befürchtung, dass Ihnen Nachteile entstehen, wenn Sie selbstbewusst auftreten, ist in der Regel unbegründet. Vielmehr verschaffen Sie sich dadurch Respekt und Anerkennung. Es ist eine oft bestätigte Erfahrung: Wer Respekt einfordert, wird auch respektvoll behandelt. Wenn Sie es hingegen hinnehmen, dass man Sie demütigt und Ihnen die Würde nimmt, wird man weiterhin auf Ihnen herumtrampeln. Mit Ihnen kann man es ja machen.

Tipp:
Selbstbewusstes Auftreten hat nichts mit Rücksichtslosigkeit oder gar „Frechheit" zu tun, die sich auf Kosten anderer Vorteile verschaffen will. Vielmehr nehmen Sie etwas für sich in Anspruch, was jedem Menschen zusteht: Seine persönliche Würde zu schützen.

Darf man die Unbeherrschtheit von anderen ausnutzen?

Im Allgemeinen leiden wir ja darunter, wenn unsere Mitmenschen unbeherrscht sind und leicht in Wut geraten. Und doch gibt es auch Ausnahmesituationen, in denen wir von den Wutanfällen eines anderen profitieren können. Wenn die Auseinandersetzung nämlich vor einem Publikum stattfindet. Und wenn der andere unser Kontrahent ist. Im Vorgriff auf die achte Lektion (→ S. 169), in der es um die Schlagfertigkeit vor Publikum gehen wird, wollen wir nun untersuchen, inwieweit es zulässig ist, die Unbeherrschtheit von anderen auszunutzen, ja, der Sache sogar ein wenig nachzuhelfen.

Wer wütend wird, hat schon verloren

Wütende Menschen kommen ganz schlecht an. Wer die Beherrschung verliert, darf auf wenig Sympathie hoffen. „Wer schreit, hat Unrecht", heißt eine alte Weisheit, die fest in unseren Köpfen verankert ist. Wenn es Ihnen also bei einer öffentlichen Diskussion gelingt, den Vertreter der Gegenseite zu einem Wutausbruch zu provozieren, haben Sie schon fast gewonnen. Könnte man meinen.
Tatsächlich greifen manche Diskutanten zu diesem Mittel, um sich selbst Vorteile zu verschaffen: Ein kleiner Nadelstich hier, eine Provokation dort, immer in der Hoffnung, dass der andere „anbeißt" und sich schrecklich aufregt. Doch diese Kalkulation geht oft nicht auf. Der Grund: Wer stichelt, kommt auch nicht gut an. Wenn sich der andere nicht provozieren lässt, sondern ganz ruhig bleibt, dann macht er die Sympathiepunkte. Vor allem wenn das Publikum den Eindruck gewinnt, dass man über die Stichelei sehr wohl ein wenig ärgerlich werden könnte.

Die Schwächen anderer nicht vorführen

Es ist ohne Zweifel sehr bedenklich, sich auf Kosten von anderen zu profilieren. Wenn jemand ein etwas rustikaler Polterer ist, dann ist es höchst unfair, ihn so lange zu reizen, bis er die Beherrschung verliert. Dies gilt vor allem dann, wenn es nicht um Personen, sondern um den Austausch von Argumenten geht. Wer es nötig hat, seinen Kontrahenten zum Wutausbruch zu provozieren, der setzt sich dem Verdacht aus, dass er der Überzeugungskraft seiner Argumente nicht ganz traut.

Tipp:
> Leider geht das Kalkül manchmal auf. Wenn Sie daher selbst zu den leicht erregbaren Menschen gehören, gilt der dringende Rat, wenn Sie vor Publikum auftreten: Was immer geschehen mag, lassen Sie sich niemals provozieren.

Wenn es um Personen geht

Es gibt eine Ausnahme, bei der es durchaus legitim scheint, dem andern ein wenig auf den Zahn zu fühlen, wie schnell er die Beherrschung verliert. Wenn es nämlich nicht um die Sache, sondern um die Person geht. Wenn sich der leicht entflammbare Choleriker als zurückhaltender Menschenfreund geriert, um mit dieser Fassade Sympathien zu ernten, dann ist es sehr wohl erlaubt, an diesem Image ein bisschen zu kratzen. Das Publikum wird es sehr wohl zu schätzen wissen, wenn plötzlich aus irgendeinem geringfügigen Anlass die Maske fällt und Ihr Gegenüber sein wahres Gesicht zeigt. Das bedeutet allerdings nicht, dass Sie sich besondere Sympathien erwerben, wenn Sie ständig versuchen, den anderen zu reizen.

Flucht in die Öffentlichkeit

Ein letzter Hinweis zum Thema Wutausbrüche: Ganz allgemein gilt die Faustregel, dass sie um so heftiger ausfallen, je fester die Türen hinter den Beteiligten geschlossen sind. Es kann also ratsam sein, die „Flucht in die Öffentlichkeit" anzutreten, wenn Sie befürchten, dass Ihr Vorgesetzter die Beherrschung verliert. Wobei „Öffentlichkeit" in diesem Zusammenhang schon die Anwesenheit von Mitarbeitern aus anderen Abteilungen bedeuten kann.

Sechste Lektion: Schläge unter die Gürtellinie parieren

In dieser Lektion beschäftigen wir uns damit, wie Sie reagieren können, wenn Ihr Gegenüber Sie fertig machen will, wenn er „unter die Gürtellinie" schlägt. Dabei geht es zunächst vor allem um die besonders abgefeimten hämischen Angriffe. Sie lernen, wie Sie sich in unterschiedlichen „Härtegraden" wehren können. Anschließend erfahren Sie, was Sie gegen „witzige" Ablenkungsmanöver tun und wie Sie Beleidigungen und Ehrverletzungen parieren können. Zuletzt geht es um die Frage, wie Sie bei anzüglichen Bemerkungen souverän bleiben.

Die große Häme

„Ja, das war wirklich einzigartig. Ein intellektueller Hochgenuss. Ich danke Ihnen für Ihre tiefschürfenden Einsichten in diese komplexe Materie", bemerkt der Chef genüsslich, während der Außendienstmitarbeiter mit hochrotem Kopf seine Unterlagen zusammenpackt. Die übrigen Teilnehmer der Runde quittieren die Bemerkung Ihres Chefs mit breitem Grinsen. Was war geschehen? Der Bericht des Außendienstmitarbeiters hatte nicht den Erwartungen des Chefs entsprochen, er war ungenau und unvollständig, außerdem nicht ganz aktuell. Der Chef hatte den Mitarbeiter mehrmals mit scharfen Fragen unterbrochen und ihn verunsichert. Schließlich hatte der Mitarbeiter seine Ausführungen nur noch stammelnd zu Ende gebracht.

Erhöhen, um zu erniedrigen

Warum diese merkwürdige Prozedur? Weshalb erklärt der Chef nicht einfach: „Das war nichts. Bereiten Sie sich das nächste Mal besser vor." Ganz einfach, dem Chef geht es nicht um eine sachliche Klärung, es geht ihm um die persönliche Erniedrigung des anderen. Die erreicht er nicht dadurch, dass er den Mitarbeiter auf seine Fehler hinweist. Er erreicht sie dadurch, dass er den anderen zum Gespött macht, der andere soll ausgelacht werden. Ein geeignetes Mittel, das zu erreichen, ist der komische Kontrast.

Der komische Kontrast

Eine Sache ist nie „an und für sich" komisch, sondern immer nur auf dem Hintergrund unserer Erwartungen (→ S. 143). Wir brauchen einen Widerspruch, einen Kontrast. Ein Zwerg ist nicht komisch, aber einer, der sich benimmt wie ein Riese, schon. Ebenso ist ein stammelnder Mitarbeiter nicht zum Lachen. Aber einer, der gerade einen „einzigartigen Vortrag" gehalten haben soll, der löst Lachen aus.

Je größer, desto kleiner
Wenn der Chef also den Bericht in den höchsten Tönen lobt, umso stärker will er hervorheben, wie erbärmlich er gewesen ist. Er macht ihn besonders groß, um ihn besonders klein zu machen. Sie können die Gegenprobe machen. Hätte der Chef nur knapp gesagt: „Herzlichen Dank für diesen interessanten Vortrag", dann wäre die Sache noch glimpflich abgelaufen. Würde der Chef hingegen seine hämische „Lobeshymne" fortsetzen, so wäre die Erniedrigung noch stärker.

Auch Normalmaß lässt sich runtermachen
Häme in Reinkultur können wir beobachten, wenn etwas Unspektakuläres zu einer ganz bedeutsamen Sache aufgeblasen wird. Der Grund: Es soll ausgelacht werden. Eigentlich ist an dem Normalen ja gar nichts, was lächerlich wäre. Deshalb wird es ganz besonders groß gemacht. Ein ganz gewöhnlicher Vorschlag wird als „sensationell" bezeichnet, ein solider, braver Mitarbeiter als ein „leuchtendes Vorbild für uns alle". Wenn Ihnen so etwas widerfährt, können Sie davon ausgehen, dass der Betreffende vornehmlich ein Interesse hat: Ihnen zu schaden.

Abgestufte Gegenwehr
Häme stellt eine der schlimmsten Bedrohungen unserer persönlichen Würde dar. Zumindest wenn sie so groß wird wie in dem geschilderten Beispiel. Im kleineren Format ist sie nur unangenehm, dafür haben wir häufiger mit ihr zu tun. Und auch die kleinen hämischen Kommentare, die für sich genommen „harmlos" sind, können uns zermürben. Das Abgefeimte an der Häme ist, dass wir uns nicht direkt wehren können. Wenn Sie jemand beleidigt, dann können Sie ihn direkt dafür zur Verantwortung ziehen (→ S. 101): „Sie haben mich gerade einen Idioten genannt. Ich erwarte, dass Sie das sofort zurücknehmen und sich dafür entschuldigen." – Es liegt auf der Hand, dass Sie bei hämischen Bemerkungen nicht so vorgehen können.
Vielmehr empfehlen wir ein abgestuftes Vorgehen. Sie sollten Ihre Reaktion darauf abstimmen, wie massiv Sie angegangen werden. Denn in ihrer niedrigsten Dosierung kann Häme ganz und gar harmlos und sogar „nett gemeint" sein.

Ihr abgestuftes Vorgehen, um auf hämische Bemerkungen zu reagieren:

1. Stufe Mitspielen,
2. Stufe darüber Lachen, witzig Kommentieren,
3. Stufe Ignorieren,
4. Stufe Wörtlichnehmen,
5. Stufe Zurückweisen.

Ironie als Würzmittel

Ihre Wurzeln hat die Häme in der Ironie. Und Ironie kann eigentlich eine sehr angenehme Eigenschaft sein, weil ironische Menschen die Dinge meist nicht ganz so bitter ernstnehmen. Bei der Ironie sagt man eine Sache und meint eine andere. Wozu das bloß? Nun – um der Situation ihre Ernsthaftigkeit zu nehmen wie in dem folgenden Beispiel:

> **Beispiel: Die verwechselten Hotelschlüssel**
> Der Hotelgast: „Ihnen ist gerade eine tragische Verwechslung unterlaufen. Sie haben mir den falschen Schlüssel ausgehändigt." – „Nein!", ruft die Empfangsdame. „Können Sie mir noch einmal verzeihen?" Der Hotelgast schüttelt den Kopf: „Ich werde es Ihnen bis an mein Lebensende nachtragen."

Es ist ganz einfach: Der Hotelgast gibt zum Ausdruck, dass er der Empfangsdame ihren Irrtum gerade nicht verübelt. Durch die Ironie wird die Sache spielerischer und freundlicher. Die Empfangsdame tut gut daran, das kleine Spiel mitzuspielen und ebenfalls ein bisschen zu ironisieren. Das zeigt nur: Wir verstehen uns und meistern buchstäblich „spielend" das kleine Missgeschick.

Ironie schafft Entlastung

Nun kann die Ironie aber auch in die Gegenrichtung zeigen. Also nicht: Ich mache ein Drama aus der Sache, weil ich sie für so harmlos halte. Sondern: Ich lobe etwas, was mir gar nicht so behagt. Das ist dann nicht mehr so rundum erfreulich. Denn hier liegt bereits die Wurzel für die Häme. Und doch wäre es ein Fehler, diese Art von Ironie mit Häme zu verwechseln.

> **Beispiel: Schnell im Biss**
> An einer ziemlich heruntergekommenen Imbissbude steht ein gut gekleideter Mann und gibt seine Bestellung auf: „Hätten Sie wohl noch eines von Ihren fantastischen Sandwichs?" Der Verkäufer nickt. „Und dann hätte ich dazu noch einen 0,5 Liter-Papp-Pokal Ihrer einzigartig prickelnden Cola."

Die Sache wirkt schon ein wenig befremdlicher. Die Äußerungen sind offensichtlich ironisch gemeint, doch wenn der Mann Sandwich und Cola nicht mag, dann braucht er sie ja auch nicht zu bestellen. Was steckt also dahinter? – Der Mann macht für sich selbst die Situation erträglicher. Vermutlich mag er keine Sandwichs oder lehnt das Essen an Imbissbuden aus welchen Gründen auch immer ab. Doch lastet er das nicht dem Besitzer der Imbissbude an, vielmehr distanziert er sich von einer Situation, in der er sich unwohl fühlt. Seine ironische Art hilft ihm, seine Souveränität zu bewahren.

Beispiel: „Fast schon unser Klassiker"
Pressesprecher Frank Stanitzke hat eine leicht ironische Art, die Produkte seines Hauses anzupreisen. So nannte er einen Artikel, der gerade ein Jahr im Sortiment war, „fast schon unseren Klassiker". Und vom Geschäftsführer sprach er stets nur als „unser lieber Gott". Als der davon hörte, war er empört. Doch bei den Journalisten kommt die Art von Stanitzke sehr gut an.

Spielen Sie einfach mit

Wenn Sie es mit dieser Art von Ironie zu tun bekommen, dann haben Sie zwei Möglichkeiten. Entweder gehen Sie über die Ironie hinweg. Oder Sie lassen sich ein wenig auf das Spiel ein. Dadurch signalisieren Sie Verständnis und verbessern das Verhältnis zu demjenigen, der sich mit Ironie ein wenig Luft verschaffen will.

Ganz und gar falsch wäre es, die ironischen Bemerkungen als Abwertung zu verstehen, ihnen entgegenzutreten oder sie vielleicht sogar noch abzustrafen. Der Geschäftsführer im letztgenannten Beispiel sollte sich gewiss nicht am Spielchen seines Pressesprechers beteiligen, doch für seine Empörung gibt es keinen Anlass.

Ironie und Häme – wie unterscheiden?

Gerade wenn Sie Ihr Gegenüber nicht genau kennen, ist es manchmal nicht so einfach eine ironische von einer hämischen Bemerkung zu unterscheiden. Bei der Häme steht eindeutig das Bestreben im Vordergrund, jemanden herabzuwürdigen. Oftmals auch um die eigene Position zu stärken. Können Sie das nicht beobachten, besteht eine realistische Chance, dass es sich um Ironie handelt.

Die sarkastische Bemerkung

Noch keine Häme, aber auch keine „reine" Ironie mehr: die sarkastische Bemerkung soll uns schon ein wenig verletzen. Wie ein Nadelstich oder eine kurze, schnelle Ohrfeige, die ja auch sehr demütigend sein kann.

> **Beispiel: Kneipentour in Köln**
> Kongress in Köln. Drei Arbeitskollegen machen sich am Abend auf, um die „Kölner Kneipenlandschaft" zu erkunden. Angeführt wird das Trio von Herrn Dittel, der früher ein paar Jahre in Köln gelebt hat. Doch die ersten Lokale, die Herr Dittel ansteuert, erweisen sich als wenig ansprechend. Als das Trio das dritte Lokal verlässt, bemerkt Herr Menke: „Wollen wir doch mal sehen, in welche tollen Szenelokale uns Herr Dittel noch überall schleift."

Lachen Sie darüber

Am souveränsten begegnen Sie einer sarkastischen Bemerkung, indem Sie einfach darüber lachen. Das geht natürlich nur, wenn die Bemerkung nicht allzu kränkend war. Vielleicht gab es ja sogar eine gewisse Berechtigung. Denken Sie etwa an unser „vergiftetes Kompliment" (→ S. 82). Wenn Ihnen so etwas unterläuft und jemand macht eine sarkastische Bemerkung, geben Sie ihm lachend Recht. Nehmen wir jedoch den Fall unserer drei Kneipensucher, so ist Herr Menke ja nun nicht so zweifelsfrei im Recht. Und doch zeigt sich Herr Dittel am souveränsten, wenn er die Sache schlagfertig mit Humor nimmt.

Aber wie? Sie haben mittlerweile genügend Schlagfertigkeitstechniken kennen gelernt, dass Ihnen mühelos ein, zwei Antworten einfallen müssten.

> *Üben Sie: Eine Antwort für Herrn Dittel*
> Überlegen Sie sich bitte zwei Antworten für Herrn Dittel, mit denen er Herrn Menke auf humorvolle Weise begegnen kann. Drei Vorschläge von uns finden Sie auf Seite 217.
>
> Ihre erste Antwort für Herrn Dittel:
>
> Ihre zweite Antwort für Herrn Dittel:

Einfach überhören

Eine durchaus akzeptable Möglichkeit, mit sarkastischen Spitzen umzugehen, besteht darin, sie schlicht zu ignorieren. Dies empfiehlt sich vor allem, wenn Sie jemand provozieren möchte oder seine schlechte Laune an Ihnen auslässt. In solchen Fällen wäre es unangemessen, diesen Bemerkungen mehr Aufmerksamkeit zu schenken, als sie verdient haben.

Nehmen Sie die Aussage wörtlich

Ab einer gewissen Schärfe und/oder Penetranz spielt die sarkastische Bemerkung schon ein wenig ins Hämische. Wenn Sie jemand richtig ärgert oder Sie immer wieder mit seinen sarkastischen Spitzen piesackt, dann dürfen Sie das nicht einfach übergehen und sollten auch nicht mehr humoristisch antworten.

Zunächst einmal können Sie den Sarkasmus dadurch aushebeln, dass Sie ihn so verstehen, wie er gerade nicht gemeint ist: Sie nehmen das Gesagte wörtlich. Wenn Ihr Gegenüber bemerkt, was das wieder für ein „grandioser Vorschlag" von Ihnen war, dann verstehen Sie das als dickes Lob. Und Sie weisen mit dem Ausdruck echter Bescheidenheit darauf hin, dass diese Huldigung dann doch wohl „etwas übertrieben" sei.

> **Beispiel: Gute Vorbereitung**
> Ein Kollege zum Außendienstmitarbeiter, dessen Bericht beim letzten Mal zerpflückt wurde: „Na, haben Sie sich wieder mal so übergründlich vorbereitet?" –„Nun, ich würde nicht unbedingt sagen: Übergründlich. Aber doch ausreichend."

Wenn Sie konsequent bei dieser Vorgehensweise bleiben, ja, eine gewisse Penetranz entwickeln, dann können Sie Ihrem Gegenüber seinen Sarkasmus vielleicht sogar austreiben. Denn wenn er immer wieder richtig stellen muss, wie er es eigentlich gemeint hat, dann vergeht ihm schnell die Lust an seinen „Bemerkungen".

> **Tipp:**
> Achtung: Das „Wörtlichnehmen" eignet sich nur für relativ milde Formen der Häme. Wenn der andere Sie verhöhnt und vor den anderen verächtlich macht, können Sie mit dieser Gegenwehr nur wenig ausrichten.

Knacken Sie die Häme

Schon beim „Wörtlichnehmen" hat sich eine Richtung abgezeichnet, die Erfolg verspricht: Wir müssen versuchen, bei unserem Gegenüber das „uneigentliche" Sprechen aufzuknacken Zwingen wir ihn, seine verquere Redeweise aufzugeben und Klartext zu reden.

Warum? Damit provozieren wir doch nur, dass er uns „richtig" fertig macht und uns wenig Schmeichelhaftes an den Kopf wirft. Das mag zwar sein, doch kommen wir mit einem „unverfälschten" negativen Urteil noch immer wesentlich besser davon als mit einem hämischen „Niedermacher". Und es lässt sich auch leicht erklären, warum das so ist:

- Ein hämischer Kommentar richtet sich in erster Linie nicht auf die Sache, die wir falsch gemacht haben, sondern gegen uns als Person. Die Häme zielt darauf, uns lächerlich erscheinen zu lassen. Wir sollen verlacht werden. Darüber lässt sich nicht diskutieren, daraus lässt sich nichts lernen.
- Eine Kritik, auch wenn sie noch so hart ausfällt, richtet sich zunächst auf den Sachverhalt. Wenn die Kritik *persönlich* wird, lässt sich genau das thematisieren und zurückweisen. Häme kann demgegenüber nie persönlich *werden*, weil sie es immer schon *ist*.

Häme kostet wenig

Es gibt noch einen weiteres Grund für Sie, darauf hinzuwirken, dass Ihr Gegenüber Klartext redet: Häme verursacht ihm wenig Kosten. Um sich richtig aufzuregen, sich in einen ausgewachsenen Wutanfall hineinzusteigern (der unangenehm genug ist), braucht Ihr Gegenüber eine Menge Energie. Wie wir gesehen haben: Energie, die nach dem ersten heftigen Ausbruch oftmals verraucht. Und dann findet man oft doch noch zusammen zu einem Gespräch, das regelrecht konstruktiv sein kann. So dass wir uns die Frage stellen: Warum denn nicht gleich so? Ganz anders bei der Häme. Ihr Gegenüber könnte von morgens bis abends mit verkniffenem Mund in seinem Bürosessel sitzen und hämische Kommentare ablassen, ohne dass ihm auch nur eine Schweißperle auf die Stirn tritt. Ohne jede Anstrengung kann er ganze Abteilungen terrorisieren. Und dass er sich anschließend mit den Betroffenen zusammensetzt, um in Ruhe noch mal über die Sache zu reden, dürfte extrem selten geschehen.

Tipp:
Der andere braucht nicht einmal irgendwelche Gründe: Mit Häme lässt sich jeder bequem in die Pfanne hauen.

Sparen Sie sich ironische Kommentare

Manche versuchen, der Sache irgendwie ironisch zu begegnen, also mit gleichen Mitteln zurückzuschlagen. Das geht in aller Regel schrecklich schief. Sie müssten den Kommentar Ihres Gegenübers ja irgendwie überbieten (→ Konter, S. 159). Und wie wollen Sie das schaffen? Sich sarkastisch für das „nette Kompliment" bedanken – während Sie gerade verlacht werden?

Zwei Wege stehen Ihnen offen
Wohlverstanden: Wir reden an dieser Stelle längst nicht mehr über die „dummen Sprüche" und einzelne sarkastische Bemerkungen, die Sie mit den genannten Mitteln ganz gut parieren können. Wir reden über das hämische Fertigmachen, wie wir es zu Anfang der Lektion geschildert haben. Und da sehen wir tatsächlich nur zwei Möglichkeiten:

- Sie machen deutlich, dass Sie die hämische Kritik nicht akzeptieren. Sie weisen die Häme zurück und fordern den anderen nachdrücklich auf, sachlich Stellung zu beziehen. Sie suchen sich Verbündete, um diesem destruktiven Verhalten das Wasser abzugraben, das eigentlich von niemandem toleriert werden dürfte.
- Wenn Sie keine Möglichkeit sehen, dagegen vorzugehen, dann gibt es nur die vielfach praktizierte Variante: Auf Durchzug stellen. Tun Sie so, als ginge Sie die ganze Sache nichts an. Das ist zwar eine schrecklich erbärmliche Lösung. Und doch noch besser, als sich der Sache auszuliefern und innerlich Schaden zu nehmen.

Tipp:
Auch wenn Ihr Gegenüber sich so verhält: Es gibt kein Menschenrecht auf Häme. Vielmehr haben Sie einen Anspruch darauf, sich gegen hämische Kommentare zu wehren und zu schützen.

Wie Sie den hämischen Kommentar zurückweisen
Wenn uns jemand mit Häme überzieht, dann fühlen wir uns hilflos und möchten am liebsten im Boden versinken. Gegenwehr? Wie denn das? Und doch gibt es eine Möglichkeit, den anderen zu stoppen. Und zwar durch das magische Wörtchen: Ich. Sagen Sie dem anderen *nicht*, dass er sich unangemessen, niederträchtig oder menschlich unakzeptabel verhält. Damit provozieren Sie allenfalls, dass er Sie noch tiefer demütigt. Sagen Sie einfach: Ich. Dem kann Ihr Gegenüber nämlich nicht viel entgegensetzen. Sagen Sie etwa: „Ich möchte, dass Sie mit diesen hämischen Kommentaren aufhören." Oder: „Ich möchte, dass Sie diesen hämischen Tonfall ablegen."

Eine solche Aussage steht erst mal im Raum und will vom anderen verdaut werden. Auch wenn Sie noch so großen Blödsinn angestellt haben, diesen Satz dürfen Sie *immer* sagen. Und er wird seine Wirkung nicht verfehlen.

Souverän aus der Opferrolle

Sie formulieren einen Wunsch, und zwar einen, den der andere Ihnen schlechterdings nicht verwehren kann, will er sich nicht selbst zum Scheusal machen. So etwas hat eine enorme Wirkung. Sie haben dem anderen nämlich soeben den Spaß an seiner Häme verdorben. In aller Regel wird er deshalb völlig ohne Häme Kritik üben. Das ist sicher auch nicht angenehm, doch damit nähern Sie sich einer halbwegs sachlichen Klärung und vor allem sind Sie als Person aus der Schusslinie. Bleibt Ihr Gegenüber hingegen bei seiner Häme, bestehen Sie darauf, dass er damit aufhört. Weichen Sie dabei nicht der Kritik aus. Im Gegenteil, signalisieren Sie Ihre Bereitschaft oder Ihr Interesse an einer Klärung. Erwidern Sie etwa: „Lassen Sie uns über die Sache reden. Aber nicht in diesem Ton."

Keine Sympathiepunkte für den Angreifer

Wer sich über Ihre Bitte hinwegsetzt, der kann gewiss nicht mit besonderer Sympathie rechnen. Im Unterschied zur Situation vorher werden sich die übrigen Anwesenden zumindest unbehaglich fühlen. Vielleicht werden sie das Verhalten des Angreifers auch innerlich missbilligen. Und genau das können Sie ausnutzen.
Je nach der Konstellation, der Sie sich gegenübersehen, können Sie versuchen, sich einen Verbündeten zu suchen. Sprechen Sie den direkt an. Fordern Sie ihn auf, Stellung zu nehmen. Dabei sollte Ihr möglicher Unterstützer natürlich nicht in unmittelbarer Abhängigkeit zu Ihrem Angreifer stehen. Sonst bringen Sie ihn in eine höchst unangenehme Lage und riskieren, dass er Sie hängen lässt.

Keine Änderung? – Abgang!

Lässt sich für Sie keine Änderung der Situation herbeiführen, dann dürfte ein respektabler Abgang sinnvoller zu sein als in einer Situation zu bleiben, die für Sie unerträglich ist. Wie bei der Reaktion auf einen Wutanfall (→ S. 96) bleiben Sie souverän und erwerben sich Respekt. Auch können Sie sicher sein, dass nach Ihrem Abgang darüber gesprochen wird, ob es angemessen war, Ihnen mit Häme zu begegnen.

Üben Sie: Hämische Bemerkungen parieren

Überlegen Sie, wie Sie auf die folgenden hämischen Kommentare reagieren. Analysieren Sie die Situation und denken Sie darüber nach, welche „Stufe" für Ihre Antwort in Frage kommt. Unsere Lösungsvorschläge finden Sie auf Seite 217.

1. Sie sind in einer Besprechung. Ein Vorschlag von Ihnen ist gerade abgelehnt worden. Sie melden sich mit einem weiteren zu Wort. Ein Kollege bemerkt: „Kommt jetzt wieder so ein brillanter Vorschlag von Ihnen?"

Ihre Reaktion:

2. Ihnen ist ein kleiner Fehler unterlaufen. Ihren Vorgesetzten veranlasst das zu dem hämischen Kommentar: „Sie sind der genialste Mitarbeiter hier."

Ihre Reaktion:

3. Sie veranstalten eine Führung durch Ihren Betrieb und geben ausführliche Erklärungen. Ein Besucher bemerkt gelangweilt: „Das ist ja hochinteressant, was Sie alles wissen."

Ihre Reaktion:

4. Sie benutzen ein Wort falsch oder versprechen sich, Ihr Gegenüber wiederholt den Fehler und bemerkt: „Toll, Sie haben ja ein neues Wort erfunden!"

Ihre Reaktion:

5. Sie führen am Arbeitsplatz ein Privatgespräch. Ein Kunde nähert sich Ihnen und bemerkt: „Ich unterbreche Sie ja ungern, aber hätten Sie freundlicherweise eine Minute Zeit für mich?"

Ihre Reaktion:

Die Umarmungstechnik

Im Boxsport gilt es als regelwidriges Verhalten, seinen Gegner zu umarmen. Denn wer umarmt wird, kann nicht mehr zuschlagen. Und bei einem Boxkampf sollen ja schließlich die Fäuste fliegen. Anders beim Thema Schlagfertigkeit: Hier ist die verbale Umarmung nicht nur erlaubt, sondern oftmals ein ausgezeichnetes Mittel, um gehässigen Angriffen zu begegnen. Dies gilt vor allem, wenn sich die Auseinandersetzung vor einem Publikum abspielt, also, die Kollegen oder auch zufällige Zeugen mithören.

Auf den ersten Blick scheint die Umarmungstechnik nicht besonders eindrucksvoll. Ja, es hat den Anschein, als würden Sie vor dem Angreifer kapitulieren. Doch das tun Sie gerade nicht. Im Gegenteil, Sie treten souverän aus der Situation heraus – und lassen den andern ziemlich schlecht aussehen. So etwas will gekonnt sein, denn Sie handeln gewissermaßen *gegen die Logik* der Situation: Ihr Gegenüber greift Sie an, macht eine böse, womöglich sogar ehrverletzende Bemerkung. Als schlagfertiger Mensch muss man sich da ja wohl zur Wehr setzen und zurückschlagen. Muss man eben nicht.

Es ist verblüffend, was für eine Wirkung Sie erzielen können, wenn Sie Ihrem geifernden Gegenüber völlig überraschend ein Kompliment machen. Das ist nicht ganz einfach, denn es darf nicht der geringste Zweifel daran bestehen, dass Ihre anerkennenden Worte ernst gemeint sind. Ein ironischer oder gar hämischer Unterton macht die Wirkung Ihrer „Umarmung" zunichte.

Doch wie soll man jemandem ein aufrichtiges Kompliment machen, wenn derjenige einen gerade mit Mist bewirft? Eben darin besteht die Kunst der „Umarmungstechnik", die erstaunlich gut funktioniert. Nun sollten Sie keine Charmeoffensive starten, die Ihnen ohnehin niemand abnimmt. Es genügt ein kleines, nicht völlig unglaubwürdiges Kompliment, um die Situation regelrecht umzukippen.

> **Beispiel: Der König der Halbwelt**
> In einer täglichen Talkshow trat eine etwas angejahrte Halbweltgröße auf: Ein dürrer Herr mit blond gefärbten Haaren und dicken Ringen. Das Publikum fiel mit hämischen Kommentaren über ihn her. Besonders eine junge Frau ereiferte sich. Er sei eine „Witzfigur" und dergleichen mehr. Doch der dürre Blonde reagierte besonnen: Er finde es „schade", dass sie so etwas über ihn sage. Denn er hätte den Eindruck, dass sie „eigentlich ganz nett" sei.

Das liest sich nicht gerade wie der magische Befreiungsschlag. Und doch hatte diese kleine Bemerkung eine kolossale Wirkung. Die Beleidigungen hörten augenblicklich auf. Zwar wurde noch immer Kritik geübt, doch richteten sich die Angriffe nicht mehr gegen seine Person. Gemessen daran, dass nahezu alle im Publikum gegen ihn eingestellt waren, kam er unerwartet gut davon. Und das ist in einem Umfeld schon bemerkenswert, in dem der Krawall eher angeheizt als unterbunden wird.

Ein kleines Kompliment

Es kostet gewiss ein wenig Überwindung, doch in einer aufgeheizten Situation kann ein kleines Kompliment wahrhaft Wunder wirken. Es muss nicht einmal besonders treffsicher sein (wie ja auch unser Beispiel zeigt). Viel wichtiger ist, dass Sie sich in so einer Situation nicht von der Aufregung anstecken lassen, sondern absolut ruhig, souverän und nett bleiben.

Es darf nicht der Eindruck entstehen, dass Sie dem Angreifer Recht geben oder sich ihm unterwerfen. Es gilt die Regel aus dem Wutkapitel (→ S. 94): Über Beleidigungen wird nicht diskutiert. Sie können vielmehr Ihr Bedauern darüber zum Ausdruck bringen, dass Ihr Gesprächspartner „nicht sachlich" bleibt: „Ich schätze Sie sonst als klugen Gesprächspartner und hätte mich gerne mit Ihnen darüber unterhalten, wie man das Problem angehen könnte."

Tipp:
Die Umarmungstechnik vermag Erstaunliches zu leisten. Doch sollten Sie nur sparsam von ihr Gebrauch machen. Denn sie verliert ihre Wirkung, sobald die andern den Eindruck haben: Das ist Ihre „Masche", unangenehmen Angriffen die Spitze zu nehmen.

Lassen Sie sich nicht einwickeln

Als Außenstehender ist man manchmal verblüfft, wie gut diese Technik funktioniert. Da greift jemand einen anderen an, übt harte Kritik, und kaum kontert der mit einem Kompliment, wird der Kritiker zahm. Darin liegt tatsächlich auch eine gewisse Gefahr, wenn Sie selbst in der Rolle des Kritikers sind. Wenn Sie Ihren Vorgesetzten oder einen Kollegen zur Rede stellen und der sich auf diese Weise aus der Affäre zieht. Da heißt es hart bleiben. Sie werden feststellen, dass das gar nicht so leicht ist. Manchmal hilft es, das betreffende Manöver einfach anzusprechen. So wie der Journalist Günter Gaus im Gespräch mit dem Politiker Kurt Biedenkopf. Auf eine kritische Nachfrage hatte der ihn erst einmal gelobt, worauf Gaus ohne jedes Lächeln bemerkte: „Ich bin auch durch Komplimente nicht zu bestechen."

Der Gute-Laune-Schalter

In den Zusammenhang mit den verbalen Umarmungen gehört auch eine Technik, die sich eher für mürrische Bemerkungen eignet und die wir den „Gute-Laune-Schalter" nennen wollen. Dabei geht es darum, dass Sie Ihre Souveränität bewahren, indem Sie sich von der schlechten Stimmung Ihres Gegenübers nicht anstecken lassen, sondern demonstrativ mit guter Laune dagegenhalten.

Wenn Sie jemand anraunzt, dann blaffen Sie nicht zurück, sondern antworten fröhlich oder mit ausgesuchter Freundlichkeit. Die Grundidee: Sie lassen sich von der schlechten Laune Ihres Gegenübers nicht anstecken. Soll er doch alleine herumpesten, Sie bleiben locker und entspannt. Genau dadurch bleiben Sie souverän.

> **Beispiel: „Mit dem größten Vergnügen"**
> Im Flugzeug klappt Frau Dettmer ihre Rückenlehne nach hinten. Von hinten knurrt eine Stimme: „Wenn Sie Ihre Lehne ein wenig nach vorne stellen, dann kann ich auch noch sitzen!" Frau Dettmer stutzt kurz und erklärt lachend: „Aber für Sie mit dem größten Vergnügen."

Ehe Sie Ihre Antwort mit einer ironischen Spitze versehen („Für so nette Menschen mache ich so etwas doch gern ..."), denken Sie daran: Ohne Spitze kommen Sie besser aus Situation heraus und müssen sich nicht weitere mürrische Kommentare anhören.

Wenn Sie jedoch persönlich herabgesetzt oder gar verächtlich gemacht werden, dann ist es mit dem Herumlegen des „Gute-Laune-Schalters" nicht getan. Dann sollten Sie sich schon härter zu Wehr setzen. Denn der Gute Laune-Schalter ist eine weiche Technik, mit der Sie vor allem Unfreundlichkeiten und ruppigen Bemerkungen souverän begegnen können.

„Witzige" Ablenkungsmanöver

Stellen Sie sich vor, Sie nehmen an einer Podiumsdiskussion teil. Sie haben Ihren Standpunkt gut vertreten und den Vertreter der Gegenseite in Argumentationsnöte gebracht. Da macht er eine „witzige", abfällige Bemerkung über Ihr Aussehen. Das Publikum lacht. Wie soll man auf solche Ablenkungsmanöver reagieren? Häufig fühlen wir uns erst mal überrumpelt und sind befremdet. Was soll das jetzt? Vielleicht starten wir aus Verlegenheit einen Gegenangriff, der aber meist versandet. Vielleicht verlangen wir eine Entschuldigung, was zur Folge hat, dass nun darüber geredet wird, ob die Bemerkung wirklich ehrverletzend oder nicht vielmehr „ein Spaß" gewesen ist. Sie kehren zur „eigentlichen" Diskussion zurück, doch Sie stellen fest: Irgendwie ist nach diesem kleinen Zwischenfall der Faden gerissen, Sie haben an

Sicherheit verloren und wirken längst nicht mehr so stark und souverän wie vorher.

Bleiben Sie beim Thema

Mit solchen Ablenkungsmanövern müssen Sie immer rechnen, wenn Sie vor einem Publikum diskutieren. Dabei kann das Publikum aus Ihren Arbeitskollegen oder Freunden bestehen, Sie müssen also gar nicht in der Öffentlichkeit stehen, um solche Diskussionen zu führen. Anders gesagt: Es kann jeden treffen.

Die Sache ist zwar unangenehm, aber es ist gar nicht so schwierig, mit einer passenden Bemerkung solchen Manöver entgegenzutreten. Sie sollten nur darauf achten, dass Sie nicht in eine der beiden Fallen geraten.

- Sie dürfen nicht die Fassung verlieren. Lassen Sie sich nicht lähmen oder aus dem Konzept bringen.
- Verzichten Sie auf jede Art von Revanche, Richtigstellung, Diskussion über Angemessenheit oder Unangemessen der Bemerkung.

Ihr Diskussionspartner versucht ja nicht ohne Grund eine Nebendiskussion vom Zaun zu brechen. Lassen Sie ihn nicht entwischen, bleiben Sie beim Thema. Verändern Sie auch nicht Ihre Haltung, mit der Sie bis jetzt diskutiert haben. Bleiben Sie so, wie Sie vorher waren. Betrachten Sie die abfällige Bemerkung vielmehr als Steilvorschlage, die es Ihnen ermöglicht weiter zu punkten.

Ein Satz genügt

Manche versuchen sich aus der Verlegenheit zu helfen, indem sie die Bemerkung schlicht überhören. Doch das ist keine gute Lösung. Auch wenn Sie über die Bemerkung hinweggehen, die anderen haben sie gehört. Also muss ein Kommentar her, aber welcher?

„Das ist ein plumpes Ablenkungsmanöver." – Gewiss nicht schlecht, aber ein wenig steif. Stellen Sie sich die Situation vor, dass die Zuhörer gerade über Ihre Frisur lachen. Da wirkt dieser Kommentar nicht restlos überzeugend. Versuchen Sie es stattdessen mit einer Variante der „Dolmetscher-Technik" (→ S. 84), die Sie ja bereits fleißig geübt haben. Leisten Sie für Ihr Publikum die angemessene „Übersetzungshilfe", indem Sie in aller Ruhe feststellen: „Sie machen sich Gedanken über meine Haare." Und dann fahren Sie unbedingt fort: „Ich würde hingegen lieber zum Thema zurückkommen. Ich denke, da sind noch ein paar Punkte offen. Nämlich ..." Es ist wichtig, dass Sie wieder zum Thema zurückführen. Sie müssen Ihre Zuhörer sozusagen wieder mitnehmen, damit sie gar nicht länger über Ihre Frisur oder Ihre Kleidung nachdenken. Mit einer solchen souveränen Reaktion lassen Sie den anderen ins Abseits laufen. Er erscheint mit einem Mal lächerlich. Und Sie stellen sicher, dass Sie beim Thema bleiben können.

Durch Kränkungen nicht provozieren lassen

Es mag sein, dass der andere ziemlich dreist wird. In einem persönlichen Gespräch würden Sie ihn jetzt zur Rechenschaft ziehen und eine Entschuldigung verlangen. Wenn Sie vor Publikum diskutieren, sollten Sie sich das schenken – auch wenn Sie eigentlich im Recht sind. Dem Publikum ist es nämlich ziemlich egal, ob sich der andere entschuldigt oder nicht. Sie können dadurch also nicht viel gewinnen. Aber viel verlieren, weil die Gefahr droht, dass Ihr eigentliches Thema aus dem Blickfeld gerät. Sie präsentieren sich dann nicht mehr als derjenige, der sich kompetent über ein bestimmtes Thema äußert, sondern als derjenige, der diese endlose „Entschuldigungsdiskussion" vom Zaun gebrochen hat. Weitere Hinweise, wie Sie vor Publikum besser abschneiden, bekommen Sie in der achten Lektion (→ S. 169). Dabei erfahren Sie auch, was Sie tun können, wenn der andere versucht Sie zu verleumden.

Ehrverletzungen

Nun muss hinter einer Kränkung nicht immer das Bemühen stehen, abzulenken, wenn es brenzlig wird, und das Publikum auf neue Gedanken zu bringen. Manchmal steht hinter einer Beleidigung einfach nur der schlichte Wunsch, den anderen herabzusetzen. Sei es, weil man ihn als Bedrohung empfindet, weil man sich selbst aufwerten will oder weil man einfach nur schlecht gelaunt ist. Da ist es nicht immer damit getan, die Dolmetscher-Technik zu bemühen und im Übrigen weiterzusprechen. Bei Beleidigungen, Kränkungen, Ehrverletzungen können Sie selbstverständlich auch schlagfertig kontern. Gerade wenn es sich um nicht so bedeutsame Personen oder Situationen handelt, ist der schnelle Konter oftmals angebrachter als das wohlüberlegte Vorgehen, das wir in den vorhergehenden Lektionen entwickelt haben (→ S. 159). Das bleibt natürlich nach wie vor richtig und vernünftig. Nur geht es eben manchmal schlicht darum, eine unqualifizierte Bemerkung eines Krakeelers kurz und knapp zurückzuweisen.

Lenken Sie den Angriff wieder zurück

Die naheliegendste Reaktion besteht darin, es möglichst so einzurichten, dass die Beleidigung wieder auf den Angreifer zurückfällt. Jemand wirft uns Grobheiten an den Kopf, die ihn dann selbst mit gleicher Härte treffen. Jemand, der uns „Dummkopf" nennt, soll nach unserer Antwort selbst als „Dummkopf" dastehen.

Tatsächlich kann es uns helfen, wenn wir uns bei unserer Antwort an diesem Muster orientieren. Immerhin besteht dann nicht die Gefahr, dass wir übers Ziel hinausschießen oder uns zu schwach zur Wehr setzen.

Beispiel: Gehirnamputation
Herr Jüppner regt sich über einen Fehler von Herrn Fremmer maßlos auf. „Ihnen haben sie wohl das Gehirn amputiert, was?" brüllt er. Fremmer kontert trocken: „Warum fragen Sie, Herr Jüppner? Brauchen Sie eins?"

Sie müssen einen Umweg gehen

Das Prinzip ist ganz einfach: Inhaltlich sollten Sie immer dort landen, dass Sie die Beleidigung auf Ihren Angreifer ummünzen. Wer Ihnen eine „Gehirnamputation" andichtet, muss am Ende selbst der „Amputierte" sein. Sie dürfen die Beleidigung aber nicht einfach so zurückgeben, sondern müssen „formal" einen Umweg gehen, wie wir es bereits in der „Einführung" angesprochen haben (→ S. 10).

Dieser Umweg muss nicht sehr lang sein. Ein einziger „Kniff" genügt. Dieser Kniff kann über ein Wortspiel führen oder über ein absichtliches Missverständnis. Im eben genannten Beispiel etwa dadurch, dass Herr Fremmer die Frage nach der Hirnamputation nicht als Beleidigung auffasst, sondern als Erkundigung nach einem dringend benötigten Organ. Der Beleidigte erklärt sich kurzerhand zum möglichen Organspender. Die Stilmittel, die Sie einsetzen können, haben Sie alle schon kennen gelernt: Die Überraschung, die absurde Zustimmung, die „Gegendarstellung" und so weiter. Sie müssen nicht immer „witzig" kontern, obwohl das natürlich die Wirkung erhöht.

Beispiel: Regen im Hirn
Bei nächster Gelegenheit variiert Herr Jüppner seine Beschimpfung und brüllt Herrn Fremmer an: „Ihnen hat's wohl ins Hirn geregnet?!" Fremmer erwidert trocken: „Und in Ihrem Hirn, Herr Jüppner, herrscht nach wie vor die große Trockenheit."

Drehen Sie die Beleidigung um

Ein dankbares Stilmittel ist die Umkehrung der Beleidigung. Sie wirkt unmittelbar überzeugend. Wenn Ihnen jemand das „regennasse" Hirn entgegenschleudert, können Sie ihm bequem ein „wüstentrockenes" Hirn andichten, was ja nun auch kein Kompliment ist. Prüfen Sie also immer, ob der Gegensatz der Beleidigung nicht auch ein wenig kränkend ist. Wenn das so ist, haben Sie gewonnen. Dabei können Sie die Gegensätze durchaus mit einer gewissen Großzügigkeit auslegen.

> **Beispiel: Voll und halb**
> „Sie Vollidiot", zischt Herr Jüppner. „Ach, wissen Sie", kontert Herr Fremmer, „bei Ihnen hat es nicht mal zum Halbidioten gereicht."

Merklich einfacher gestaltet sich die Suche, wenn der andere seine Beschimpfung mit inhaltlich neutralen Adjektiven ausstattet: „Sie sind der letzte Idiot!" lässt sich dann mühelos mit dem „ersten Idioten" kontern. Und wenn jemand die Unvorsichtigkeit begeht, Sie als „mieses *kleines* A..." zu bezeichnen, brauchen Sie sich nun wirklich nicht sehr anzustrengen, um eine passende Erwiderung zu finden. Interessanterweise funktioniert die Sache auch umgekehrt.

> **Beispiel: Groß und klein**
> „Sie sind wirklich das größte A..., das ich kenne" poltert Herr Jüppner. „Das Kompliment kann ich Ihnen leider nicht zurückgeben", kontert Herr Fremmer, „denn für mich bleiben Sie das kleinste A..., das ich kenne!"

Auch wenn Sie jetzt zu Recht die Nase rümpfen: Auf einen so groben Klotz gehört ein grober Keil. Insoweit ist die Antwort gewiss nicht schön, aber sie ist in Hinblick auf die Attacke gerade noch vertretbar.

Nehmen Sie und spielen Sie

Bei der letzten Beleidigung können Sie sich natürlich auch vom Relativsatz anregen lassen („das ich kenne") und ein wenig damit herumspielen. Vielleicht kommen Sie dann auf eine ähnlich Lösung wie: „Meine Güte, wie viele kennen Sie denn? Was mich betrifft, so sind Sie das einzige A..., das ich kenne!" Der entscheidende Punkt ist: Allein durch die Tatsache, dass Sie mit dem „Material" herumspielen, zeigen Sie sich souverän. Auch wenn Ihre Erwiderung nicht ganz so „schlagend" ausfällt, haben Sie immerhin gezeigt, dass Sie sich nicht beleidigen lassen.

Deuten Sie die Sache freundlich um

Zugegeben, die Antworten sind schon sehr grob. Nicht immer gewinnt die Antwort mit dem größten Kränkungspotenzial. Vielmehr geht es darum (Sie wissen schon, was kommt): dass Sie Ihre Souveränität behaupten. Und da kann es manchmal erforderlich sein, grobe Ausfälligkeiten, sagen wir einmal: sehr deutlich zu beantworten. Zumal wenn die Alternative heißt: peinlich berührt zu schweigen.

Aber wir können auch anders, ohne dem anderen weh zu tun. Das ist natürlich die konstruktivere Lösung, wenn im Zusammenhang mit Ehrverletzungen dieser Ausdruck überhaupt angemessen ist. Zugleich ist es aber auch die defensivere Methode. Was dazu führen kann, dass Ihr Gegenüber seine Kränkungen unbeeindruckt fortsetzt. Sie sollten also ganz nach der Situation entscheiden, welche Antwort am besten „passt".

Tipp:
„Mannomann, wie kann man nur so fett sein?!", verkündet die schlanke Frau Biesterfeld im Hinblick auf ihre etwas mollige Kollegin, Frau Woll. „Ganz einfach", erwidert Frau Woll, „immer ausreichend essen."

Sie lassen die Kränkung nicht auf sich sitzen

Ihre Reaktion sollte eines zum Ausdruck bringen: Die Beleidigung erreicht Sie nicht. Indem Sie die Aussage umdeuten, zeigen Sie, dass Sie die Fäden in der Hand behalten. Als Methode bietet sich im Übrigen die „Dolmetscher-Technik" an.

Üben Sie: Beleidigungen parieren
Finden Sie für die folgenden Kränkungen jeweils zwei Erwiderungen, mit denen Sie sich angemessen zur Wehr setzen können. Unsere Lösungsvorschläge finden Sie auf Seite 217.

1. „Wie laufen Sie denn hier rum? Wie der letzte Müllsack!"
Ihre erste Erwiderung:

Ihre zweite Erwiderung:

2. „Also, wenn Sie meine Ansicht hören wollen, Sie sind doch psychisch gestört!"
Ihre erste Erwiderung:

Ihre zweite Erwiderung:

3. „Sie sind eine falsche Schlange!"
Ihre erste Erwiderung:

Ihre zweite Erwiderung:

4. „Sie könnten sich eigentlich mal waschen..."
Ihre erste Erwiderung:

Ihre zweite Erwiderung:

5. „Körperpflege ist wohl ein Fremdwort für Sie!"
Ihre erste Erwiderung:

Ihre zweite Erwiderung:

Die „gewissen" Anspielungen

Wenn wir von Schlägen „unter die Gürtellinie" sprechen, dann dürfen wir natürlich jene Bemerkungen nicht vergessen, die ganz buchstäblich diesen Bereich anvisieren: sexuelle Anspielungen. Sie sind recht weit verbreitet. Vor allem Männer scheinen ein gewisses Vergnügen daran zu haben, zu bestimmten Gelegenheiten mit solchen Bemerkungen zu glänzen – nicht selten zum Missfallen ihrer weiblichen und männlichen Zuhörer.

Für uns kommt es darauf an, auch in solchen Situationen angemessen und souverän zu reagieren. Das ist gar nicht so einfach, denn diese Bemerkungen gibt es in allen möglichen Schattierungen. Bevor wir schlagfertig reagieren, sollten wir uns also fragen: Was steckt hinter der Anspielung? Welches Motiv verfolgt der andere damit? Hier lassen sich vier Fälle unterscheiden:

- Der andere will lustig sein.
- Der andere will Sie in Verlegenheit bringen.
- Der andere will sich Ihnen dadurch „annähern".
- Der andere will Sie kränken, beleidigen, demütigen.

Nicht immer lassen sich alle vier Fälle ganz trennscharf voneinander unterscheiden. Manchmal fließen sogar alle vier Fälle zusammen, zum Beispiel wenn der andere ein Mittelding zwischen Annäherung und Beleidigung im Sinne hat, sich aber darauf rausredet, er habe nur „einen Spaß" machen und Sie ein wenig „in Verlegenheit bringen" wollen. Dennoch ist die Unterscheidung wichtig, um angemessen zu antworten.

Eine gewisse Art von Humor

Eine große Anzahl anzüglicher Bemerkungen ist „einfach nur lustig" gemeint. Wer einen Sexwitz erzählt, will tatsächlich oft nur die Stimmung „lockern", im Sinne von: entkrampfen, verbessern. Denken Sie an unseren Hotelgast und die Empfangsdame, die sich auf einer ironischen (→ S. 113) Ebene verständigt haben, um aus einer unangenehmen Situation herauszukommen.

Eine ganz ähnliche Absicht verfolgen viele Leute, die anzügliche Bemerkungen machen. Sie wollen ein wenig Farbe in unseren grauen Alltag bringen. Sie wollen uns signalisieren: Ich bin „locker drauf", lachen Sie mit und lassen Sie uns gemeinsam Spaß haben. Betrachten wir es einmal so: Manche Menschen werden in solchen Situationen lustig, andere ironisch und diese dritte Gruppe (zahlenmäßig sicher nicht die kleinste) wird eben „schweinisch".

Verstehen Sie Spaß?

Vor diesem Hintergrund ist eine gewisse Gelassenheit sicher nicht fehl am Platz. Sie können höflich mitlachen, es aber auch bleiben lassen, Sie können zum Ausdruck bringen, dass Sie die Bemerkung nicht gerade für den großen Knüller halten. Manchmal ist es aber auch angebracht, die Anspielung schlicht zu überhören.

Und was ist mit den zwanghaften Witzerzählern?

Ein kleiner Scherz ist gewiss kein Problem. Doch manche finden einfach keine Grenze und halten sich für humorvolle und angenehme Zeitgenossen, wenn sie sich ständig auf dieser Ebene bewegen. Dann ist es angezeigt, Stellung zu beziehen. Nehmen Sie nicht auf die einzelne Bemerkung Bezug, sondern erklären Sie, dass Sie sich durch die ständigen Anspielungen „genervt" fühlen. Oder Sie erklären nach einer Kanonade solcher Bemerkungen: „So. Und jetzt wollen wir wieder wie gesittete Menschen miteinander sprechen." Wenn Ihnen der Ausdruck „gesittet" in Hinblick auf Ihre Kollegen nicht angemessen scheint, können Sie auch sagen: „wie normale Menschen".

Im Allgemein sollte das genügen. Mit einer wichtigen Ausnahme: Wenn Sie es mit einer Gruppe von Leuten zu tun haben, die sich mit ihren Bemerkungen gegenseitig hochschaukeln, können Sie mit guten Worten kaum etwas ausrichten. In so einem Fall können Sie nur versuchen massiven Gegendruck aufzubauen – oder die Flucht ergreifen.

Der Griff in die Klischeekiste

Als nicht weniger nervtötend empfinden manche die Anspielungen auf die vermeintlichen Eigenarten der Geschlechter, nach dem Strickmuster: Typisch Frau – typisch Mann. So bekommen Frauen zu hören, dass sie ständig „Schuhe kaufen" gehen und „nicht einparken" können, während Männer überflüssige technische Geräte erwerben und niemals richtig zuhören.

Auch wenn man solche Sprüche schon langsam nicht mehr hören kann – meist sind sie nicht böse gemeint und so richtig ernst eigentlich auch nicht. Daher empfiehlt es sich, die Sache ganz entspannt anzugehen und auf keinen Fall die abgestandenen Klischees zu kommentieren oder richtig zu stellen. Das wirkt schnell verkrampft und humorlos.

Ein souveräner Umgang mit solchen Klischees besteht vielmehr darin, selbst tief in die Klischeekiste zu greifen. Auch und gerade wenn Sie die vermeintlichen Eigenarten der Geschlechter für Humbug halten, sollten Sie keine Scheu haben, kräftig mitzumischen. Sie müssen nur darauf achten, dass deutlich wird: Alles ist nicht ernst gemeint, sondern nur eine harmlose Frotzelei.

Bei einer solchen Frotzelei schwingt immer mit, dass sich die Geschlechter in einem Wettstreit befinden. Jede Äußerung über Schuhkauf, mangelndes Einfühlungsvermögen oder Jäger- und Sammlerqualitäten transportiert untergründig die (nicht ganz ernst gemeinte) Botschaft: Wir sind besser. Daher liegt es in der Logik, dass Sie den andern spielerisch überbieten. Oder sich ebenso spielerisch geschlagen geben. Was immerhin den Vorteil hat, dass damit das Thema meist erledigt ist.

So zeigen Sie: Alles nur ein Spiel

Wenn Ihr Gegenüber Sie mit irgendeinem Klischee behelligt, dann ist es gar nicht schwer, spielerisch dagegenzuhalten. So könnten Sie zum Beispiel:
- unerwartet zustimmen oder die Unterstellung sogar noch überbieten: Natürlich waren Sie als Frau wieder im Schuhgeschäft und haben den ganzen Laden leer gekauft. Natürlich haben Sie als Mann kein Einfühlungsvermögen und reden am liebsten mit Ihrem Auto.

- Wortspiele machen oder Formulierungen in ihr Gegenteil verkehren. (Näheres dazu im siebten und im neunten Kapitel).
- Ihrerseits mit einem sattsam bekannten Klischee kontern. Dabei ist es fast egal, welchen Unsinn Sie Ihrem Gegenüber unterstellen, solange es sich auf ein vertrautes Geschlechterklischee zurückführen lässt (siehe unten).
- den Vorwurf mit gespielter Entrüstung zurückweisen und von sich das Gegenteil behaupten, das aber nicht weniger haarsträubend ist: Sie können so gut einparken, dass man schon einen Park nach Ihnen benannt hat. Sie sind so einfühlsam, dass Sie jeden Grashalm betrauern, den Sie beim Rasenmähen abschneiden.

Beispiel: Geschlechterklischees
Frauen können nicht einparken, Männer nicht zuhören.
Frauen kaufen Schuhe, Männer überflüssige technische Geräte.
Frauen können keine Stadtpläne lesen und verfahren sich deshalb dauernd.
Männer fragen nie nach dem Weg und verfahren sich deshalb dauernd.
Frauen sind kompliziert und raffiniert. Männer sind simpel gestrickt und ganz leicht zu durchschauen.
Frauen wollen über alles Mögliche reden. Männer sind wortkarg.
Frauen interessieren sich für menschliche Beziehungen, Männer für Tabellen.
Frauen sind Sammlerinnen und haben den Breitwandblick. Männer sind Jäger und haben den Tunnelblick.
Männer schauen bei Frauen zuerst auf den Busen und erst dann ins Gesicht, Frauen schauen bei Männern zuerst auf das Bankkonto.

Der andere will Sie in Verlegenheit bringen

Ein zweiter, gleichfalls sehr häufiger Grund, warum so gerne auf Bereiche „unter der Gürtellinie" angespielt wird: Ihr Gegenüber möchte Sie in Verlegenheit bringen, oder will zumindest ausprobieren, ob er das schafft. Es handelt sich also um eine Art „Souveränitätscheck". Im Unterschied zur bloß humorigen Bemerkung enthält diese Art der Äußerung immer ein provokatives Element. Ihr Gegenüber langt sozusagen ein wenig tiefer in die Schmuddelkiste. Sie sollen ja nicht lachen. Sie sollen rot anlaufen, entweder vor Scham oder vor Wut.

Wenn das Ihrem Gegenüber gelingt, dann fühlt er sich bestätigt. Er hat Macht über Sie und ist Ihnen überlegen, meint er. Immerhin hat er es geschafft, Sie außer Fassung zu bringen. Im Umkehrschluss heißt dies: Genau das darf Ihnen nicht passieren. Bleiben Sie „cool".

Die Kunst nicht verlegen zu werden

Leicht gesagt, dass Sie sich nicht in Verlegenheit bringen lassen sollen. Das geschieht ja nicht freiwillig. Es ist ja nicht so, dass wir uns entschließen verlegen zu werden, wir *geraten* vielmehr in Verlegenheit. Das zu verhindern, ist gar nicht so einfach. Eine Möglichkeit besteht darin, sich gedanklich mit dieser Art von Anspielungen auseinander zu setzen, sich darauf vorzubereiten, schlagfertig zu kontern.

Halten Sie dagegen

Manche Männer machen sich einen „Spaß" daraus, ihre Kolleginnen auf diese Art herauszufordern. Sie können dem auf verschiedene Art begegnen: Auf das „Spiel" einsteigen oder es zu einem schnellen Ende führen. Wenn Sie das Spiel souverän mitspielen, können Sie sich auf relativ einfache Art Anerkennung verschaffen und belasten das Verhältnis zu Ihren lieben Kollegen nicht. Der Nachteil: Diese lieben Kollegen könnten auf den Geschmack kommen.

Das schnelle Ende sollte für Ihr Gegenüber ein Ende mit Schrecken sein. Entweder Sie überbieten seine Bemerkung so sehr, dass ihm die Röte ins Gesicht tritt, oder Sie machen dem „Souveränitäts-Checker" unmissverständlich klar, dass für solche Bemerkungen in Ihrer Gegenwart kein Platz ist. Wählen Sie dabei eine möglichst deutliche Sprache.

Beispiel: Durchsage für Herrn Gehlmann
Herr Gehlmann hat wieder einmal eine recht anzügliche Bemerkung gemacht und bricht in dröhnendes Gelächter aus. „Hören Sie mal, Herr Gehlmann", erwidert Frau Meffert, „ich weiß zwar nicht, was mit Ihrem Sexualleben nicht stimmt, dass Sie uns ständig solche Bemerkungen zumuten. Es interessiert mich auch nicht weiter. Ich weiß nur, dass ich solche Bemerkungen bei meiner Arbeit nicht hören möchte. Ende der Durchsage."

Mitspielen ist nicht schwer

Leider ist es nicht immer möglich, diesen Konfrontationskurs zu fahren. Wenn Sie sich zum Mitspielen entschließen, dann müssen Sie sich geistig gewiss nicht verausgaben. Mit unseren Schlagfertigkeitstechniken kommen Sie locker über die Runden. In Anlehnung an ein Zitat von Goethe können Sie sich sagen: Manchmal ist es wichtiger, *irgendetwas* zu sagen als *etwas* zu sagen.

Beispiel: Bürotalk

„Haben Sie die Frau Berger gesehen?", fragt Herr Klamproth genießerisch in die Runde. „Die hat einen heißen Rock an! Das ist schon gar kein Rock mehr. Das ist mehr ein Gürtel. Also ich finde, so was sollten hier alle Frauen in der Abteilung tragen." – „Klar doch", kontert Frau Bohr, „wenn Sie hier im Tigertanga rumlaufen ..." – „Hören Sie auf, Frau Bohr", mischt sich Frau Rummel ein, „Herr Klamproth ist im Stande und macht das wirklich." – „Natürlich bin ich im Stande", verkündet Herr Kamproth. „Nun, zwischen Können und Wollen gibt es aber einen gewaltigen Unterschied", bemerkt Frau Bohr, „habe ich Recht, Herr Klamproth?"

Tipp:

Manche Männer halten „Blondinenwitze" für ein ausgezeichnetes Mittel zur Provokation. Für solche Fälle sollten Sie sich ebenfalls mit dem ein oder anderen „Blondinenwitz" wappnen. Oder besser noch mit dem ein oder anderen „Männerwitz" (um kein Missverständnis aufkommen zu lassen: Dabei handelt es sich um Witze über Männer).

Kumpel oder „Weichei"?

Es sind nicht nur Frauen, die mit anzüglichen Bemerkungen in Verlegenheit gebracht werden sollen. Auch manchen Männern wird auf diese Weise „auf den Zahn gefühlt". Dabei läuft das Spielchen etwas anders. Wer auf die Bemerkungen nicht einsteigt, der outet sich als „Weichei"oder „Frauenversteher" – wenigstens im Verständnis desjenigen, der solche Bemerkungen macht. Das können Sie durchaus in Kauf nehmen. Denn wenn Sie auf die Sache einsteigen, machen Sie sich zum „Kumpel". Und das ist nicht jedermanns Sache. Auch hier können Sie mit den bekannten Techniken kontern –, wenn Sie wollen. Denn eine durchaus erwägenswerte Alternative heißt: Weghören.

Beispiel: Der „Frauenversteher"

„Der guckt schon wieder so komisch", bemerkt Herr Glaser über seinen jungen Kollegen Heinzmann, der über den Sexwitz von Herrn Glaser gerade nicht lachen konnte. „Nicht wahr, so was gefällt Ihnen nicht?" – „Nicht wirklich", entgegnet Heinzmann kühl. – „Ja, ja", flötet Glaser, „Sie sind einer von diesen Frauenverstehern und Sitzpinklern, habe ich Recht?" – „Na ja", bemerkt Heinzmann, „dass Sie mehr vom Pinkeln als von Frauen verstehen, das glaube ich Ihnen sofort."

Annäherungsversuche und Beleidigungen

Der Übergang von sportiver Provokation zum dreisten Annäherungsversuch ist manchmal höchst fließend. Im wahrsten Sinne des Wortes, denn was da fließt, sind nicht nur die Grenzen, sondern öfters auch Ströme von Alkohol. Doch ob fließend oder nicht – spätestens hier ist Schluss mit lustig. Wieder haben Sie zwei Möglichkeiten:

- Entweder überbieten Sie die Bemerkung Ihres Gegenübers, werden also so vulgär, dass dem anderen nichts mehr einfällt. Dabei versteht es sich von selbst, dass Ihre Erwiderung sich gegen Ihren Gesprächspartner richten muss (und ihn nicht noch bestärkt).
- Oder Sie geben ihm unmissverständlich zu verstehen, dass er zu weit gegangen ist, dass Sie ihm jetzt noch eine Möglichkeit des geordneten Rückzugs einräumen und ansonsten massive Gegenmaßnahmen ergreifen werden.

Wir verlassen allmählich das Kapitel „Schlagfertigkeit", wenigstens was die Schlagfertigkeit mit Worten betrifft. Eines sollten Sie jedenfalls unterlassen: Versuchen Sie nicht, die Sache von der heiteren Seite her in „geordnetes Fahrwasser" zu bringen. Kümmern Sie sich auch nicht darum, ob der andere noch irgendwie sein Gesicht wahren kann. Das ist sein Problem. Er hat sich daneben benommen, nicht Sie.

Wenn der andere Sie nur verletzen will

In manchen Fällen setzt Ihr Gegenüber sexuelle Anspielungen auch dazu ein, Sie zu verletzen und zu demütigen. Das sollten Sie auf keinen Fall hinnehmen. Denn es handelt sich um einen schweren Angriff auf Ihre persönliche Würde. Entweder treten Sie dem anderen selbstbewusst entgegen und machen ihm deutlich, dass seine schmutzigen Bemerkungen vollkommen an Ihnen abperlen wie Dreckspritzer von einer Regenhaut. Oder Sie sorgen dafür, dass seine Schmähungen geahndet werden. Denn auch Bemerkungen können eine „sexuelle Belästigung am Arbeitsplatz" sein. Sprechen Sie mit Ihrem Vorgesetzten, der hat nämlich eine Fürsorgepflicht für Sie. Oder wenden Sie sich an die Stellen, die Ihnen auch beim Mobbing weiterhelfen könnten (z. B. Mobbingstelle, Betriebsrat, Konfliktberater).

Sechste Lektion: Schläge unter die Gürtellinie parieren

Übung: Anzügliche Bemerkungen parieren

Überlegen Sie sich einen treffenden Kommentar zu den folgenden Bemerkungen. Dabei versteht es sich von selbst, dass die Antworten von Frauen und Männern naturgemäß verschieden ausfallen. Frauen können sich durch einige Bemerkungen angegriffen fühlen, Männer eher genervt. Wir haben frauen- und männerspezifische Situationen gemischt. Unsere Lösungsvorschläge stehen auf Seite 218.

1. Ein älterer Mitarbeiter flüstert seinem jüngeren Kollegen zu: „Na, die kleine Heinze aus dem Vertrieb – wär die nichts für Sie?"

   Seine Reaktion:

2. Der Vorgesetzte bemerkt mit deutlichem Unterton zu einer jüngeren Mitarbeiterin: „Das, was Sie gestern anhatten, das hat mir irgendwie besser gefallen."

   Ihre Reaktion:

3. Ein junger Kollege sagt zu einer älteren Mitarbeiterin: „Nun geben Sie es schon zu: Sie wären doch ganz wild darauf, mit mir eine Nacht zu verbringen."

   Ihre Reaktion:

4. Männerrunde, Männergespräche, nur einer sagt gar nichts. Prompt wird er angeflaumt: „Sie sagen ja gar nichts. Frauen interessieren Sie wohl nicht. Sind Sie schwul?"

   Seine Reaktion:

Siebte Lektion: Wie Sie die anderen zum Lachen bringen

In dieser Lektion erfahren Sie, warum Sie mit Humor sehr viel schlagfertiger sind. Warum Sie kein Komiker sein müssen, um die anderen zum Lachen zu bringen. Wie Sie lachend aus peinlichen Situationen wieder herauskommen. Was das Lachen mit Überraschung zu tun hat, wie Sie mit Anspielungen Sympathien erwerben. Und wo der Spaß aufhört. Sie lernen verschiedene Arten des Lachens kennen, das gutmütige Lachen, das entwaffnende und das aggressive Lachen. Dazu bekommen Sie vermittelt, welche Techniken Sie bei welcher Gelegenheit einsetzen sollten.

Wundermittel Humor

Lachen entspannt. Wenn es Ihnen gelingt, die anderen zum Lachen zu bringen, dann können Sie bewirken, dass sich eine bedrohliche Situation in Nichts auflöst. Stellen Sie sich vor, ein Unbekannter tritt neu in eine Runde. Er wird misstrauisch von den anderen beäugt. Dann macht er eine lustige Bemerkung, die anderen lachen. Das Misstrauen ist verflogen, er ist in der Gruppe „angekommen".
Wenn wir über eine lustige Bemerkung lachen, dann geht es uns gut. Wir fühlen uns wohl. Wir sind in einem gelösten Zustand. Wir sind locker, spielerisch, im Einklang mit den anderen, die mit uns lachen. Und ganz oft lachen wir zusammen, denn Lachen ist ungemein ansteckend.

Heiteres Lachen, hämisches Lachen

Es gibt aber nicht nur das harmlose, heitere Lachen, sondern noch viele andere Arten des Lachens: etwa das verschwörerische Lachen, das verkniffene Lachen, das schadenfrohe Lachen, das Auslachen, das hinterhältige Lachen und das alberne Lachen. Die verschiedenen Arten des Lachens „funktionieren" jeweils etwas anders. Auf welche Weise und wie Sie daraus Nutzen ziehen können, soll uns in dieser Lektion beschäftigen.

Lachen als „soziales Schmiermittel"

In jüngster Zeit ist das Lachen wissenschaftlich genauer untersucht worden. Unter anderem interessierte die Lachforscher, worüber überhaupt gelacht wird. Das verblüffende Ergebnis: Wir lachen gar nicht so oft über irgendwelche Scherze oder zündenden Pointen, sondern in der erdrückenden Mehrzahl (in 80 %) der Fälle über banale Bemerkungen der Güteklasse: „Sieh mal an, da ist André."

Lachen ist eben nicht nur die Reaktion auf einen gelungenen Scherz, in weit höherem Maße ist Lachen eine Art von „sozialem Schmiermittel", das wir einsetzen, um eine Situation, die sonst vielleicht unangenehm oder bedrohlich wäre, für alle Beteiligten akzeptabel zu gestalten. Lachend können wir uns gegenseitig aus Peinlichkeiten heraushelfen. Lachend können wir jemanden auf Fehler hinweisen, ohne dass er sich gekränkt oder bedroht fühlen müsste. Denken Sie nur an das Beispiel mit den verwechselten Hotelschlüsseln (→ S. 113). Vorstellbar wäre auch die folgende Version:

Beispiel: Die verwechselten Hotelschlüssel 2

„Ich glaube, da ist Ihnen ein kleiner Fehler unterlaufen", sagt der Hotelgast lachend. „Sie haben mir die falschen Zimmerschlüssel gegeben. Ich habe nicht Zimmer 204, sondern 205." – „Oh, entschuldigen Sie bitte", sagt die Empfangsdame lächelnd, „aber ich war doch schon ziemlich nahe dran."

Dass die Empfangsdame zwei Schlüssel verwechselt, ist gewiss nicht komisch. Der Hotelgast gibt ihr durch sein Lachen nur zu verstehen: Ich sehe über Ihren Fehler hinweg, wenn Sie die Sache wieder in Ordnung bringen. Und die Empfangsdame signalisiert durch ihre Entschuldigung und ihren kleinen Scherz, dass sie mitspielt und die Sache auch nicht ernst nimmt.

Operation gelungen. Die beiden „meistern" souverän eine kleine Peinlichkeit. So etwas verbindet. Doch was hat das mit Schlagfertigkeit zu tun? Nun, Sie können genau diesen Effekt ausnutzen und durch eine kleine scherzhafte Erwiderung eine Brücke zu Ihrem Gegenüber schlagen. Diese Brücke muss er allerdings betreten. Stellen wir uns die gleiche Situation vor.

Beispiel: Die verwechselten Hotelschlüssel 3

Der Hotelgast tritt an die Rezeption und bemerkt kühl: „Sie haben mir den falschen Schlüssel gegeben. Ich habe Zimmer 205 und nicht 204." Die Empfangsdame tauscht die Schlüssel aus: „Entschuldigen Sie bitte die Verwechslung." Mit einem Schmunzeln fügt sie hinzu: „Aber ich war doch schon recht nah dran." Der Gast nimmt lächelnd seinen Schlüssel.

Die lustige Bemerkung

Wenn Sie auf eine Bemerkung hin einen Scherz machen, dann zeigen Sie dem anderen: Ich bleibe entspannt und locker; ich lasse mich von der Situation nicht gefangen nehmen, ich bin souverän. Gleichzeitig ist die scherzhafte Bemerkung auch ein Angebot an den anderen: Machen Sie mit, lassen Sie uns die Sache in gutem Einvernehmen regeln. Sehr oft wird sich Ihr Gegenüber auf dieses Angebot einlassen. Denn er hat ja auch etwas davon, wenn zwischen Ihnen die Stimmung gelöst ist. Er bleibt ebenso souverän wie Sie und darf sich wohlfühlen. Es lohnt sich also, hin und wieder eine augenzwinkernde Bemerkung einzustreuen, um die Situation zu entkrampfen.

Kritische Momente meistern

Es gibt immer wieder Situationen, die von Unsicherheit geprägt sind: Wir nehmen mit jemandem Kontakt auf, den wir nicht kennen; wir geraten in eine ungewohnte Lage, müssen etwas tun, was wir noch nie getan haben; oder wir stellen fest, dass etwas nicht stimmt. Eigentlich werden wir in solchen Situationen angespannt, wir verkrampfen uns. Eine scherzhafte Bemerkung ist also eine Art Gegenmittel. Wir teilen den anderen mit, dass wir uns nicht in Alarmbereitschaft befinden, dass keine Gefahr droht. Gerade in etwas kritischen Momenten sind scherzhafte Bemerkungen hochwillkommen.

Peinlichkeiten überwinden

Eine scherzhafte Bemerkung ist das beste Mittel, um eine peinliche Situation zu meistern. Egal, ob Sie derjenige sind, dem etwas Peinliches widerfahren ist, ob Sie mit jemandem in dieser Lage stecken oder ob Sie jemandem aus einer Peinlichkeit heraushelfen wollen. Mit einer scherzhaften Bemerkung signalisieren Sie, dass Sie die Sache mit sicherer Distanz betrachten, dass Sie souverän aus dieser Situation wieder herauskommen (oder den anderen herausführen).

Beispiel: Der Tortenwurf
Der Multimilliardär Bill Gates war schon mehrmals Opfer gezielter Attacken mit Sahnetorten. Nach einem solchen Angriff wischte sich Gates die Sahne aus dem Gesicht, schleckte einen Finger ab und bemerkte, die Torte würde leider nicht gut schmecken.

Signalisieren Sie einfach: Nicht ernst gemeint
Für eine scherzhafte Bemerkung müssen Sie kein Komiker sein. Es genügt, wenn Sie den anderen merken lassen, dass Sie es nicht ganz ernst meinen, was Sie da sagen. Das allein sorgt schon für eine gewisse Entspannung. Sie können sich ganz einfacher Mittel bedienen:
- übertriebene Mimik, ausladende Gestik, pathetischer Tonfall,
- unpassende Formulierungen, maßlose Übertreibungen,
- absichtliche Versprecher, Wortverdrehungen,
- Augenzwinkern, Lachen.

Setzen Sie diese Mittel sparsam ein. Und fertig ist die scherzhafte Bemerkung, die sich auf dem Papier völlig banal lesen mag, mit der Sie aber eine leicht angespannte Situation wirksam entkrampfen können. Ein sehr wirkungsvolles Mittel ist, wenn Sie die Situation einfach nicht so nehmen, wie sie tatsächlich ist, sondern wenn Sie so tun, als würden Sie sich in einer ganz anderen Situation befinden. Denken Sie an Bill Gates, der beim Tortenwurf souverän blieb, weil er sich so verhielt, als hätte er die Torte probieren sollen. Dieses Verfahren ist sehr einfach und lässt Raum für unzählige Variationen.

Beispiel: Sturz ohne Salto
Herr Triebel ist zu einem Empfang geladen und hat sich in seinen besten Anzug geworfen. Gravitätisch schreitet er eine Treppe hinab, rutscht aus und fällt auf seinen Hintern. Andere Gäste stürzen herbei in Sorge, ob Herrn Triebel nicht etwas passiert ist. Der rappelt sich auf und verkündet mit schmerzverzerrtem Gesicht: „Und das nächste Mal mache ich Ihnen dazu noch einen Salto."

Wirklich bedrohliche Situationen oder solche, die nur für den anderen unangenehm sind, während Sie sich entspannt zurücklehnen können, eignen sich freilich kaum für eine auflockernde Bemerkung. Im Gegenteil, bei solchen unpassenden Gelegenheiten könnte man Ihnen Ihre lockeren Sprüche sehr verübeln.

Beispiel: Verlorenes Gepäck
Auf dem Berliner Flughafen stehen die Fluggäste aus München am Gepäckband und warten auf ihre Koffer. Nach und nach trudeln die Gepäckstücke ein. Doch schließlich kommen keine mehr, obwohl noch ein gutes Dutzend Fluggäste wartet. „Tja, Herrschaften, das war's", verkündet ein Bediensteter mit breitem Grinsen. „Die Koffer, die jetzt noch fehlen, sind auf dem Flug nach Shanghai." Die Reisenden können über diesen Scherz nicht lachen. Sie fühlen sich verschaukelt und sind stocksauer. Einer will die Fluglinie auf Schadensersatz verklagen.

Wenn Sie nicht betroffen sind oder dem anderen aus seiner peinlichen Situation nicht heraushelfen können, sollten Sie ihm eher signalisieren: Ich fühle mit dir.

> **Üben Sie: Scherzhafte Bemerkungen als Entkrampfungsmittel**
>
> Finden Sie für die folgenden Situationen jeweils zwei scherzhafte Bemerkungen, die signalisieren, dass die Lage nicht ernst ist und Sie gemeinsam die Sache meistern. Unsere Lösungsvorschläge finden Sie auf Seite 218.
>
> 1. Fall: Sie bleiben zu fünft im Fahrstuhl stecken. Es besteht gute Aussicht, dass Sie rasch befreit werden.
>
> Erste Bemerkung:
>
> Zweite Bemerkung:
>
> 2. Fall: Sie sitzen im Restaurant. Die Kellnerin gerät ins Stolpern und stößt Ihre halbleere Rotweinflasche um, der Inhalt läuft über das Tischtuch.
>
> Erste Bemerkung:
>
> Zweite Bemerkung:
>
> 3. Fall: Sie halten einen Vortrag, in dem das Wort „Blickpunkt" vorkommt. Sie versprechen sich und sagen „Pickblunkt". Ihre Zuhörer lachen. Sie versuchen es noch einmal und bleiben wieder hängen.
>
> Erste Bemerkung:
>
> Zweite Bemerkung:
>
> 4. Fall: Im Kaufhaus gehen Sie durch die Sperre an der Kasse. Natürlich haben Sie nichts geklaut, aber der Alarm wird ausgelöst. Ein sichtlich verlegener Verkäufer kommt auf Sie zu. Offenbar wird hier häufiger Fehlalarm ausgelöst.
>
> Erste Bemerkung:
>
> Zweite Bemerkung:

5. Fall: Sie halten einen Vortrag. Danach Wortmeldungen. Die erste lautet: „Sie haben da einen Toilettenfehler." Sie schließen Ihre Hose. Und sagen ...

Erste Bemerkung:

Zweite Bemerkung:

Angriffe parieren

Wenn unsere Schlagfertigkeit gefordert ist, haben wir es meist mit Situationen zu tun, in denen es die Gegenseite nicht so gut mit uns meint. Jemand macht uns einen Vorwurf, versucht uns herabzusetzen oder greift uns an. Wenn wir da einfach nur locker und lustig sind, kann das ins Auge gehen.

Beispiel: Wieder zu spät

Herr Menke kommt zu spät zur Arbeit. Es erwartet ihn sein Vorgesetzter, Herr Lackner, und bemerkt spöttisch: „Na, Herr Menke, gestern Abend wieder ein bisschen zu lange gefeiert, was?" – „Ich flehe Sie an", bemerkt Herr Menke pathetisch, „verzeihen Sie einem Mann mit einem übergroßen Schlafbedürfnis." Herr Lackner schüttelt verständnislos den Kopf.

Um einen Angriff zu parieren, müssen wir ein bisschen mehr bieten als das Signal, dass wir es jetzt gerade nicht so ganz ernst meinen mit dem, was wir sagen. Wir müssen versuchen den andern zum Lachen zu bringen. Dann haben wir gewonnen.

Lachen entwaffnet

Wenn der andere über unsere Antwort lacht, kann uns nicht mehr viel passieren. Er kann uns nämlich nicht länger ernsthaft angreifen. Lachen verbindet und wirkt entwaffnend. Darum ist es ja so ungemein attraktiv, sich mit einer lustigen Antwort zur Wehr zu setzen, über die der Angreifer (mit)lachen muss. Dann ist die Situation bereinigt und entspannt. Doch wie fängt man das an und bringt jemanden zum Lachen, der Sie zunächst einmal angreift? Dafür gibt es kein Patentrezept, aber wenn Sie die folgenden Hinweise beherzigen, stehen die Chancen gar nicht schlecht, dass es Ihnen gelingt.

Die drei Arten einen Angreifer zum Lachen zu bringen

Wenn uns jemand angreift, dann hat er in aller Regel nicht die Absicht, gleich mit uns entspannt „abzulachen". Wir müssen den Angreifer also in gewisser Hinsicht überlisten und gegen seine Absicht zum Lachen bringen. Das ist durchaus möglich, denn Lachen ist nur sehr begrenzt unserem Willen unterworfen. Lachen kann aus uns herausplatzen, kann uns überwältigen, wenn wir es gar nicht wollen. Nach unserer Auffassung gibt es drei Wege, wie wir jemanden zum Lachen bringen, der uns nicht als jemand entgegentritt, der sich mit uns amüsieren will:

- Wir durchbrechen die Erwartung.
- Wir setzen auf die ansteckende Kraft des Lachens.
- Wir spielen den Clown.

Durchbrechen Sie die Erwartung

Komik lebt von Überraschung. Was vorhersagbar ist, bringt uns jedoch nicht zum Lachen. Deswegen nutzen sich die witzigen Sprüche (→ S. 65) auch so schnell ab. Doch tun Sie etwas, womit der andere nicht rechnet – und er wird lachen. Zumindest sofern die Sache nicht bedrohlich ist. Wenn unerwartet Gefahr auftaucht, brechen wir nicht in Gelächter aus, sondern in Panik.

Das Grundrezept ist fast erschreckend simpel, aber es scheint uns geradezu biologisch einprogrammiert zu sein. Wir müssen lachen, wenn wir auf harmlose Art und Weise überrascht werden. Das haben die Wissenschaftler im Labor sogar belegen können.

> **Beispiel: Leichtgewichtiges Lachen**
> Stellen Sie sich eine Reihe von zehn Gewichten vor. Sie heben das erste an, es ist sehr leicht, das zweite ist ein wenig schwerer, das dritte noch etwas schwerer und so fort, die Gewichte werden immer schwerer, bis Sie das zehnte Gewicht ergreifen, in der sicheren Erwartung, nunmehr das schwerste zu heben. Aber nein, es ist das leichteste von allen. Sie heben es mit Schwung in die Höhe – und müssen lachen.

Erwartungen aufbauen und enttäuschen

Das Spiel mit den Erwartungen klappt fast immer. Aber dazu müssen erst einmal Erwartungen bestehen. Je sicherer der andere mit einer bestimmten Sache rechnet, umso leichter können wir seine Erwartung „enttäuschen" und ihn zum Lachen bringen.

In Situationen, die eher unsicher sind, in denen vieles möglich ist, fällt es uns viel schwerer, einen Lacheffekt zu erzielen. Auch wenn wir etwas ganz Verrücktes, Verblüffendes anstellen, wird das den andern nicht so zuverlässig zum Lachen bringen wie eine kleine, aber unmissverständliche Abweichung von einer stabilen Erwartung. Wie einfach so etwas funktioniert, können Sie selbst im Alltag ausprobieren.

Üben Sie: Erwartungen durchbrechen

Durchbrechen Sie im Alltag vorsätzlich feste Erwartungen und achten Sie darauf, was geschieht. Das müssen keine spektakulären Fälle sein. Zum Beispiel nennt Ihnen jemand seine Telefonnummer, unter der Sie ihn erreichen: „Ich gebe Ihnen mal die Nummer 32 40 67." Sie erwidern: „Ich wiederhole: 97 80 22." Ernten Sie ein Lachen oder Befremden?

Anderer Fall: Sie sind zu Besuch. An den Wänden hängen lauter Bilder vom Meer und von Segelschiffen. Sie bemerken: „Ah, Sie lieben die Berge."

Jemand fragt Sie: „Wissen Sie, wie spät es ist?" Sie antworten: „Ja." Und gehen weiter.

Die Erwartungen, die Sie durchbrochen haben:

Lachen und Befremden liegen eng beieinander

Erstaunlich oft lösen wir mit solchen Aktionen Gelächter aus. Vor allem wenn wir das entsprechende Gesicht dazu machen: Das war eben nicht so ganz ernst gemeint. Ansonsten besteht nämlich die Gefahr, dass die anderen mit Befremden reagieren: Wie meint er/sie das jetzt? Ist der/die nicht vielleicht ein wenig wunderlich?

Der Grund dafür: Worüber wir lachen und was wir befremdlich finden, das ist einander oft zum Verwechseln ähnlich. Wenn wir lachen, dann sind wir uns ziemlich sicher: Aha, hier hat jemand einen Spaß gemacht. Wo diese Sicherheit fehlt, lachen wir nicht. Wenn sich der Anrufer nicht ganz sicher ist, ob wir noch ganz richtig ticken, dann wird er nicht darüber lachen, wenn wir seine Rufnummer völlig falsch wiederholen.

Markieren Sie deutlich: Achtung, Scherz!
Wir müssen also sichergehen, dass der andere es auch mitbekommt, dass wir es nicht ernst meinen. Wenn wir uns gut kennen, ist der Aufwand gering. Wenn Sie dagegen jemanden zum Lachen bringen wollen, den Sie gar nicht kennen, müssen Sie Ihren Scherz schon etwas deutlicher markieren. Das ist im Übrigen auch der Grund, warum diejenigen, die eine lustige Bemerkung gemacht haben, ebenfalls in Gelächter ausbrechen. Nicht etwa weil sie sich an ihrem eigenen Humor berauschen, sondern um den anderen zu zeigen: Das war jetzt ein Scherz. Ihr dürft / sollt lachen.

Unsinn ist nicht lustig
Und noch etwas ist wichtig: Über puren Unsinn lachen wir im Allgemeinen nicht (höchstens mal, wenn wir ganz ausgelassen sind). Es muss also immer irgendeine Verbindung zu dem bestehen, was wir erwartet haben und was jetzt doch so ganz anders ist. Entfernen Sie sich mit Ihrer schlagfertigen Bemerkung nie sehr weit von dem, womit Ihr Gegenüber rechnet. Überraschung – ja, aber so dass der andere noch den Bezug herstellen kann.

Einfach überraschend: Die SIHR-Technik

Womit rechnen wir, wenn wir jemanden angreifen? Damit, dass er sich verteidigt. Womit kann uns also jemand überraschen? Damit, dass er uns Recht gibt. Auf diesem simplen Grundsatz beruht die sehr beliebte SIHR-Technik, die ein wenig dem „absurden Theater" (→ S. 65) ähnelt. SIHR steht für die Anfangsbuchstaben Ihrer Erwiderung: „Sie haben Recht."
Natürlich geben Sie dem Angreifer nicht wirklich Recht. Sie fügen die Gründe an, weshalb Sie dem Angriff zustimmen, und diese Gründe sind so abstrus, dass es komisch wird. Oder Sie übertreiben den Vorwurf ins Maßlose – mit dem gleichen Effekt. Tatsächlich können Sie mit einem überraschenden SIHR-Konter einen gehässigen Angriff völlig ins Leere laufen lassen.

Abwegige Gründe gesucht
Die Mechanik mag einfach sein, die praktische Anwendung ist es nicht. Denn Sie müssen in Sekundenschnelle den Angriff Ihres Gegenübers mit einem unerwarteten Argument überbieten. Gerade zu Anfang sollten Sie sich nicht allzu sehr auf glückliche Eingebungen verlas-

sen, sondern sich gründlich auf mögliche Angriffe vorbereiten. Ihre Antworten können Sie im „Ernstfall" ja noch immer variieren und der Situation anpassen, doch das Kerngerüst sollte schon vorher für Sie verfügbar sein.

Sanft und souverän

Als besondere Stärke der SIHR-Technik kann gelten, dass Sie sich als humorvoll, souverän und selbstsicher präsentieren und kleinere Gehässigkeit an sich abprallen lassen. Auch wenn niemand Ihre Antwort ernst nimmt, scheint sie doch von einer gewissen Selbstironie getragen zu sein. Das bringt Ihnen oft große Sympathien ein, während der Angreifer, sofern er nicht gleich schallend mitlacht, als boshafte Giftspritze dasteht. Ein weiterer Vorteil kann darin liegen, dass die SIHR-Technik sehr defensiv ist. Sie schlagen nicht auf den Angreifer zurück. Insofern handelt es sich um eine sanfte Technik, die Sie auch gegenüber Höhergestellten ruhigen Gewissens einsetzen können.

Bereiten Sie sich vor

Es gilt wieder einmal, die möglichen Angriffe vorwegzunehmen. Mit welchen kleinen Boshaftigkeiten kann Sie Ihr Gegenüber attackieren? Worüber kann er sich lustig machen? Das Repertoire ist meist einigermaßen überschaubar. Dabei sollten Sie daran denken: Es geht nicht um objektive „Mängel", sondern darum, was dem andern an Ihnen auffallen könnte, was er also als erstes „aufspießen" könnte, um Sie zu ärgern.

- Über Äußerlichkeiten: Sind Sie zu dick, zu dünn, zu groß, zu klein, zu „durchschnittlich"? Haben Sie eine Glatze, einen Zopf, buschige Augenbrauen oder Sommersprossen? Benutzen Sie ein stark duftendes Parfum, Rasierwasser?
- Die Art, wie Sie sprechen: Reden Sie langsam oder schnell, mit Dialekt oder Hochdeutsch, sagen Sie häufiger „äh", nuscheln Sie oder lispeln Sie ein wenig?
- Die Art, wie Sie sich kleiden: Zu auffällig, zu unauffällig, zu teuer, zu billig, zu rustikal, zu elegant, zu warm, zu offenherzig, zu hochgeschlossen?
- Ihre Eigenarten und Angewohnheiten: Ihre Hobbies, Ihre politische Einstellung, Ihre moralischen oder religiösen Vorstellungen?
- Irgendwelche vermeintlichen „Fehlleistungen": Versprecher, Stolperer, Bildungslücken, Vergesslichkeit?

Das ist Ihr Ausgangsmaterial. Damit können Sie „arbeiten". Formulieren Sie einfach einen Angriff und überlegen Sie, wie Sie ihn hemmungslos überbieten oder ins Abstruse treiben können.

„Sie essen zu viel."– „Sie haben Recht. Im Restaurant bestelle ich grundsätzlich: einmal Speisekarte bitte."

Sie essen zu wenig."– „Sie haben Recht. Wenn ich eine Briefmarke ablecke, brauche ich schon kein Mittagessen mehr.

„Sie bewegen sich zu wenig. Sie sollten mehr Sport treiben." – „Sie haben Recht. Wenn ich beim Fernsehen zu oft umschalte, bekomme ich schon Muskelkater."

„Sie haben aber ein aufdringliches Parfum."– „Sie haben Recht. In Brasilien tötet man damit Termiten."

„Sie sind aber klein." – „Sie haben Recht. Als Kind waren meine besten Spielgefährten Atome."

„Sie sind aber dünn." – „Sie haben Recht. Wenn ich vom Fünfmeter-Brett springe, kommt meine Badehose vor mir unten an."

Wie finden Sie Ihre „abstrusen" Argumente?

Je abstruser die Argumente, desto größer ist der Überraschungseffekt und desto komischer wirkt Ihre Antwort. Auf die Schnelle kommen Ihnen kaum solche Einfälle, Sie müssen sich die Sache zurechtlegen. Das ist aber gar nicht so schwierig.

Versuchen Sie einfach den Vorwurf in irgendeine typische Szene zu „übersetzen". Wenn Ihnen jemand vorwirft, Sie würden zu viel essen, denken Sie an einen Besuch im Restaurant. Oder an eine Abmagerungskur. Oder daran, wie Sie nachts aufstehen und den Kühlschrank plündern. Oder wie Ihnen ein Pizzabringdienst eine Riesenpizza bringt. Diese Szene stellen Sie sich vor und übertreiben sie ins Maßlose. Also, anstelle eines Gerichts bestellen Sie die ganze Speisekarte. Oder der Pizzabringdienst, bei dem Sie immer bestellen, hat sich Ihretwegen einen Schwertransporter gekauft. Oder er beschäftigt nur noch Gewichtheber, die Ihnen die Pizza bringen.

Sie können sich aber auch möglichst weit von dem Ausgangsvorwurf entfernen und überlegen, worauf das, von dem die Rede ist, sonst noch zutrifft. Mit etwas Fantasie landen Sie dann vielleicht bei der Briefmarke, wenn vom Essen die Rede ist, oder beim Termitengift, wenn sich jemand über Ihr Parfum mokiert.

„Man nennt mich nur ..."

Sie können die Sache übrigens ein wenig vereinfachen, indem Sie sich einen abstrusen Beinamen zulegen und verkünden: „Sie haben Recht, man nennt mich nur den wandernden Panzerschrank/die Parkuhr in Menschengestalt/die sprechende Spardose/den laufenden Meter." Oder auch: „Meine Freunde nennen mich ..."

Variante: „Wie kommen Sie denn darauf?"

Sie können die Sache auch umdrehen und sich spielerisch verteidigen. Der Lacheffekt ist unter Umständen noch größer. Weil Ihr angeblicher Name nun überhaupt nicht zu Ihnen passt. Nach dem Muster: „Sie sind aber klein." – „Wie kommen Sie denn darauf? Meine Freunde nennen mich nur das lange Elend."

Üben Sie: Die SIHR-Technik

Denken Sie sich zu den folgenden Angriffen möglichst abstruse Erwiderungen aus. Unsere Lösungsvorschläge finden Sie auf Seite 219.

1. „Sie haben aber große Füße."
   Ihre Erwiderung: „Sie haben Recht, _____!"

2. „Sie sind aber ungebildet."
   Ihre Erwiderung: „Sie haben Recht, _____!"

3. „Sie sollten nicht so viel reden."
   Ihre Erwiderung: „Sie haben Recht, _____!"

4. „Sie legen wohl nicht viel Wert auf gepflegtes Aussehen."
   Ihre Erwiderung: „Sie haben Recht, _____!"

5. „Sie haben wohl gar keinen beruflichen Ehrgeiz."
   Ihre Erwiderung: „Sie haben Recht, _____!"

6. „Sie könnten auch mal wieder bei sich aufräumen."
   Ihre Erwiderung: „Sie haben Recht, _____!"

Munition für den Angreifer?

Vielleicht erscheint Ihnen die SIHR-Technik etwas seltsam, denn was Sie da über sich selbst äußern, wäre doch ziemlich kränkend, wenn ein anderer das über Sie sagen würde. „Ich mache mich doch nicht selbst zum Narren", denken Sie vielleicht. Doch diese Gefahr besteht ganz gewiss nicht, im Gegenteil, Sie zeigen sich in dieser Situation höchst souverän.

- Sie selbst als der Angegriffene treiben den Vorwurf noch viel weiter, daher kann der andere Sie nicht mehr verletzen.
- Ihre Aussage ist so absurd, dass niemand sie für bare Münze nimmt. Vielmehr löst sie Lachen aus. Ein befreiendes Lachen, das zeigt, Sie haben den Angriff pariert.
- Schließlich signalisieren Sie dem anderen noch: Ihr Angriff tut mir nicht im Geringsten weh. Wenn Sie das für eine Schwäche halten, ist das Ihr Problem. Ich kann damit gut leben.

Nicht jeder kann über die eigenen Schwächen lachen

Ihre Befürchtung ist zwar unbegründet, Sie könnten sich mit Ihrer Antwort selbst zum Gespött machen. Und dennoch: Nicht jedem liegt es, seine eigenen (vermeintlichen) Schwachpunkte durch den Kakao zu ziehen. Gerade wenn wir selbst ein wenig darunter leiden und die Sache ändern wollen, fällt es uns das schwer. Das ist völlig in Ordnung, es gibt ja auch andere Methoden, einen Angriff schlagfertig zurückzuweisen.

Was tun, wenn der Angreifer Ihre Bemerkung aufgreift?

Der ein oder andere Angreifer könnte dennoch versucht sein, Ihre Bemerkung als eine Art Steilvorlage aufzunehmen und mal so richtig über Sie herzuziehen. Das ist zwar plump und bringt ihm keine Sympathien ein, dennoch ist es unangenehm, wenn da einer versucht, Sie nochmals zu überbieten.

In diesem Fall gibt es nur eins: Spielen Sie das Spiel einfach weiter. Sie befinden sich ja schon im Bereich des „höheren Blödsinns", Sie können also munter drauflos fantasieren. Der andere kann dabei nur verlieren. Betrachten Sie ihn einfach als Ihren Stichwortgeber.

Der Hinweis auf das Wörterbuch

Und wenn Ihnen schließlich doch die Lust am Fabulieren vergeht, können Sie den anderen auch mit dem nicht mehr ganz neuen, aber immer noch wirkungsvollen Hinweis auf sein Wörterbuch zum Schweigen bringen.

> „Sagen Sie, haben Sie eigentlich ein Wörterbuch?" – „Ja." – „Dann schauen Sie bei Gelegenheit mal unter dem Buchstaben T nach, was Ironie bedeutet."

Damit wenden Sie sich ab und gehen auf weitere Kommentare des anderen nicht mehr ein.

Vorsicht bei „witzigen" Bemerkungen

Die SIHR-Technik verliert viel von ihrer Wirkung, wenn Sie damit auf „witzige" Bemerkungen kontern. Sie sollten derjenige sein, der die Sache ins Komische kippen lässt. Sonst sind Sie bei weitem nicht so souverän. Werden Sie schon „auf die witzige Art" angegangen, kann die SIHR-Technik so wirken, als würden Sie dem Angreifer Recht geben und sich selbst in die Pfanne hauen.

Nutzen Sie die Ansteckungskraft des Lachens

Es ist wirklich erstaunlich, wie ansteckend Lachen ist. Sie reden mit jemandem, lachen ihn an. Er wird zurücklachen. Nicht? Dann haben Sie vermutlich ein ernstes Problem mit Ihrem Gegenüber. Denn mit unserem Lachen strecken wir sozusagen die Hände nach dem anderen aus. Lacht er mit, haben wir eine Verbindung. Bleibt er ernst, dann ist das ein deutliches Zeichen, dass er mit uns nicht so viel zu tun haben möchte. Wenigstens im Moment nicht. Für unser Thema heißt das zweierlei:

- Wollen Sie Ihr Gegenüber zum Lachen bringen, kann es nicht schaden, ihn anzulachen, wenn Sie kontern.
- Ist Ihr Gegenüber Teil einer Gruppe (oder eines Publikums), dann sollten Sie die Gruppe zum Lachen bringen. Dann *muss* Ihr Gegenüber mitlachen. Wenn er das nicht tut, macht er sich selbst zum Außenseiter. Was Ihnen auch Recht sein kann.

Lachen in der Gruppe

Menschen in einer Gruppe lachen über Dinge, die überraschend und die komisch sind. Darüber hinaus lachen sie aber auch über recht merkwürdige Dinge, die weder überraschend noch komisch sind. Ja, je stabiler die Gruppe ist, mit der Sie tun bekommen, desto eher lachen ihre Mitglieder über diese merkwürdigen Dinge.

Gruppendynamik für Anfänger

Gruppen und Cliquen grenzen sich dadurch ab, dass jeder, der dazugehört, über bestimmte Dinge lacht. Diese Dinge sind häufig gar nicht besonders lustig, aber das ist auch nicht entscheidend. Allein wichtig ist, dass alle, die dazugehören, darüber lachen und alle, die nicht dazugehören, nicht darüber lachen. Weil sie nämlich im Idealfall gar keine Ahnung haben, wovon überhaupt die Rede ist.

Wenn Sie also selbst Teil dieser Gruppe sind, dann können Sie sich diesen Mechanismus zunutze machen. Spielen Sie einfach auf diese Dinge an, die in der Gruppe als lustig gelten. Sie werden unter Garantie ihre Zuhörer zum Lachen bringen.

Wenn Sie allerdings noch nicht lange zu der Gruppe gehören oder Außenseiter sind, kann das auch riskant sein. Bekanntlich erkennt man einen Außenseiter daran, dass er derjenige in der Gruppe ist, über dessen Witze partout niemand lacht.

> **Beispiel: Lachen im Gefängnishof**
>
> Ein Häftling, der erst kurze Zeit einsitzt, darf zum ersten Mal in den Gefängnishof. Dort ruft ein Gefangener plötzlich: „Vierunddreißig!" Alle lachen. Ein anderer schreit: „Zwanzig!" Wieder allgemeines Gelächter. So geht es eine ganze Weile. Der Neue fragt einen älteren Häftling, was das soll. „Weißt du", sagt der alte Häftling, „die meisten von uns sind schon sehr lange hier. Wir kennen schon alle die Witze, die ein anderer erzählen kann. Also haben wir sie durchnummeriert und erzählen die Witze gar nicht mehr, sondern rufen nur noch die Zahlen."
>
> Der Neue findet das eine ausgezeichnete Idee. „Einundvierzig!", ruft er laut. Niemand lacht. „Fünfzehn!" Wieder keine Reaktion.
>
> „Was habe ich nur falsch gemacht?", fragt der Neue. „Das sind doch auch Nummern von Witzen ..." – „Das schon", sagt der Alte. „Aber erzählen muss man sie halt können."

Die Macht der Anspielung

Eine weitere erfolgversprechende Methode kann die Anspielung sein. Wie soll das nun aber funktionieren mit den Anspielungen? Wie sollen Sie die Anspielung in Ihre Antwort einflechten? Genau darüber können wir leider keine genauen Angaben machen, denn wie gut oder schlecht eine Anspielung ankommt, hängt ganz und gar von Ihrem Publikum ab. Die einen können Sie vielleicht schon zum vergnügten Aufjohlen bringen, wenn Sie Ihre Antwort mit dem Halbsatz einleiten: „Ich halte es da ganz mit Dieter Bohlen ..." Während die anderen gar nicht wissen, wer Dieter Bohlen ist und eher eine Anspielung auf den Xetra-Dax oder den Vorstandsvorsitzenden der Telekom goutieren.

Tipp:
> Wenn Sie wissen, was bei Ihren Zuhörern gerade „im Gespräch" ist, brauchen Sie es gar nicht so kompliziert zu machen. Oft genügt bereits die Nennung eines Namens, um Ihr Publikum in Heiterkeit zu versetzen.

Einfache Anspielung mit Vergleich

Die einfachste Art: Sie sagen, was Sie sagen wollen, geben also eine ganz normale Antwort und flechten eine „passende" Anspielung ein. Wobei Sie die „Passung" durchaus großzügig auslegen dürfen. Ein sehr beliebtes Stilmittel, um eine Anspielung einzuflechten ist der Vergleich. Sagen Sie also: „Ich bin so schnell wie xy." Oder: „Ich bin heute so früh aufgestanden wie z."

Beispiel: Für die Freunde des klassischen Kriminalromans
> „Sagen Sie mal, haben Sie gestern Abend wieder getrunken?" – „Ach was, ich war stocknüchtern wie Raymond Chandler, als er den Malteser Falken schrieb." Kenner wissen: Raymond Chandler rührte nie einen Tropfen Alkohol an, ganz im Gegensatz zu seiner Romanfigur Philipp Marlowe, den Chandler in Unkenntnis der Wirkung von Alkohol Unmengen harter Drinks kippen ließ.

Machen Sie es Ihren Zuhörern einfach

Es ist immer riskant, den anderen eine Anspielung zuzumuten, bei der Sie nicht sicher sind, ob sie jeder versteht. Wer nicht weiß, wovon die Rede ist, fühlt sich ausgeschlossen, was im Allgemeinen für wenig Erheiterung sorgt. Auf der anderen Seite genügt es, wenn die große Mehrheit weiß, was los ist, und lacht, die Ahnungslosen werden einfach mitlachen. Für Anspielungen eignen sich besonders:

- Personen, die Ihrem Publikum bestens bekannt sind, und ihre Eigenheiten: Popstars, Politiker, Sportler, Philosophen oder Promis jedweder Art,
- Ereignisse, die jedem präsent sind, möglichst lustige Ereignisse wie z. B. Blamagen,
- Zitate, die Ihre Zuhörer kennen; dazu gehören auch Liederzeilen, Buchtitel, Werbeslogans.

Beispiel: „Gefühlte Temperatur"
   Es war wohl der Meteorologe Jörg Kachelmann, der den Begriff der „gefühlten Temperatur" aufbrachte (um sie von der tatsächlichen Temperatur zu unterscheiden, z. B. wenn uns das Wetter kälter vorkommt, als es ist). Nach Einführung des Euro war von der „gefühlten Inflation" die Rede. Später begegnete man so boshaften Bemerkungen wie: Die 15minütige Ansprache dauerte „gefühlte" drei Stunden.

Beachten Sie den Abnutzungseffekt

Gerade das eben genannte Beispiel zeigt: Anspielungen nutzen sich durch häufigen Gebrauch ab. Irgendwann wird niemand mehr darüber schmunzeln, wenn Sie einen Bericht von „gefühlten" tausend Seiten lesen mussten oder „gefühlte" zwei Stunden in der Kantine anstanden.

Jedoch muss man sagen, dass diese Effekte sehr verschieden ausgeprägt sind. Anspielungen, die von einer größeren Öffentlichkeit verstanden werden (wie etwa die „gefühlte" Temperatur), veralten schneller als solche, die nur einer kleinen Gruppe bekannt sind. Denken Sie zum Beispiel an Ihre Familie: Vielleicht kennen Sie auch Geschichten, Zitate und Anspielungen auf gemeinsame Erlebnisse, die nur von den Mitgliedern Ihrer Familie verstanden werden. Ist das Zusammengehörigkeitsgefühl besonders eng, können solche Anspielungen in einzelnen Fällen sogar über Generationen weitergegeben werden.

Tipp:
   Sie müssen abwägen: Neue, frische, unerwartete Anspielungen kommen besser an, werden aber vielleicht nicht von allen verstanden.

Verfremdung macht die Anspielung witziger

Auch wenn es manchmal genügt, die Dinge, auf die Sie anspielen, schlicht beim Namen zu nennen, können Sie in vielen Fällen die Wirkung Ihrer Anspielung erhöhen, wenn Sie sie leicht verfremden. Wörter austauschen, Zusammenhänge ändern oder Anspielungen aus Bereichen nehmen, die gerade nicht passen. Das wirkt meist komischer, souveräner und gibt Ihnen auch mehr Gestaltungsraum. So erregte ein Dozent der Musikwissenschaft (Abkürzung MuWi) große Heiterkeit bei seinem Publikum, als er sich selbst als „MuWi"-Star bezeichnete (in Anlehnung an den „Movie-Star").

Tipp:

Sorgen Sie für komische Kontraste und entlehnen Sie Ihre Anspielungen aus völlig anderen Bereichen. Geht es um eine komplizierte, trockene Materie, sind Anspielungen aus weniger hoch angesiedelten Bereichen witzig (z. B. ein Finanzberater, der auf Donald Duck anspielt. Geht es umgekehrt um „populäre" Themen, können Sie „hoch" ansetzen (z. B. Unterhaltung über Popmusik mit einer Anspielung auf klassische Philosophie) – vorausgesetzt, Ihre Zuhörer können Ihnen noch folgen.

Üben Sie: Anspielungen

Überlegen Sie sich zu den folgenden Aussagen jeweils zwei Anspielungen. Aus welchem Bereich Sie die entnehmen, bleibt völlig Ihnen überlassen. Versuchen Sie aber ein wenig zu variieren. Auch wenn diesmal höchst individuelle Lösungen gefragt sind, finden Sie unsere Vorschläge wieder im Anhang (→ S. 219).

1. Sie wollen sagen, dass Sie sehr müde sind.

Ihre Anspielung:

Ihre Anspielung:

2. Sie wollen sagen, dass Sie die letzte Bemerkung überhaupt nicht lustig fanden.

Ihre Anspielung:

Ihre Anspielung:

3. Sie wollen sagen, dass Sie früher gehen wollen. Ihre Anspielung:

Ihre Anspielung:

Ihre Anspielung:

4. Sie wollen sagen, dass Sie eine Gehaltserhöhung verlangen. Ihre Anspielung:

Ihre Anspielung:

Ihre Anspielung:

5. Ihnen ist ein Versprecher unterlaufen, später bleiben Sie wieder an dem gleichen Wort hängen.

Ihre Anspielung:

Ihre Anspielung:

Spielen Sie den Clown

Um Ihren Gesprächspartner zum Lachen zu bringen, können Sie auch gleich in die Rolle des Spaßmachers schlüpfen. Sie geben ihm zu verstehen, dass Sie seine Äußerung nicht ernst nehmen, sondern Vergnügen haben, damit herumzuspielen. An ihn ergeht das Angebot: Spiel mit, amüsiere dich, freu dich mit mir.

Der Clown ist unangreifbar

Als Clown verhalten Sie sich unangemessen, Sie verdrehen Wörter, verstehen grundsätzlich falsch, was man Ihnen sagt, mit einem Wort, Sie spielen den Deppen, aber den freiwilligen Deppen, der sich einen Spaß macht. Natürlich weiß jeder, dass Sie nicht beschränkt sind, sondern sehr wohl in der Lage wären, angemessen zu reagieren. Sie tun es aber nicht. Sie nehmen sich die Freiheit, die Narrenfreiheit, sich widersinnig zu benehmen und sich damit über den Angriff lustig zu machen. Und wenn die Sache gut geht, dann lacht der Angreifer gleich mit. Diese Rolle wirkt nur auf den ersten Blick schwach. In Wahrheit kann sie außerordentlich stark machen. Denn als Clown machen Sie sich unangreifbar. Die Attacke prallt an Ihnen ab, weil Sie dem Angreifer zeigen: Ich nehme dich nicht ernst, ich fühle mich von dir nicht bedroht. Und tatsächlich: Den Clown bekommt man nie zu „packen", denn er kann sich nicht blamieren. Er spielt sein Spiel und ist daher souverän. Eine verlockende Rolle, die Sie allerdings nur für einen sehr begrenzten Zeitraum spielen sollten, denn schließlich wollen Sie ja bei anderer Gelegenheit auch wieder ernst genommen werden, oder?

Ein Clown blamiert sich niemals

Sie brauchen nicht zu befürchten, dass Sie sich vor den anderen blamieren könnten. Oder Ihren Respekt einbüßen. Das Gegenteil ist der Fall: Eine Blamage droht gerade dann, wenn Sie um jeden Preis verhindern möchten, dass die anderen über Sie lachen. Dann sind Sie nämlich angreifbar und können sehr leicht „lächerlich" gemacht werden.

Das absichtliche Missverständnis

Eine typische Clownstechnik besteht darin, das Gesagte absichtlich misszuverstehen. Nach dem Muster: „Wollen wir zusammen fahren?" – „Nein, ich bin schon zusammengefahren, als ich dich gesehen habe." Oder: „Sollen Geistliche heiraten dürfen?" – „Warum nicht? Wenn sie sich lieben." Was die Wortspiele betrifft, so muss man sagen, dass viele davon durch häufigen Gebrauch sehr stark abgenutzt sind. Mit solchen Kalauern von vorgestern können Sie immer weniger Mitmenschen wirklich begeistern. Wer auf die Frage: „Wie finden Sie unseren Chef?", immer noch antwortet: „Ganz einfach, ich gehe in sein Büro!", der wird nur in ganz seltenen Fällen seine Kollegen zum Lachen bringen.

Bei Angriffen zählen mildernde Umstände

Ganz anders sieht das aus, wenn Sie derjenige sind, der angegriffen wird. Dann gehen auch zweitklassige Wortspiele noch locker durch. Immerhin müssen Sie sich zur Wehr setzen, und da zählt es schon viel, wenn Sie sich überhaupt eine Art von Witz abringen. Dieser Unterschied ist für die defensive Schlagfertigkeit sehr wichtig.

> **Beispiel: Umgehend reagiert**
> Eine junge Reporterin wird von einer Marktfrau angeraunzt, die sich gestört fühlt: „Sagen Sie mal, sind Sie überhaupt noch bei Trost?" – „Nein, ich bin bei der Zeitung."

Das ist durchaus eine schlagfertige Antwort. Und wird auch von den Zuhörern so empfunden. Stellen Sie sich das gleiche Wortspiel jedoch in einer entspannten Atmosphäre vor, so läge es in der selben Kategorie wie der „gefundene Chef".

> **Tipp:**
> Keine Scheu vor einem mittelmäßigen Wortspiel, wenn es zu Ihrer Verteidigung dient. Sie müssen nicht nur mit dem eleganten Florett schlagfertig sein, Sie können es auch mit dem Nudelholz sein.

Entwickeln Sie Ihr Ohr für Doppelsinn

Ein absichtliches Missverständnis herbeizuführen, können Sie sich erheblich erleichtern, indem Sie schon im Voraus alle möglichen Wörter und Redensarten daraufhin abklopfen, ob sich nicht ein Doppelsinn ergibt. Dabei sollten Sie auch klangliche Ähnlichkeiten berücksichtigen, sagen wir zum Beispiel wie „Doppelsinn" und „Doppelkinn". Näheres erfahren Sie in der neunten Lektion, wenn wir uns damit beschäftigen, wie Sie Ihre sprachlichen Ausdrucksmöglichkeiten erweitern können.

Üben Sie: Den Sinn für Doppelsinn

Geben Sie den folgenden Begriffen möglichst viele Bedeutungen, suchen Sie auch nach Redensarten, in denen der Begriff vorkommt. Zum Beispiel für „Horn": das Horn auf dem Kopf von Tieren, das Horn als Musikinstrument, Hornhaut (an den Füßen), Hornhaut (im Auge), Horn (als Beule), Kap Horn, Matterhorn, Teufelshorn, ins selbe Horn stoßen, sich die Hörner abstoßen, jemandem Hörner aufsetzen, jemanden aufs Horn nehmen. Unsere Vorschläge dazu finden Sie auf Seite 220.

Schraube:

Leitung:

Eis:

Bart:

Fahne:

Draht:

Missverstandene Situationen

Es gibt jedoch nicht nur Worte, die Sie falsch auffassen können, auch Situationen sind manchmal gut dazu geeignet, einen komischen Doppelsinn zu entfalten. Meist geht es darum, dass Sie dem Angriff eine positive, zumindest aber neutrale Deutung geben. Zum Beispiel macht jemand abschätzige Bemerkungen über Ihre Kleidung und Sie fassen es so auf, als wollte er (oder sie) Ihnen die Kleidung abkaufen. Sehr bekannt und dennoch wirksam ist auch das folgende Beispiel.

Beispiel: Vorstellung

Herr Dahlmann geht über die Straße. Ein Auto muss bremsen. Der Fahrer kurbelt die Scheibe herunter und brüllt: „Idiot!" – Herr Dahlmann verneigt sich und sagt: „Angenehm, Dahlmann."

Ein sehr beliebtes Verfahren besteht darin, dass Sie erklären, etwas, das Ihr Gegenüber bemängelt, beizubehalten und etwas, das er lobt, zu ändern.

Beispiel: Wenig Substanz
„Frau Ludwig, wenn ich mir Ihren Bericht so anschaue", bemerkt Herr Mebes, „dann muss ich sagen: Schöne Grafiken, aber wenig Substanz." – „Gut", bemerkt Frau Ludwig, „dann lass ich das nächste Mal die schönen Grafiken weg."

Machen Sie sich über Ihren Angreifer lustig

Der Einsatz von Witz und Humor richtet sich nicht immer darauf, Ihren Angreifer zum Lachen zu bringen. Vor allem wenn er Ihnen feindselig gegenübersteht, wird Ihnen das auch kaum gelingen. Dann will er nicht mit Ihnen lachen, sondern höchstens über Sie.
Das wollen Sie natürlich verhindern, und ein geeignetes Mittel, das zu erreichen, ist die Schlagfertigkeit. Allerdings nicht die weichen, gutmütigen Techniken, die wir bis jetzt in dieser Lektion kennen gelernt haben, sondern solche, die darauf abzielen, den Angreifer lächerlich zu machen. Damit werden Sie sich beim Angreifer natürlich nicht beliebt machen, doch darum geht es gar nicht mehr. Es geht darum, dass Sie sich selbst verteidigen, Ihre Souveränität und Würde bewahren, die durch den Angreifer bedroht sind.

Nur in schweren Fällen

Sie sollten sich darüber im Klaren sein, dass Sie hier mit einer sehr scharfen Waffe zurückschlagen. Sie sollten nur dann davon Gebrauch machen, wenn

- der Angriff recht schwerwiegend ist und
- die Vorwürfe nicht berechtigt sind.

Natürlich lässt sich Ihr Gegenangriff auch dosieren, doch sollten Sie sich nicht allzu sehr darauf verlassen, dass Sie das immer ganz steuern können. Gerade wenn es schnell gehen muss, kann es Ihnen passieren, dass Sie stärker „hinlangen", als es Ihre Absicht war.

Jemand will Sie zum Gespött machen

Wenig Skrupel brauchen Sie jedoch zu haben, wenn Sie jemand zum Gespött machen will. Dann sind die „weichen", humorvollen Techniken, die Sie eben kennen gelernt haben, keine geeignete Reaktion, auch das „absurde Theater" nicht. Sie sind zu versöhnlich, zu ausweichend. Eher schon kommen die „sachlichen", humorfreien Techniken in Frage wie die Gegendarstellung, die Zurückweisung oder auch bestimmte Fragetechniken (➔ S. 188).

Wenn Sie Ihren Angreifer jedoch auskontern und ihn selbst zur Lachnummer machen, so ist das vielleicht nicht nett, doch es ist souverän und geeignet, Ihnen Respekt zu verschaffen. Außerdem können Sie sicher sein, dass Sie sich Sympathien erwerben, wenn Sie einen unfairen, rücksichtslosen Angreifer aufs Kreuz legen.

Jemand hat Sie beleidigt

Für Beleidigungen gilt im Prinzip das gleiche. Nur lassen sich hier in manchen Fällen noch eher „mildernde Umstände" finden (z. B. Wut ➔ S. 94), so dass Sie mit einer weniger verletzenden Gegenwehr unter Umständen besser fahren. Dennoch gilt die Regel, je schwerer der Angriff, desto härter die Verteidigung.

Tipp:
Dabei gilt selbstverständlich der Grundsatz, den Angreifer nicht verächtlich zu machen. Die Schärfe der Gegenwehr beziehen wir ausschließlich aus seinem Angriff.

Der klassische Gegenkonter

Hier begegnen wir der Schlagfertigkeit in Reinkultur: Jemand greift Sie an, und Sie drehen den Spieß um. Sie bleiben unversehrt, den Schaden und den Spott hat Ihr Angreifer. Der klassische Gegenkonter ist elegant, aber auch sehr schwierig, die hohe Schule der Schlagfertigkeit sozusagen. Im Gegensatz zu anderen Techniken, bei denen Sie sich die Antworten schon ein wenig zurechtlegen können, müssen Sie beim klassischen Gegenkonter tatsächlich aus der Situation heraus reagieren. Denn es ist nicht sehr wahrscheinlich, dass Sie jemand exakt mit der Formulierung angreift, die Sie sich zurechtgelegt haben. Das ist beim „absurden Theater", den Instantsätzen oder auch der SIHR-Technik anders, weil es hier nur um den Vorwurf und nicht um die Formulierung geht.

Sie schlagen den Angreifer mit seinen Waffen

Einen klassischen Gegenkonter, der trifft, wird Ihnen das Publikum fast immer verzeihen, denn die Waffe liefert der Gegner. Anders gesagt: Wenn Ihr Gegenschlag vernichtend ausfällt, so liegt es hauptsächlich an Ihrem Gegenüber, der sich so meisterhaft selbst aufs Kreuz gelegt hat. Die große Stärke ist aber zugleich auch ein Nachteil: Denn den Spieß, den Sie umdrehen wollen, liefert der Angreifer. Das bedeutet einerseits, dass Sie sich fast alles herausnehmen dürfen, was irgendwie geht. Auf der anderen Seite sind Sie aber an das gebunden, was der Angreifer sagt. Fällt Ihnen dazu nichts ein, haben Sie Pech gehabt.

Das klassische Beispiel
Bei einer Abendgesellschaft bekam der britische Premierminister Winston Churchill von einer gewissen Lady Astor ein höchst zweifelhaftes Kompliment: „Wenn ich mit Ihnen verheiratet wäre, würde ich Ihnen Gift geben." Churchill konterte: „Und wenn ich mit Ihnen verheiratet wäre, würde ich es nehmen."

Auf die Formulierung kommt es an
Dieses vielzitierte Beispiel macht deutlich, worauf es bei einem meisterhaften Gegenkonter ankommt. Churchill übernimmt fast alle Elemente des Angriffs, ersetzt aber an entscheidender Stelle einen Begriff durch einen Gegenbegriff („Gift geben" → „Gift nehmen") und formuliert dadurch einen überraschenden Gegenangriff, der den ersten Angriff völlig aushebelt.
Dass der Konter so schlagend ist, verdankt sich der Tatsache, dass er fast genauso formuliert ist wie der Angriff. Hätte Churchill gesagt: „Na, dann würde ich das Zeug auch freiwillig schlucken", hätte er die Pointe verschenkt.

Inhaltlich müssen Sie etwas Neues hinzufügen
Dass der Konter genauso formuliert ist, reicht jedoch nicht aus. Die Antwort: „Und wenn ich mit Ihnen verheiratet wäre, würde ich Sie erschießen", wäre sicherlich nicht als schlagfertige Meisterleistung in Erinnerung geblieben.
Schlagfertig wird die Sache erst, weil trotz ähnlicher Formulierung eine neue, überraschende Aussage herauskommt. Lady Astor fasst ihre Abneigung in einen Tötungswunsch, Churchill die seine in eine (natürlich nicht ernst gemeinte) Selbstmordabsicht.

Antworten Sie nach dem Echoprinzip
Ein gelungener Gegenkonter lehnt sich formal sehr eng an den Angriff an. Alle Formulierungen, die Sie übernehmen können, sollten Sie auch übernehmen. Dies gilt besonders für den Anfang. Da spielen Sie gewissermaßen das Echo Ihres Angreifers.

... und nach dem Umkehrprinzip

Das zweite formale Prinzip für Ihre Antwort ist die Umkehrung. Sie verkehren Aussagen in ihr Gegenteil und ersetzen einzelne Begriffe durch ihr Gegenteil. Aus „ich" wird „du", aus „Männern" machen Sie „Frauen", aus „mit" machen Sie „ohne" und aus „Schwarz" machen Sie „Weiß", nicht aber „Ultramarinblau".

Beispiel: Hungersnot

Der Schriftsteller George Bernard Shaw war sehr mager, sein Kollege Gilbert Keith Chesterton hingegen sehr beleibt. „Wenn man Sie so anschaut, Shaw", bemerkte Chesterton, „könnte man glauben, es herrsche Hungersnot in England." Shaw konterte: „Und wenn man Sie so anschaut, könnte man glauben, Sie seien Schuld daran."

Überraschung, bitte!

Das Wichtigste ist natürlich, dass Sie keine plumpe Retourkutsche formulieren, sondern dass bei Ihrer Antwort etwas Neues herauskommt. Erst dadurch hebeln Sie den Angriff aus und landen einen Treffer. Ihre Antwort muss inhaltlich überraschen. Wenn der eine als Opfer einer Hungersnot erscheint, wird der andere als ihre Ursache hingestellt. Wo Widerspruch erwartet wird, geben Sie nach, was als Ursache erscheint, erklären Sie zur Wirkung, auf eine Frage reagieren Sie nicht mit einer Antwort, sondern mit einer Gegenfrage. Auf eine Anweisung reagieren Sie mit einer Gegenanweisung.

Die Folge ist, dass Sie sehr viel frecher sein dürfen (und auch sein sollten), als wenn Sie denselben Sachverhalt frei formulieren würden. Sie können Dinge sagen, die sonst unverschämt oder anmaßend erscheinen würden.

Beispiel: Schrifterkennung

Die neue Sekretärin plagt sich mit dem unleserlichem Gekrakel ihres Chefs herum. Sie sagt zu ihm: „Ich kann Ihre Schrift nicht lesen." Er entgegnet: „Ich gebe Ihnen vier Monate Zeit, meine Schrift entziffern zu lernen." Die Sekretärin kontert: „Ich gebe Ihnen zwei Wochen Zeit, so zu schreiben, dass ich es lesen kann."

Gewiss eine gewagte, aber sehr schlagfertige Antwort, die funktioniert, weil sie die Stilmittel ausborgt und inhaltlich für eine Überraschung sorgt. Die Anweisung des Chefs wird nicht befolgt, sondern zurückgegeben, und zwar in verschärfter Form: Die Sekretärin hatte vier Monate Zeit, der Chef nur zwei Wochen.

Kontern Sie doch, wie Sie wollen
Sie werden nur selten Gelegenheit bekommen, so „klassisch" zurückzuschlagen, wie wir es gerade gezeigt haben. Es ist ja kein Zufall, dass diese Antworten als Kostbarkeiten der Nachwelt überliefert werden, eben weil sie so selten sind. Doch Sie können Ihren Gegenkonter auch eine Nummer kleiner anlegen. Sie borgen sich nur noch ein, zwei Elemente aus und machen im Übrigen, was Sie wollen. Das ist dann zwar nicht mehr ganz so zwingend, schlagfertig ist es dennoch.

> **Beispiel: Rauswurf**
> Herr Dillenberger bemerkt hämisch: „Bislang haben sie noch jeden, der Ihrer Ansicht war, rausgeworfen." Frau Gubitz erwidert: „Na, dann wird es ja mal Zeit, dass sie jemanden rauswerfen, der Ihrer Ansicht ist." Nach kurzem Überlegen fügt sie hinzu: „Wüssten Sie jemanden? Mir fällt niemand ein."

Harte Worte. Doch einen Gegenkonter können Sie nur schwer abstufen. Und schließlich müssen Sie den ursprünglichen Angriff überbieten. Stellen Sie nur eine mildere Version vor, bei der Frau Gubitz antwortet: „Dann wird es ja mal Zeit, dass alle, die meiner Ansicht sind, bleiben." Deutlich die schwächere Antwort.
Aber Sie müssen nicht immer die Boshaftigkeit noch weiter steigern, manchmal können Sie die Boshaftigkeit selbst zu Ihrem Thema machen.

> **Beispiel: Boshafte Begrüßung**
> Frau Vandenberg begrüßt ihre alte Feindin, Frau Reimann, mit den überschwänglichen Worten: „Ach, Frau Reimann, Sie hier? Ich habe Sie erst gar nicht wiedererkannt. Aber dann doch – an Ihrem Kleid." Bevor Frau Vandenberg ihre boshafte Bemerkung so recht genießen kann, kontert Frau Reimann: „Ich habe Sie gleich erkannt – Sie sind die einzige, die bei den anderen nur auf die Kleidung schaut."

„Witzige" Angriffe kontern
Mit dem Gegenkonter können Sie auch und gerade „witzigen" Angriffen begegnen. Denn er ist spielerisch und doch zugleich scharf genug – ohne dass ihn jemand gleich ernst nehmen muss, der „einen Spaß vertragen" kann. Denken Sie an Shaw und Chesterton. Allerdings sollten Sie sich im Klaren sein: Wenn Sie in das Spielchen einsteigen und kontern, handeln Sie sich möglicherweise weitere „witzige" Attacken ein. Aber vielleicht finden Sie diese Aussicht gar nicht so beunruhigend ...

> *Üben Sie: Gegenkonter*
> Suchen Sie zu den folgenden Angriffen einen passenden Gegenkonter. Unsere Lösungsvorschläge finden Sie auf Seite 220.
> 1. „Sie kennen sich bei allen Sachen nur sehr oberflächlich aus."
> Ihr Gegenkonter:
>
> 2. „Als die Intelligenz verteilt wurde, da hatten Sie wohl gerade Ihren freien Tag."
> Ihr Gegenkonter:
>
> 3. „Ich glaube, in Ihrem Hirn gibt es irgendwo eine undichte Stelle."
> Ihr Gegenkonter:
>
> 4. „Sie sollten mal langsam aufhören, hier den Idioten zu spielen."
> Ihr Gegenkonter:

Die „Akupunktur"-Technik

Bei aller Eleganz hat der klassische Gegenkonter einen Nachteil: Er ist nicht sehr zielgenau. Wo er den anderen trifft, das ist ein wenig beliebig. Oder sagen wir besser: Es hängt nicht von uns ab, sondern davon, wie der andere seine Attacke formuliert. Natürlich kann das auch ein Vorteil sein. Denn auf diese Art und Weise können Sie manchmal sehr freche Dinge sagen, ohne dass sich irgendjemand darüber beunruhigen würde. Denn die ganze Sache bleibt im Grunde ein Spiel. Aus genau demselben Grund ist er jedoch für manche Erwiderung ungeeignet. Nicht immer wollen wir nur die Boshaftigkeit zurückschlagen, die uns der andere entgegenschleudert. Manchmal möchten wir uns etwas entschiedener zur Wehr setzen. Für solche Zwecke gibt es die Technik der „Akupunktur". Sie verfährt nach dem Prinzip: Kleiner Stich – große Wirkung.

Wo hat der andere seine kleinen Schwachpunkte?

Bei der Akupunktur-Technik geht es um Zielgenauigkeit. Sie pieksen den anderen nicht dort, wo er Sie gerade gestochen hat, sondern dort, wo er es am deutlichsten spürt. Sie pieksen zurück, um ein ähnliches Ergebnis zu erzielen wie er bei Ihnen. So gesehen ist auch die Akupunktur-Technik defensiv.

Der Grundgedanke ist der: Ihr Gegenüber richtet seine Angriffe auf *Ihre* Schwachpunkte, Sie tun ein gleiches mit *seinen* Schwachpunkten. Das klingt dramatischer, als es ist. Denn Ihre Nadelstiche können ganz sachte sein, um die gewünschte Wirkung zu entfalten.

> **Beispiel: Außenminister Fischer in Syrien**
> Als der ehemalige Bundesaußenminister Joschka Fischer noch nicht lange im Amt war, reiste er in den Nahen Osten – für Diplomaten ein wahres Minenfeld. Die syrische Regierung hoffte nun, den unerfahrenen Außenminister für eigene Interessen einspannen zu können und überschüttete ihn mit Komplimenten. Vor allem wies man darauf hin, dass man ihn viel mehr schätze als seinen Vorgänger. Fischer ging nicht in diese Falle, sondern bemerkte trocken: „Da können Sie mal sehen, wie gut es ist, wenn man von Zeit zu Zeit mal die Regierung wechselt."

Ein Volltreffer, denn man muss bedenken, dass in Syrien ein rigides Einparteiensystem besteht und die herrschende Bathpartei seit 30 Jahren regiert. Fischers Bemerkung wurde von der syrischen Delegation ein wenig verschnupft aufgenommen, doch mit dem kleinen Nadelstich hatte Fischer sein Ziel erreicht: Er hatte seine Souveränität unter Beweis gestellt und sich Respekt erworben.

Verbinden Sie Angriff und Nadelstich

Bei der „Akupunktur"-Technik müssen Sie als erstes wissen, wo Sie „hinstechen" wollen. In unserem Beispiel war das die Tatsache, dass Syrien kein demokratischer Staat ist. Auf diese „Einstichstelle" müssen Sie in Ihrer Antwort anspielen. Dem Außenminister ist das mit seiner Antwort ohne Zweifel gelungen. Die Unterstellung war abgeschmettert, die syrische Delegation blamiert.

Warum lachen wir eigentlich?

Die „Akupunktur"-Technik wirkt dort besonders stark, wo sie beim Publikum Lachen auslöst. Der Angreifer wird ausgelacht, denn er hat sich durch seinen Angriff blamiert. Doch warum eigentlich? Weil der Angegriffene ziemlich raffiniert zurückstickt, weil er auf den Angriff (oder die Unterstellung) eingeht und doch an anderer Stelle mit seiner Nadel zupiekt. So ist eine überraschende Situation entstanden.

Sehr verbreitetes Verfahren

Gerade in der politischen Auseinandersetzung ist die „Akupunktur"-Technik eine weit verbreitete Methode, wobei sie häufig auch ein wenig plump gehandhabt wird. Aber es geht ja nicht immer um Eleganz, sondern darum, sich selbst aus der Schusslinie zu holen und den anderen dort zu treffen, wo er seine kleinen Schwachstellen hat

Beispiel: Gleiches Prinzip
„Es ist schon erstaunlich, wie man mit so viel Worten so wenig sagen kann", äußert sich der Abteilungsleiter Herr Willig, dessen Abteilung nicht besonders gut organisiert ist. „Nun", antwortet der Referent, „Sie müssen sich das im Prinzip so vorstellen wie in Ihrer Abteilung, wo Sie mit so vielen Arbeitsgruppen so magere Ergebnisse erzielen."

Üben Sie: Akupunktur

Denken Sie sich eine Erwiderung aus, die auf den Schwachpunkt des Angreifers anspielt und ihn ins Lächerliche zieht. Dabei haben Sie es mit einem Angreifer zu tun, dessen Schwachpunkt seine ausgeprägte Eitelkeit ist; ein zweiter Angreifer ist extrem geizig und der dritte gilt als grausam, worauf Sie Ihr Publikum immer wieder hinweisen wollen. Unsere Lösungsvorschläge finden Sie auf Seite 220.

1. „Ich habe den Eindruck, dass Sie sich bei uns hier auf die faule Haut legen."

Dem eitlen Angreifer:

Dem geizigen Angreifer:

Dem grausamen Angreifer:

2. „Sie haben wohl nur wirre Ideen im Kopf."

Dem eitlen Angreifer:

Dem geizigen Angreifer:

Dem grausamen Angreifer:

3. „Merken Sie eigentlich gar nicht, wie lächerlich Sie sich in den letzten Monaten benommen haben?"

Dem eitlen Angreifer:

Dem geizigen Angreifer:

Dem grausamen Angreifer:

Nicht leichtfertig einsetzen

Wir brauchen wohl kaum eigens hinzuzufügen, dass Sie sich mit der Akupunktur bei Ihrem Gegenüber nicht gerade beliebt machen, sondern sich bestehende Restsympathien verscherzen könnten. Insoweit sollten Sie diese Technik nur mit großem Bedacht einsetzen. Sie müssen wissen, was Sie da tun: ob Sie sich Feinde machen oder auch bestehende Feindschaften vertiefen.

Tipp:
> Vor Publikum kann die Akupunktur-Technik außerordentlich effektiv sein, weil Sie ohne großen Aufwand die Dinge auf den Punkt bringen und eine Wirkung erzielen, die Sie mit weniger zielgerichteten Antworten nicht erreichen.

Der Korken im Ohr

Diese Technik ähnelt dem „absichtlichen Missverständnis"; doch ist sie im praktischen Einsatz wesentlich „härter". Während das absichtliche Missverständnis augenzwinkernd daherkommt, setzt der „Korken im Ohr" auf Konfrontation. Der Angreifer kann da sicher nicht mitlachen. Dabei greifen Sie Ihren Gesprächspartner nicht einmal an, Sie veralbern nur das, was er sagt, weil Sie ihn dauernd missverstehen. Denn Sie stecken sich gewissermaßen einen unsichtbaren Korken ins Ohr und hören nur noch ungenau den Klang der Worte. Wenn Sie diese Technik gut beherrschen, können Sie bei Ihrem Publikum große Lacherfolge erzielen – während Ihr Angreifer Sie hassen wird. Denn eine Verständigung ist nicht mehr möglich, nicht einmal auf einer „absurden" Ebene. Daher können wir nur den dringenden Rat geben, diese Technik nicht gegenüber Leuten einzusetzen, zu denen Sie in Zukunft ein gutes Verhältnis haben möchten, Ihr Vorgesetzter etwa oder Ihr Ehepartner.

Sie bringen Störer zum Schweigen

Am besten funktioniert der „Korken" gegenüber Leuten, die Sie mit dummen Sprüchen provozieren wollen, die Sie beispielsweise bei einem Vortrag mit unqualifizierten Bemerkungen verunsichern wollen. Kommt Ihre Reaktion überraschend, können Sie eine durchschlagende Wirkung erzielen.

Achtung, Nachahmer!

Allerdings besteht die Gefahr, dass der Angreifer, den Sie so mundtot gemacht haben, es Ihnen bei nächster Gelegenheit mit gleicher Münze heimzahlt und seinerseits die „Korkentechnik" einsetzt. Dann aber vielleicht nicht um einen Angriff abzuwehren, sondern eine Bitte von Ihnen. Wenn mehrere Mitglieder einer Gruppe auf den Geschmack kommen, sich den „Korken" ins Ohr zu pfropfen, kann die gesamte Verständigung lahm gelegt werden. Ein Zustand, der allerdings nur eine begrenzte Zeit anhält.

Spielen Sie den Schwerhörigen
Auf einen Angriff reagieren Sie so, als hätte der Betreffende etwas komplett Anderes gesagt, etwas, was zwar eine ähnlichen Klang hat, jedoch eine völlig andere Bedeutung hat. Damit alle das „Missverständnis" bemerken, wiederholen Sie „Ihre" Version noch einmal, bevor Sie Ihre Antwort geben. Insoweit ähnelt der „Korken" ein wenig der „Dolmetscher-Technik". Nur hat das, was Sie da angeblich verstanden haben, inhaltlich nicht das Geringste mit dem Gesagten zu tun. Je weiter Sie sich davon entfernen, je abstruser die Sache wird, desto sicherer ist Ihnen der Lacherfolg.

> **Beispiel: Knietief**
> Herr Kramer unterbricht höhnisch den Vortrag seines Kollegen Pohlenz: „So einen Unsinn habe ich ja noch nie gehört!" – Pohlenz erwidert: „Ihr Knie stört? Ja, dann sollten Sie vielleicht ein paar Gymnastikübungen machen, Kramer." Unbeirrt setzt Pohlenz sein Referat fort.

Es kommt darauf an, dass Sie nicht nur das missverstandene Wort wiederholen, sondern darauf in ein zwei Sätzen reagieren. Erst das sorgt für die absurde Komik und für den Lacherfolg. Allerdings verlangt es auch ein wenig Fantasie.

Der Angreifer ist hilflos
Dem Angreifer bleiben nicht viele Möglichkeiten zu reagieren:
- Er schweigt oder
- er verstärkt seine Angriffe und wird ausfallend,
- er kehrt auf eine sachliche Ebene zurück,
- er wendet sich an seine Kollegen und versucht sie gegen den „Schwerhörigen" zu mobilisieren.

Gegen die erste und dritte Alternative werden Sie kaum etwas einzuwenden haben. Die vierte wird nur gelingen, wenn sich der Angreifer auf Sympathien in der Gruppe stützen kann. In einem ohnehin feindlichen Umfeld ist der „Korken" gewiss nicht die geeignete Methode, sich zur Wehr zu setzen. Auch können Sie nicht auf Verständnis rechnen, wenn der Angriff, den Sie so demonstrativ überhören, nicht völlig unberechtigt war, sondern vielleicht nur eine etwas überzogene Kritik. Setzt sich der Angreifer seine Störungen fort, sollten Sie Ihren Korken aus dem Ohr nehmen und die Situation beenden. Weisen Sie unmissverständlich darauf hin, dass Sie sein Verhalten nicht billigen. Fordern Sie ihn auf, den Raum zu verlassen, oder gehen Sie selbst.

Üben Sie: Den Korken im Ohr
Reagieren Sie möglichst rasch auf die folgenden Zwischenrufe mit einem „Korken im Ohr". Denken Sie auch an Ihren kurzen Kommentar. Lösungsvorschläge gibt es auf Seite 221.

„Das war einfach nur dumm und plump"
Ihre Reaktion:

„Sie sind völlig inkompetent."
Ihre Reaktion:

„Haben Sie Tomaten auf den Ohren?"
Ihre Reaktion:

„Was sind Sie nur für ein hirnverbrannter Idiot!"
Ihre Reaktion:

Achte Lektion: Schlagfertig vor Publikum

In dieser Lektion erfahren Sie, worauf Sie achten müssen, wenn Sie vor einem Publikum agieren. Was Sie sympathisch macht und was Sie besser vermeiden sollten, weil es eher nicht gut ankommt. Weiterhin widmen wir uns dem Thema Interview: Wie können Sie Fangfragen begegnen, Unterstellungen zurückweisen und „Nebel werfen", wenn es mal brenzlig wird? Als neue Techniken stellen wir Ihnen die Gegenfrage und den Gegensog vor, die in vielen Situationen sehr hilfreich sein können, nicht nur vor Publikum.

Zuhörer sind überall

Wenn Sie eine schlagfertige Antwort geben, dann ist das sehr oft nicht nur eine Sache zwischen Ihnen und dem Angreifer, einen wesentlichen Part spielt auch das Publikum. Diejenigen, die zuhören, entscheiden in vielen Fällen letztlich darüber, ob Ihre Erwiderung angekommen ist oder nicht. Sie können nicht schlagfertig sein, ohne dass Ihr Publikum das merkt.

Wir sprechen weitaus häufiger vor einem Publikum, als wir vielleicht meinen. Nehmen wir den Fall, dass ein Kollege Sie im Büro anfrotzelt, und eine Arbeitskollegin hört zu. Natürlich wollen Sie vor allem Ihrem Kollegen eine passende Antwort geben. Doch stellen Sie sich vor, auf Ihre Erwiderung bricht Ihre Zuhörerin in Gelächter aus, oder aber es folgt eisiges Schweigen. Das ist schon ein gravierender Unterschied. Natürlich spielt das Publikum eine Rolle, die mal mehr, mal weniger wichtig ist. Manchmal ist es nur eine Art „Resonanzraum", der die Wirkung Ihrer Aussage verstärkt oder abschwächt. Manchmal kommt es hingegen nur auf das Publikum an, und es ist letztlich egal, was Ihr Kontrahent von Ihnen denkt. Den müssen Sie nicht überzeugen, der muss Sie nicht sympathisch finden, aber das Publikum.

Darüber hinaus lassen sich zwei typische Situationen unterscheiden:
- Sie führen mit jemandem eine *Diskussion*; das Publikum hört zu und bildet sich seine Meinung über den Sachverhalt, über den geredet wird.
- Sie werden befragt und nehmen dazu Stellung. In Reinform findet sich diese Situation im *Interview*. Aber auch in Meetings, im Anschluss an Vorträge, Referate, Präsentationen müssen Sie damit rechnen, vor einem Publikum befragt zu werden.

Beide Fälle werden wir im Folgenden beleuchten und die typischen Probleme ansprechen, denen Sie dabei begegnen können.

Souverän in der Diskussion

Viele Diskussionen laufen vollkommen an den Zuhörern vorbei. Die Gesprächspartner drücken sich unverständlich aus, sie werfen mit Zahlen um sich, die niemand nachprüfen kann und sowieso keiner versteht, sie überhäufen sich mit Vorwürfen, greifen einander persönlich an und ereifern sich über Dinge, die ihrem Publikum vollkommen egal sind. Ihnen sollte das nicht passieren. Wenn Sie vor einem Publikum diskutieren, sollten Sie sich vorher darüber klar werden, wen Ihre Argumente in erster Linie erreichen sollen: Ihren Gesprächspartner oder das Publikum.

Seien Sie verständlich
Regel Nummer 1: Reden Sie so, dass Sie jeder versteht. Es nützt Ihnen gar nichts, wenn Sie sich sachlich korrekt ausdrücken, aber niemand Ihnen folgen kann – allenfalls Ihrem Kontrahenten. Haben Sie keine Angst, zu stark zu vereinfachen. Wenn die Gegenseite Ihnen das vorwirft, können Sie immer noch ausführlich werden. Dann wird Ihnen zwar niemand mehr so ganz folgen können, aber es war ja der andere, der Ihnen dieses Fachgespräch aufgenötigt hat. Die Folge: Sie bleiben der Gute. Der Punkt geht an Sie.

Kurze Sätze bitte
Eine wichtige Voraussetzung, um verstanden zu werden: kurze, knappe Sätze. „Sätze über 13 Worte werden nicht mehr verstanden", meint der TV-Moderator Max Schautzer. Das scheint ein brauchbarer Grenzwert zu sein.

Do you speak Fachchinesisch?
Auch und gerade wenn Sie mit einem Fachmann über Ihr Fachgebiet diskutieren, meiden Sie Fachausdrücke. Sie brauchen nicht zu befürchten, dass Ihnen dadurch die Aura des Experten verloren geht. Denken Sie an Ihre Zuhörer: Die brauchen keinen Fachmann, den Sie nicht verstehen.

Schnell zum Wesentlichen

Regel Nummer 2: Kommen Sie schnell zur Sache, reden Sie nicht lange drumherum. Im Zeitalter von Zapping und SMS ist die Bereitschaft der Zuhörer nicht gerade gewachsen, Ihnen lange konzentriert zuzuhören, bis Sie endlich etwas Substanzielles äußern. Die Aufmerksamkeit Ihrer Zuhörer ist eine kostbare Ressource, mit der Sie sparsam umgehen sollten. „Aber ich will gar nicht länger weiterreden, sondern es euch sagen", pflegte einer meiner Schullehrer bei solchen Gelegenheiten zu sagen. So sollten Sie es auch halten. Bevor Sie weiterreden, sagen Sie es lieber gleich.

Nicht hetzen und drängeln

Schnell zur Sache zu kommen heißt nicht, dass Sie sich beeilen müssten. Im Gegenteil: Ruhe und Bedächtigkeit kommt bei Ihren Zuhörern wesentlich besser an als hektische Betriebsamkeit. Sie sollten Sicherheit und Souveränität ausstrahlen. Das macht sympathisch. Außerdem vermeiden Sie einen weit verbreiteten Fehler: Nämlich überdeutlich zu signalisieren, dass Sie jetzt auch endlich mal zu Wort kommen wollen. Natürlich: Wenn Sie etwas Wichtiges zu sagen haben, wollen Sie das loswerden. Nur sollten Sie bedenken, dass Sie durch das Drängeln womöglich mehr Sympathien verlieren als Sie durch Ihre Äußerung gewinnen. Wenn Sie etwas sagen wollen, dann machen Sie in aller Ruhe auf sich aufmerksam. Wenn Ihnen nicht das Wort erteilt wird, ist es besser, das erst einmal hinzunehmen als dem anderen ins Wort zu fallen („Darf ich bitte ausreden?", → S. 175). Häufig ergibt sich später noch die Gelegenheit, auf den betreffenden Punkt hinzuweisen.

Bringen Sie das Verhalten Ihres Kontrahenten auf den Punkt

Verhält sich Ihr Gegenüber ausweichend? Drechselt er weitschweifige Sätze? Führt er keinen Gedanken zu Ende? Regt er sich auf oder ist er nervös? Egal, was Ihnen an kritikwürdigem Verhalten auffällt, wenn es Ihnen gelingt, dafür ein anschauliches, vielleicht sogar witziges Bild zu finden, haben Sie einen schlagfertigen Treffer gelandet.

Beispiel: Die Tintenfisch-Strategie
Diskussion im Geschäftsleitungskreis. Herr Pohl und Herr Schlegel führen ein Streitgespräch. Herr Pohl reagiert auf die Vorwürfe von Herrn Schlegel gereizt und wird wenig konkret. Herr Schlegel stellt fest: „Wissen Sie was, Herr Pohl? Sie verhalten sich hier wie so'n Tintenfisch. Immer wenn der sich angegriffen fühlt, fängt er an, wie wild Tinte zu versprühen, damit keiner mehr was sehen kann."

Die bunte Welt der Tiere

Besonders geeignet sind Beispiele aus dem Tierleben. Der Grund: Sie sind anschaulich und meist auch nicht gerade schmeichelhaft für den anderen. So soll es ja sein: Ihre Zuhörer erkennen das Verhalten Ihres Kontrahenten wieder und schmunzeln über den Vergleich. Sie haben den anderen zu einer Art Karikatur gemacht. Wenn Ihnen das gelingt – Glückwunsch.

Doch wie finden Sie das richtige Tier? Jedes Tier ist bekannt für ein bestimmtes Verhalten. Jeder weiß, dass ein Gepard schnell laufen kann und ein Elefant ein Dickhäuter ist. Ihnen muss es gelingen, eine Verbindung zwischen diesem typischen Tierverhalten und dem Verhalten Ihres Gegenübers zu finden. Dabei können Sie ein bestimmtes Tier durchaus unterschiedlich deuten, wie die folgenden Beispiele zeigen:

- *Schnecke:* Kriecht langsam, hinterlässt eine Schleimspur, kann daher sogar über scharfe Rasierklingen kriechen. → Ihr Gegenüber argumentiert langsam. Oder er reagiert so, dass er auch über „schneidende" Argumente hinweggeht, als sei nichts geschehen.

- *Hamster:* Legt Vorräte in seinen Hamsterbacken an („hamstert"), läuft im Laufrad → Ihr Gegenüber hält Argumente zurück („Sie haben doch sicher noch ein paar Argumente in Ihren Backentaschen!"). Oder seine Argumentation dreht sich im Kreis – womöglich immer schneller (wie beim Hamster im Laufrad).

- *Qualle:* Besteht fast nur aus Wasser. Wenn man sie ins Trockene holt, bleibt nur ein kleiner Wasserfleck übrig. → Ihr Gegenüber argumentiert unklar („quallig") und ohne Substanz: Wenn man seine Argumente genau besieht (= ins Trockene holt), bleibt nahezu nichts übrig.

- *Geier:* Aasfresser, kreist über verendenden Tieren, frisst Fleisch, das Raubtiere zurücklassen. → Ihr Gegenüber wird nicht selbst initiativ, ist bequem, profitiert von den Fehlern der anderen oder davon, was andere für ihn „erjagen".

Ihre Beispiele sollten einfach und unmittelbar überzeugend sein. Eine Anspielung auf das Leben des australischen Nacktmulls bringt Ihnen gar nichts, wenn niemand dieses Tier kennt. Ebenso wenig werden Sie punkten können, wenn Ihr Bild gar nicht zutrifft und einfach nur ehrverletzend ist.

Wenn Sie mehr über Metaphern und sprachliche Bilder wissen möchten, empfehlen wir Ihnen unser Buch: Anekdoten – Geschichten – Metaphern, das ebenfalls im Haufe-Verlag erschienen ist.

Üben Sie: Tierbilder

Suchen Sie sich drei weitere möglichst unterschiedliche Tiere aus, mit denen Sie einen Gesprächspartner charakterisieren könnten. Beschreiben Sie, wie sich das Tier typischerweise verhält oder wofür es bekannt ist. Übersetzen Sie das Bild in ein kritikwürdiges Verhalten eines Diskussionspartners. Unsere Vorschläge finden Sie auf Seite 221.

Ihr erstes Tier:

Bekannt für:

gleicht folgendem Diskussionsverhalten:

Ihr zweites Tier:

Bekannt für:

gleicht folgendem Diskussionsverhalten:

Ihr drittes Tier:

Bekannt für:

gleicht folgendem Diskussionsverhalten:

Dürfen Sie dem anderen ins Wort fallen?

Schlagfertigkeit lebt davon, dass Sie auf einen Angriff direkt reagieren. Bei einer Diskussion mit Publikum ist es allerdings häufig so, dass jeder seinen Redebeitrag liefert und der andere währenddessen zu schweigen hat. Er bekommt anschließend Gelegenheit, zu den Vorwürfen, Angriffen, Behauptungen Stellung zu nehmen.

Diese stillschweigende Übereinkunft hat ja durchaus etwas für sich, jeder soll unbehelligt seine Argumente ausbreiten dürfen, das ist ja nur fair, und doch ergeben sich zwei mögliche Nachteile für Sie:

- Bevor Sie zu Wort kommen, geht es um ganz etwas anderes. Keiner weiß mehr so recht, worauf Sie jetzt eigentlich Bezug nehmen. Sie wirken wie jemand, der hinter der Diskussion hinterherhinkt und das Rad zurückdrehen will – das kommt nicht gut an.
- Eine schlagfertige Erwiderung lebt davon, dass sie aus der Situation herauskommt. Jede Verzögerung schmälert ihre Wirksamkeit. Wenn Sie darauf warten, bis Sie an der Reihe sind, können Sie sich Ihre Bemerkung gleich schenken.

Was also, wenn Ihnen eine schlagfertige Erwiderung in den Sinn kommt, während der andere spricht? Dürfen Sie einfach so unterbrechen? Sie dürfen. Allerdings nur wenn Ihre Bemerkung wirklich schlagfertig ist. Denn Sie müssen abwägen, ob sich die Sache lohnt. Landen Sie einen Volltreffer, dann fragt niemand mehr, ob Sie überhaupt an der Reihe waren. Auf der anderen Seite brechen Sie zweifellos die ungeschriebenen Regeln. Ist Ihre Bemerkung also nicht so zündend, dann schießen Sie ein Eigentor. Obendrein können Sie sich jetzt nicht mehr beschweren, wenn Ihr Gegenüber nun Ihnen ins Wort fällt. Manche „alten Hasen" wissen solche Fehler meisterhaft zu nutzen.

Seien Sie sparsam mit Unterbrechungen
Auch wenn Ihnen – geschult durch unser Buch – ständig schlagfertige Erwiderungen in den Sinn kommen, so belassen Sie es bei ein, zwei Unterbrechungen. Sonst wirken Sie nicht schlagfertig, sondern flegelhaft und aufdringlich. Überhaupt müssen Sie aufpassen, den anderen nicht zu sehr an die Wand zu drücken.

Vorsicht vor den „Niedermachern"
In Diskussionen wollen wir vor allem eines: Die eigenen Argumente sollen brillieren, die Argumente des Diskussionsgegners dagegen sollen in ihrer ganzen Lückenhaftigkeit offenkundig werden. Das führt natürlich dazu, dass wir uns herzlich freuen, wenn der andere Wissenslücken offenbart, verkrampft, hilflos oder rechthaberisch auftritt. Schließlich sammeln wir so Punkte. Geradezu triumphal ist es dann natürlich, wenn Sie den anderen bei einem Selbstwiderspruch ertappen, und zwar einem solchen, den Ihre Zuhörer auch verstehen. Dann haben Sie fast gewonnen.

Fast, denn Sie tun gut daran, sich vorzusehen. Hüten Sie sich vor allem vor so genannten „Niedermachern", Bemerkungen, die Ihr Gegenüber vollends „erledigen". Solche „Niedermacher" fallen nämlich sehr leicht auf Sie selbst zurück. Sogar wenn Ihr Kontrahent dadurch ein für alle Mal in Misskredit geraten ist, kann es sein, dass Sie davon keineswegs profitieren. Im Gegenteil, das Publikum nimmt Ihnen Ihr Verhalten übel. Es findet Ihren Gegner unmöglich, Sie aber auch.

Gehen Sie niemals bis zum Letzten
Sie werden einen sehr viel durchschlagenderen Erfolg ernten, wenn sich beim Publikum der Eindruck einstellt: Der andere ist noch vergleichsweise milde davongekommen. Das bringt es mit sich, dass der andere niemals völlig schwach erscheinen darf. Wenn er sich um Kopf

und Kragen geredet hat, dann trampeln Sie um Gotteswillen nicht noch weiter auf ihm herum, sondern helfen Sie ihm auf, stärken Sie ihn, loben Sie ihn. Man wird Sie für überaus fair und sachorientiert halten. Und in gewisser Hinsicht stimmt das ja auch.

Tipp:
Es ist nicht ratsam, Ihren Gesprächspartner allzu aufdringlich zu provozieren. Je stärker Ihre Provokationen, desto mehr Sympathien büßen Sie ein (→ S. 109).

„Lassen Sie mich bitte ausreden?"

Der bei weitem häufigste Satz, der in Diskussionen fällt, lautet: „Lassen Sie mich bitte ausreden?" Ja, man kann ihn bei bestimmten Gesprächsrunden mit Sicherheit vorhersagen. Je höher der Anteil von Politikern, um so wahrscheinlicher fällt diese magische Beschwörungsformel.

Zunächst einmal ist gegen diesen Satz gar nichts einzuwenden. Jeder hat das Recht, seine Sicht der Dinge darzulegen. Dazu gehört selbstverständlich, dass man zu Ende spricht und dass man Kommentare und hämische Unterbrechungen nicht zu dulden braucht. Ein unmissverständliches „Jetzt bin ich dran!" sorgt dafür, dass Sie Ihr gutes Recht auch durchsetzen.

Doch leider herrscht in vielen Diskussionen eine regelrechte „Ausrederitis". Der Spruch „Lassen Sie mich bitte ausreden?" wird zu zwei Zwecken eingesetzt, die beide gleichermaßen fragwürdig sind:

- um sich mehr Redezeit zu verschaffen,
- um den anderen ins Unrecht zu setzen.

Beides sollten Sie sich nicht gefallen lassen. Wann immer die „Ausrederitis" um sich greift, sollten Sie handeln.

Strafen Sie den anderen: Lassen Sie ihn ausreden!

Das wirksamste Mittel gegen die „Ausrederitis" ist den anderen einfach nicht zu unterbrechen, ihm nicht ins Wort zu fallen, auch wenn er Ihrer Ansicht nach den größten Unsinn erzählt. Dann muss er nämlich seine gesamte Redezeit aus geistigen Eigenmitteln bestreiten und das ist gar nicht so einfach. Er wiederholt sich, seine Argumentation zieht sich in die Länge und – welch ein gefundenes Fressen für Sie! – er fängt an, sich widersprechen.

Ein berühmter Schriftsteller hat einmal gesagt, dass kein vernünftiger Mensch fünf Minuten am Stück sprechen könnte, ohne sich zu widersprechen. Da ist sicher etwas dran. Lehnen Sie sich also zurück, öffnen Sie die Ohren und hören Sie zu, was Ihr Gegenüber zusammenerzählt.

> **Beispiel: „Lassen Sie mich bitte ausreden?"**
> Für Dauerredner, die nicht zum Ende kommen, hätten wir die folgenden Erwiderungen in petto, von denen manche allerdings mit Vorsicht zu gebrauchen sind:
> „Sie reden doch schon die ganze Zeit. Wann haben Sie denn ausgeredet?"
> „Aber gerne. Was haben Sie denn zu sagen?"
> „Ich wollte die Sache für Sie nur abkürzen."
> „Einverstanden. Wenn Sie nachher genauso lange den Mund halten."
> „Ist das eine Bitte? Oder eine Drohung?"

Die überschätze Redezeit

Die „Ausrederitis" dient nicht zuletzt dem Zweck, mehr Redezeit zu ergattern als der Vertreter der Gegenseite. Das Erstaunliche ist aber, dass die mühsam erkämpfte Redezeit selten besonders effektiv genutzt wird. Manchmal verdirbt jemand sogar den positiven Eindruck, den er zunächst gemacht hat. Es stimmt einfach nicht, dass derjenige, der mehr redet, besser beim Publikum ankommt.

Wir möchten nicht gerade behaupten, dass das Gegenteil zutrifft, doch hinterlassen Sie einen entschieden günstigeren Eindruck, wenn Sie einen kurzen, knackigen Vortrag halten, bei dem Ihre Zuhörer eher den Eindruck gewinnen, dass Sie mehr zu sagen haben. Für Ihre Argumente gilt die alte Kettenregel: Ihre Argumentation ist nur so stark wie das schwächste Glied in der Kette. Daher ist es immer besser, wenn Sie zwei schlagende Argumente bringen als zwei schlagende und zwei mittelmäßige.

> **Tipp:**
> Wenn Sie wirklich einmal zu kurz zu Wort gekommen sind, sollten Sie bei Ihrem letzten Redebeitrag nicht versäumen darauf hinzuweisen, dass Sie Ihre Position nicht angemessen darstellen konnten.

Wenn der andere mit Schmutz wirft

Ein Verhalten, das wir häufig beobachten können, wenn der andere sich eigentlich schon gegen die Wand gefahren hat und nicht mehr viel gewinnen kann. Dann versucht er, Ihnen wenigstens noch so zu schaden, dass Sie auch nicht besonders gut dastehen. Zu diesem Zweck bewirft er Sie mit Schmutz, konfrontiert Sie mit Unterstellungen, Beleidigungen und bodenlosen Frechheiten, die Sie eigentlich gar nicht kommentieren möchten. Das Problem ist nur: Sind diese Dinge einmal ausgesprochen, drohen sie an Ihnen festzukleben. Getreu dem Prinzip der Dreckschleudern: Etwas bleibt immer hängen.

Unfair kommt schlecht an
Über eines brauchen Sie sich gewiss keine Gedanken zu machen: Wer zu solchen Mitteln greift, ist für jedes Publikum im Normalfall erledigt. Sie sollten sich also nicht erst erregen, wenn Ihr Gegenüber ausfallend wird, Sie beschimpft, Ihnen ein Alkoholproblem andichtet oder Ihnen ungewöhnliche sexuelle Vorlieben unterstellt. Auch wenn die Vorwürfe natürlich ungeheuerlich sind, wäre es jetzt genau falsch, erregt dagegenzuhalten.

Sorgen Sie dafür, dass nichts hängen bleibt
Der andere hat sich selbst ins Abseits gestellt. Das heißt, dass Sie das nicht noch ein zweites Mal besorgen müssen. Warten Sie vielmehr ab, bis Sie Gelegenheit haben in aller Ruhe auf die Vorwürfe einzugehen. Stellen Sie ganz nüchtern und unaufgeregt die Sache richtig. Denn sonst gehen Sie das Risiko ein, dass irgendetwas von dem Schmutz, mit dem man Sie beworfen hat, eben doch kleben bleibt.

> **Beispiel: Das „Alkoholproblem"**
> In einer Gesprächsrunde wird ein Mitarbeiter heftig kritisiert. Er hätte sein Team hängen lassen. Erregt wirft der Mitarbeiter einem seiner Kollegen vor, er solle „erst mal sein Alkoholproblem in den Griff" bekommen. Der Kollege antwortet ruhig, es sei wohl deutlich geworden, dass der Mitarbeiter mit dem Team nicht klargekommen sei. Er bedaure das, denn der Mitarbeiter besäße durchaus wichtiges Know-how, er könne aber sein Team nicht daran teilhaben lassen. Was den Vorwurf betrifft, er habe ein Alkoholproblem, so erklärt er: „Ich verstehe nicht recht, wie jemand solche kruden Unterstellungen in die Welt setzen kann. Nur zur Klarstellung: Ich habe selbstverständlich kein Alkoholproblem. Wer hier ein Problem hat, dürfte deutlich geworden sein. Dass es sich dabei nicht um ein Alkoholproblem handelt, ebenso."

Und wenn doch was dran ist?
Vielleicht bewirft Sie der andere ja mit altem Dreck, der zwar nichts zur Sache tut und Sie nur herabsetzen soll, der aber gleichwohl zutrifft. Was dann? In so einem Fall wirkt es außerordentlich souverän, wenn Sie sich dem Vorwurf stellen, wenn Sie ihn kurz kommentieren. Zum Beispiel: „Wie Sie wissen, habe ich ein Alkoholproblem. Ich bin deshalb seit einem halben Jahr in Behandlung. Seitdem hat sich meine

Situation außerordentlich gebessert." Solche Klarstellungen wirken außerordentlich stark und sind geeignet, die Attacken des anderen noch in einen Vorteil umzumünzen. Sie machen deutlich, dass Sie nichts zu verbergen haben und mit sich im Reinen sind.

Wenn Sie ins Hintertreffen geraten

Es gibt immer wieder Situationen, da sieht es nicht ganz so glänzend für uns aus. Der andere trifft den Nerv der Zuhörer besser, kommt sympathischer rüber oder hat – was für eine fürchterliche Vorstellung! – einfach Recht. Was dann? Kein Grund zur Sorge. Wenn Sie alles richtig machen, haben Sie gute Chancen, noch ganz gut aus der Diskussion herauszukommen.

Der andere hat Recht? – Pech für ihn!

Sollte der andere wirklich die besseren Argumente haben, dann geben Sie ihm doch einfach Recht! So etwas wirkt Wunder. Da hat sich der andere gerade auf Sie eingeschossen, hat noch 35 schlagende Argumente im Köcher – und Sie erklären ihm: „In dieser Sache haben Sie völlig Recht."

Und jetzt? Ende der Diskussion! Thema abgehakt. Stürzen Sie sich auf die Punkte, bei denen Sie Ihre Trümpfe im Ärmel haben. Mit einem Mal hat sich das Blatt wieder gewendet, denn der andere hat seine vorteilhafte Position verloren. Was soll er tun? Soll er auf das neue Thema einsteigen? Psychologisch haben Sie ihn in einer ungünstigen Lage erwischt, denn er war ja eigentlich darauf vorbereitet, Sie weiter in die Enge zu treiben. Und jetzt ist es Essig damit! Er muss sich geistig umstellen. Startvorteil für Sie.

Andere meinen hingegen, sie müssten die 35 schlagenden Argumente zu dem alten Thema noch irgendwie loswerden. Ein schwerer Fehler, denn sie verhalten sich wie ein General, der seine Truppen auf ein Schlachtfeld schickt, auf dem längst nicht mehr gekämpft wird. Sie können das zu Ihrem Vorteil nutzen, indem Sie dem anderen noch mal zustimmen und sich für die weiteren Argumente bedanken. Sagen Sie: „Das sehe ich genauso wie Sie. Was ich hingegen anders sehe ..." – und dann gehen Sie wiederum auf die Punkte ein, die Ihnen am Herzen liegen.

Nebelwerfen – aber richtig

Nicht immer können Sie dem anderen einfach so Recht geben. Möglicherweise vertritt er eine Position, die für Sie nicht akzeptabel ist, von der sich aber abzeichnet, dass sie beim Publikum Anklang findet. Argumentativ kommen Sie nicht weiter – also was tun? Stiften Sie Verwirrung. Das wird Ihnen auf einem Gebiet mühelos gelingen, auf dem Sie Experte sind, Ihr Publikum aber nicht. Da sollten Sie es schaffen, Ihre dürftigen Argumente noch irgendwie hinter eine Nebelwand zu schaffen, hinter der sie sich zu majestätischer Größe auftürmen.

Natürlich wird Ihnen das ein Gesprächspartner, der Ihnen halbwegs gewachsen ist, nicht durchgehen lassen. Und Ihnen muss klar sein, dass Sie Ihr Publikum durch solche Manöver nicht gerade für sich einnehmen. Profis versuchen daher an dieser Stelle, das Register zu wechseln und sich selbst als netten sympathischen Menschen ins Spiel zu bringen. Wenn Sie eine heitere Geschichte zum Thema zu erzählen haben, dann ist es jetzt höchste Zeit, sie unterzubringen. Vielleicht haben Sie Glück und die Sache kommt gut an, während Ihr Gegenüber als humorloser Erbsenzähler auf seinen trockenen Sachargumenten sitzen bleibt.

Beispiel: „Zusammengeklaubte Zahlen"
Nichts ist so überzeugend wie harte Zahlen, könnte man meinen. Gleichzeitig wird nirgendwo so viel Nebel geworfen, als wenn Zahlen auftauchen. Eine Auswahl beliebter Nebelwerfer:
„Ich kenne die Zahlen, sie sind falsch."
„Ich weiß nicht, wo Sie diese zusammengeklaubten Zahlen herhaben."
„Sie können die Zahlen doch nicht aus dem Zusammenhang reißen."
„Ich weiß, das sind Ihre Zahlen. Ich kenne da ganz andere Statistiken."

Themenwechsel

Eine elegante Methode aus einer ungünstigen Situation herauszukommen, ist der Themenwechsel, der allerdings gut eingeführt werden sollte. Unvermittelt das Thema zu wechseln, kommt hingegen gar nicht gut an. Ein Meister des exzellent eingeführten Themenwechsels ist der Innenminister Wolfgang Schäuble. Wenn er das Thema wechselt, so ist das für seine Zuhörer im Allgemeinen bestens nachvollziehbar. Dabei geht Schäuble in drei Schritten vor:

1. Die bisherige Diskussion wird zusammengefasst: „Sie haben das und das erklärt, ich habe daraufhin dies und jenes eingewandt."

2. Es wird erklärt, dass eine weitere Diskussion nicht weiterführt: „Und darüber könnten wir sicher noch stundenlang weiterdiskutieren. Nur wird das unsere Zuhörer nicht sonderlich interessieren."

3. Das neue Thema wird eingeführt: „Viel interessanter scheint mir ein ganz anderer Punkt zu sein ..."

Sie merken, im Prinzip funktioniert der Themenwechsel ähnlich wie das „Rechtgeben" – mit dem entscheidenden Unterschied, dass Sie dem anderen eben nicht Recht geben. Das hat den Vorteil, dass Sie Ihre Position bei diesem Thema nicht aufgeben müssen; vielleicht teilen ja viele Zuhörer auch Ihre Position. Der Nachteil ist, dass das Thema ja noch nicht geklärt ist, Ihr Gegenüber also darauf zurückkommen kann. Daher gilt der Rat: Wenn Sie dem anderen in einer Sache zustimmen können, dann tun Sie es. Dadurch wirken Sie freundlicher und auch wesentlich souveräner.

Souverän vor feindseligem Publikum

Manchmal müssen Sie vor einem Publikum diskutieren, das Ihnen nicht wohlgesonnen ist, vielleicht ist es Ihnen gegenüber regelrecht voreingenommen. Solche Konstellationen sind nicht gerade beliebt, manche meiden sie, wenn es irgendwie geht. Sehr zu Unrecht, denn gerade bei einer solchen Ausgangslage können Sie durch ein souveränes Auftreten viel bewirken.

Sie erwerben sich Respekt

Sie haben nicht viel zu verlieren. Auch wenn Sie in der Sache keine Zustimmung finden, so haben Sie doch immerhin die Möglichkeit, sich Respekt und Glaubwürdigkeit zu verschaffen. Gerade durch Auftritte in der „Höhle des Löwen" erwerben Sie sich Achtung – bei Ihren Gegnern und bei Ihren „eigenen Leuten". Beachten Sie dabei die folgenden Punkte:

- Hören Sie zu. Lassen Sie auch erkennen, dass Sie zuhören. Kommen Sie nicht mit vorgefertigten Urteilen an; vermeiden Sie „Reizworte".
- Vertreten Sie konsequent Ihre Sache. Begründen Sie, warum Sie die Dinge anders sehen. Respektieren Sie die Position der anderen Seite, aber fordern Sie auch für Ihre Position Respekt.
- Vermeiden Sie jede Form von Anbiederei. Auch wenn Sie es gut meinen, wird Ihnen dies im Allgemeinen sehr übel genommen.
- Wenn Sie durch Zwischenrufe und hämische Kommentare unterbrochen werden, fordern Sie die anderen auf, das zu unterlassen. Gibt man Ihnen keine Gelegenheit, Ihre Position ungestört darzulegen, sollten Sie erwägen, die Diskussionsrunde zu verlassen.

Es war furchtbar? – Abwarten

Auch wenn Sie mit einem mulmigen Gefühl aus einer solchen Veranstaltung herausgehen, es ist schon viel wert, wenn Sie sich achtbar geschlagen haben. Denn die positive Wirkung eines solchen Auftritts kann durchaus mit einer gewissen Verzögerung einsetzen. Über den ein oder anderen, der in einer Versammlung niedergebuht wurde, ist später zu hören, dass er doch „in manchem gar nicht so Unrecht" gehabt habe.

> *Üben Sie: Diskussion vor einem Publikum*
>
> Eine Übung, für die Sie mindestens zu dritt sein müssen. Zwei Diskutanten und ein, besser natürlich mehrere Zuhörer. Diskutieren Sie über eines der folgenden Themen. Losen Sie vorher aus, wer welche Position übernimmt (Gegner oder Befürworter).
>
> Die Themen: „Maulkorbzwang für Hunde – ja oder nein?", „Aufs Auto verzichten?", „Den nächsten Urlaub verbringen wir im Inland", „Mehr Fachbücher lesen?", „Fernsehverbot für die eigenen Kinder?", „Soll das Wahlrecht mit 80 Jahren erlöschen?"
>
> Bereiten Sie sich zehn, fünfzehn Minuten auf die Diskussion vor, sammeln Sie Ihre Argumente. Führen Sie Ihre Diskussion über vier Runden, jeder hat maximal zwei Minuten Zeit, seine Sicht der Dinge darzulegen. Erste Runde: Stellen Sie Ihre Position vor. Zweite und dritte Runde: Gehen Sie auf die Argumente der Gegenseite ein. Vierte Runde: Schlussbewertung. Nach Abschluss der Diskussion äußert sich das Publikum. Wer war überzeugender? Warum? Anschließend äußern sich auch die Diskutanten. Wo waren sie schwach, wo stark, haben sie einen schlagfertigen Unterbrechungstreffer gelandet?

Interviews meistern

Natürlich gibt es auch in Diskussionen immer wieder Fragesituationen. Und doch unterscheidet sich eine Befragung oder ein Interview in einem Punkt ganz wesentlich von der Diskussion: Sie haben keinen direkten Widerpart, es gibt keine Gegenpartei. Es geht ausschließlich um Sie und Ihre Position. Das bringt es mit sich, dass nur Sie derjenige sind, der „angreifbar" ist. Sie müssen Rede und Antwort stehen und sich dabei von den Fragen der anderen führen lassen.

Wer fragt, führt

Befragt werden Sie von jemandem, der in der Regel keine eigene Position vertritt, sondern der Ihnen Fragen stellt, damit das Publikum mehr erfährt. Der Interviewer handelt also im Interesse des Publikums – auch wenn er unfreundliche, kritische Fragen stellt. Insofern ist es immer riskant, den Fragesteller abzukanzeln. Nach dem Muster von Alt-Bundeskanzler Helmut Kohl, der seine Antworten hin und wieder mit Kommentaren einleitete wie: „Das ist eine ausgesprochen dumme Frage ..." Oder: „Die Frage stellt sich doch gar nicht ..."

Durch solche Bemerkungen soll der Fragesteller eingeschüchtert werden. Gleich bei der ersten Antwort auf den dreisten Interviewer einhauen – dann ist Ruhe im Karton. Leider kommt es auch genauso rüber. Als Bundeskanzler können Sie sich das vielleicht herausnehmen. Sympathien beim Publikum erwerben Sie sich durch dieses Auftreten vermutlich nicht. Gehen Sie hingegen freundlich und respektvoll mit dem Interviewer um, erweisen Sie auch Ihrem Publikum gegenüber Respekt.

Sie sollen Auskunft geben

Ziel einer Befragung ist es, von Ihnen mehr zu erfahren. Weil Sie der Experte auf diesem Gebiet sind oder weil Sie für bestimmte Dinge die Verantwortung tragen. Sie müssen Ihr Wissen vermitteln oder Sachverhalte erklären, die in Ihre Zuständigkeit fallen. Im ersten Fall werden Sie von sich aus auskunftsbereiter sein als im zweiten, bei dem Sie vielleicht nicht alles sagen dürfen oder möchten.

Doch dieses „defensive Denken" („hoffentlich kommt nicht alles raus") ist sehr ungünstig. Sie müssen nicht alles sagen. Schon gar nicht, wenn es dafür gute Gründe gibt. Aber es erzeugt Misstrauen, wenn Ihre Zuhörer den Eindruck gewinnen, dass Sie die Fragen nicht beantworten, weil Sie etwas zu verbergen haben.

Überraschen Sie

Nutzen Sie die Gelegenheit und geben Sie gute, griffige Antworten. Antworten, die Ihre Zuhörer verstehen und die sich ihnen einprägen. Betrachten Sie die Befragung nicht als Eindringen in Ihre Intimsphäre, sondern als Chance Verständnis zu wecken.

Gute Antworten sind kurz – und nach Möglichkeit überraschend. Wie schlagfertige Antworten eben. Dadurch erregen Sie die Aufmerksamkeit Ihrer Zuhörer. Ihre Antwort kommt buchstäblich „besser an". Nur – wie sollen Sie Ihr Publikum überraschen? Zum Beispiel durch:

- originelle Vergleiche,
- entwaffnende Offenheit,
- Selbstironie,
- witzige Formulierungen.

Beispiel: Das „Prinzip Kaffeeautomat"
> Ein Fachjournalist fragt den Leiter der Abteilung Forschung und Entwicklung: „Herr Gremmel, wieso sind in Ihrer Abteilung die Kosten um 10 % gestiegen und Ihr Ergebnis ist um 8 % schlechter als im Vorjahr?" – „Unsere Abteilung arbeitet leider nicht nach dem Prinzip Kaffeeautomat: Oben stecken Sie das Geld rein und unten kommt die entsprechende Menge an heißen Neuerfindungen raus."

Fehler zugeben kommt an

Entgegen einer weit verbreiteten Auffassung kommt es beim Publikum sehr gut an, wenn jemand bereit ist, Fehler einzugestehen. Das macht denjenigen menschlich und glaubwürdig. Das bedeutet natürlich nicht, dass Sie immer beherzt zugreifen sollte, wenn Ihnen jemand einen Fehler unterstellt. Doch welche von den beiden folgenden Antworten wirkt auf Sie sicherer und souveräner?

Beispiel: Entwicklung verschlafen
> „Sie sind mit dem neuen Erdbeerdrink erst zwei Monate nach Ihrem Konkurrenten auf den Markt gekommen. Haben Sie die Entwicklung verschlafen?", fragt der Journalist.
> a) „Im Gegenteil. Wir waren lange vor unserem Wettbewerber mit der Entwicklung des Erdbeerdrinks beschäftigt. Weil wir unseren Kunden aber nur beste Qualität garantieren wollen, sind wir mit unserem Produkt erst im Februar auf den Markt gekommen. Und der enorme Erfolg gibt uns Recht, dass wir richtig gehandelt haben."
> b) „Ein wenig schon. Tatsächlich waren wir seit längerem dabei, einen neuen Erdbeerdrink zu entwickeln. Doch wir haben uns damit ein wenig Zeit gelassen. Schließlich wollten wir unseren Kunden ein ausgereiftes Produkt bieten. Ja, und dann war unser Wettbewerber zwei Monate vor uns auf dem Markt. Das ist ärgerlich, auch wenn wir glauben, das bessere Produkt zu haben. Wir hätten schneller am Markt sein müssen."

Was tun bei Suggestivfragen?

Bei den Suggestivfragen liefert der Fragende die Antwort gleich mit. „Sie werden doch wohl nicht etwa behaupten wollen, die Lage in der Branche habe sich gebessert?" – „Nein, natürlich nicht", lautet die dazugehörige Antwort, die der Frager Ihnen nahe legt. Sie brauchen nur noch zuzugreifen.

Bestätigung und Absicherung

Vielleicht fragen Sie sich, warum Ihr Gegenüber dann überhaupt noch fragt, wenn er die Antwort im Wesentlichen schon kennt. Der Grund ist einfach: Er will eine Bestätigung von Ihnen. Die Suggestivfrage dient seiner Absicherung: „Wir sind doch zumindest beide der Ansicht, dass ..." Mit ihr versucht der andere eine gemeinsame Grundlage herzustellen. Insoweit haben Suggestivfragen durchaus ihren Sinn und müssen bei Ihnen nicht immer gleich die Alarmglocken schrillen lassen. Sie müssen nicht jeder Suggestivfrage widersprechen, aber Sie sollten sich auch nicht von ihr überrumpeln lassen.

Der andere will Ihre Zustimmung

„Sie haben doch sicher nichts dagegen, dass ich hier rauche?", fragt Ihr Gegenüber und hat sich schon fast die Zigarette angezündet. Über solche Suggestivfragen ärgern wir uns. Wir durchschauen sie ganz leicht und es gibt Leute, die eine solche Suggestivfrage grundsätzlich mit: „Doch, habe ich!" beantworten. Der Grund: Wenn er uns schon fragt, dann wollen wir bitteschön auch selbst darüber entscheiden und uns nicht die Entscheidung in den Mund legen lassen.

Ganz anders sieht die Sache aus, wenn wir die Szenerie ein wenig verändern: Nehmen wir an, Sie sitzen zu zweit in einem Raucherabteil und Ihr Gegenüber stellt Ihnen diese Frage. Dann wäre es in der Tat erstaunlich, wenn Sie „etwas dagegen" hätten, dass der andere raucht. Sie können fast gar nicht anders, als dem anderen die Erlaubnis zu geben. Warum fragt er Sie dann überhaupt? Nun, er hat Ihre ausdrückliche Zustimmung. Und darauf lässt sich aufbauen.

Was halten Sie für selbstverständlich?

Nach diesem Prinzip funktionieren die „guten", die effektiven, vielleicht auch die „gefährlichen" Suggestivfragen. Sie setzen da ein, wo wir etwas für selbstverständlich halten oder halten sollen. Gefährlich wird es immer dort, wo Ihnen Dinge untergeschmuggelt werden, die Sie eigentlich gar nicht für selbstverständlich halten und denen Sie auch gar nicht zustimmen würden. Solche Fragen begegnen uns nicht nur in Interviews, sondern häufig auch im Arbeitsalltag:

Beispiel: Die „Grundsatzdiskussion"

Im Meeting unterbreitet der Marketingleiter sein neues Konzept. Frau Hellbardt übt heftig Kritik am gesamten Ansatz. Der Marketingleiter verteidigt sein Konzept und fragt schließlich: „Im Übrigen wollen Sie doch wohl jetzt keine Grundsatzdiskussion vom Zaun brechen?" Frau Hellbardt schweigt.

Die Suggestivfrage funktioniert, weil sie dort einhakt, wo Frau Hellbardt vermutlich zustimmt: Keine langwierige Diskussion, die viel Zeit verschlingt und zu keinem brauchbaren Ergebnis führt. Das verbirgt sich hinter dem Wörtchen „Grundsatzdiskussion".
Gegenstand der Suggestivfrage ist jedoch ganz etwas anderes: Nämlich der Wunsch des Marketingleiters über sein Konzept allenfalls oberflächlich zu diskutieren.

Stellen Sie das „Selbstverständliche" in Frage
Es gibt zwei wirksame Gegenmittel, um sich nicht von Suggestivfragen überrumpeln zu lassen. Das eine ist der Gegensog, von dem später noch die Rede sein wird (→ S. 191), das andere ist die Nachfrage, die Sie bereits kennen gelernt haben (→ S. 79). Entweder geht es darum, das dicke Paket der Suggestivfrage aufzuschnüren, um zu schauen, welche Unterstellungen denn da drin stecken. Oder Sie weisen die Suggestion gleich als unzutreffend zurück.

> **Beispiel: Die „Grundsatzdiskussion" – die Antwort**
> Frau Hellbardt entgegnet: „Nicht ich bin es, die eine Grundsatzdiskussion vom Zaun brechen will, sondern Ihr Konzept verlangt eine. Wenn Ihr Konzept grundsätzliche Mängel aufweist, dann muss es erlaubt sein, genau darüber zu sprechen."

Unterstellungsfragen aushebeln
Sehr gefürchtet sind die so genannten Fang- oder Unterstellungsfragen. Hier arbeitet der Frager nämlich mit einem Trick. Er schmuggelt in seine Frage eine Unterstellung ein. Wenn Sie die Frage „normal" beantworten, akzeptieren Sie damit seine Unterstellung.

> **Beispiel: Zickzack-Kurs**
> Frau Wronna führt mit dem Unternehmensgründer einer IT-Firma, Herrn Brandler, ein Interview. Sie bemerkt: „Mit Ihrer Unternehmenspolitik vollführen Sie ja den reinsten Zickzack-Kurs. Sollten Sie da nicht langsam mal eine konsequentere Linie fahren und sich auf Ihr Kerngeschäft konzentrieren?" – „Wissen Sie, Frau Wronna, gerade bei den Zusatzdiensten sehen wir ein großes Wachstumspotenzial", antwortet Herr Brandler.

Mit seiner Antwort ist Herr Brandler Frau Wronna in die Falle gegangen. Denn durch seine Antwort bestätigt er die Bewertung, dass sein Unternehmen einen „Zickzack-Kurs" eingeschlagen hat und keiner konsequenten Linie folgt. Vielleicht sieht das Herr Brandler gar nicht so. Dann muss er anders antworten – und die Unterstellung beim Namen nennen.

Beispiel: Zickzack-Kurs – die Richtigstellung
Herr Brandler entgegnet: „Wie kommen Sie darauf, dass wir keine konsequente Linie haben und einen Zickzack-Kurs steuern? Sie wissen selbst, welchen schwierigen Marktbedingungen die IT-Branche in den letzten Monaten ausgesetzt war. Das ist ärgerlich, aber man muss darauf auch rasch mit unterschiedlichen und neuen Strategien reagieren, deswegen ist unser Unternehmenskurs noch lange nicht inkonsequent. Im Gegenteil, er ist konsequent flexibel und verantwortungsvoll."

Stellen Sie die Dinge richtig
Solche Unterstellungsfragen sind recht häufig. Manchmal sind sie so subtil, dass sie uns gar nicht richtig auffallen: „Wie wollen Sie aus der Krise wieder herauskommen?" Moment mal, es gibt Schwierigkeiten, aber stecken Sie wirklich in einer Krise? In solchen Fällen sollten Sie, bevor Sie antworten, die Dinge richtig stellen. Oder sagen wir bescheidener: Sie geben Ihre Sicht der Dinge wieder.

Nicht einfach nur zurückweisen
Sie müssen auf eines Acht geben: Reagieren Sie nicht allzu empört auf die Unterstellung Ihres Gegenübers, sondern rücken Sie die Dinge in aller Ruhe zurecht. Sonst riskieren Sie in die Enge getrieben zu werden und Ihre Glaubwürdigkeit zu verlieren. Denn der Frager könnte Sie mit einer unangenehmen Nachbemerkung in Verlegenheit bringen. Bleiben wir bei unserem Beispiel.

Beispiel: Zickzack-Kurs – empörte Zurückweisung
Herr Brandler entgegnet: „Ich weiß nicht, wie Sie darauf kommen, Frau Wronna. Unsere Unternehmenspolitik folgt durchaus keinem Zickzack-Kurs." –"So", bemerkt Frau Wronna vielsagend, „dann sind Sie also der Ansicht, bei Ihnen sei alles in bester Ordnung. Tja dann ..."

Für eine Unterstellung gibt es irgendeinen Anlass. Häufig werden Sie diesen Anlass auch kennen. Sie haben einen Termin nicht eingehalten, Ihr Gegenüber unterstellt Ihnen „notorische Unzuverlässigkeit" und stellt Ihnen die Fangfrage: „Sagen Sie, sollen wir jemandem, der notorisch unzuverlässig ist, die Projektleitung übertragen?" Dem können Sie entgegenwirken, indem Sie sich möglichst konkret auf den Anlass beziehen. Legen Sie Ihre Sicht der Dinge dar und ziehen Sie dann Ihre Schlussfolgerung.

Beispiel: „Notorische Unzuverlässigkeit"
„Wieso sagen Sie, dass ich notorisch unzuverlässig bin? Ich habe beim Projekt xy den Termin überschritten, weil es zweifellos zu eng terminiert war und ich außerdem einige Zusatzaufgaben übertragen bekommen habe. Das Projekt habe ich erfolgreich abgeschlossen, die Zusatzaufgaben erledigt. Ich glaube nicht, dass man das notorische Unzuverlässigkeit nennen kann. Insoweit ist das auch kein Grund, mir die Projektleitung nicht zu übertragen."

Zurückweisen – richtig stellen – schlussfolgern
Eine mustergültige Antwort auf eine Unterstellungsfrage vollzieht sich in drei Schritten:

1. Als erstes weisen Sie die Unterstellung zurück: „Wie kommen Sie darauf, dass ...?" Oder: „Das ist vielleicht Ihre Sicht der Dinge, meine sieht ganz anders aus."
2. Sie stellen die Dinge richtig, legen Ihre Sicht der Dinge dar: „Es ist viel mehr so ..."
3. Sie verbinden Unterstellung und den eigentlichen Inhalt der Frage mit einander: „Weil in meiner Abteilung kein Chaos herrscht, muss ich auch niemanden zusammenstauchen."

Üben Sie: Unterstellungsfragen aushebeln
Lassen Sie bei den folgenden Unterstellungsfragen Ihre Fantasie spielen. Stellen Sie sich vor, was Ihr Gesprächspartner wohl gemeint haben könnte und wie Sie sich rechtfertigen könnten. Unsere Lösungsvorschläge finden Sie auf Seite 221.

1. „Sie haben ja schon wieder den Termin nicht eingehalten! Wieso schaffen Sie eigentlich Ihre Arbeit nicht?"
Ihre Antwort:

2. „Von Ihnen kommen auch keine neuen Ideen mehr. Wollen Sie nicht langsam in den Ruhestand gehen?"
Ihre Antwort:

3. „Seit vier Jahren waren Sie auf keiner Fortbildung. Wie sollen wir eigentlich auf einen grünen Zweig kommen, wenn Sie kein neues Wissen mehr annehmen wollen?"
Ihre Antwort:

4. „Ihre Leute tanzen Ihnen doch auf der Nase herum. Wie wollen Sie sich eigentlich noch Respekt verschaffen?"
Ihre Antwort:

Die Gegenfrage

Wer die Fragen stellt, steuert das Gespräch. Er kann nachfragen und jede Abschweifung ahnden: „Damit haben Sie aber meine Frage nicht beantwortet." Hartnäckige Frager können uns ganz schön in die Ecke treiben. Bleiben wir bis zuletzt die Antwort schuldig, stellen sie gnadenlos fest: „Das war noch immer keine Antwort auf meine Frage. Sie *wollen* meine Frage offenbar nicht beantworten."

Und doch sind Sie dem Frager nicht auf Gedeih und Verderb ausgeliefert, denn es gibt ja das nützliche Instrument der Gegenfrage. „Wer fragt, führt", heißt es. Wenn Sie sich nicht führen lassen wollen, fragen Sie also zurück und übernehmen Ihrerseits die Führung. Aber nur für kurze Zeit.

Tipp:
Setzen Sie die Gegenfrage nur sparsam ein. Machen Sie zu häufig davon Gebrauch, erscheinen Sie ausweichend und abweisend. Gegenfragen „aus Prinzip" wirken zudem extrem nervtötend.

Weichen Sie einer Antwort nicht aus

Wenn Sie zurückfragen, fühlt sich der Fragende zunächst einmal um seine Antwort geprellt. Sie sollten zu erkennen geben, dass Sie im Prinzip zu einer Antwort bereit sind und diese noch nachliefern. Sie fragen zurück, weil Sie noch mehr Informationen zu der Frage benötigen. Auch wenn Gegenfragen im Übermaß Unbehagen auslösen, so zählen sie doch eher zu den sanften Techniken, von der Sie auch dann Gebrauch machen können, wenn Sie Ihrem Vorgesetzten oder Ihren Kunden gegenübersitzen. Eine Technik haben Sie ja bereits kennen gelernt, die Nachfrage (→ S. 79). „Was meinen Sie damit?" Das können Sie natürlich ebenso als Gegenfrage formulieren.

„Wieso meinen Sie das?"

Eine Gegenfrage, die sich höchst unterschiedlich intonieren lässt: Interessiert, verwundert, beleidigt oder empört. Sie ist eng verwandt mit der Gegenfrage, die uns eben schon begegnet ist, nämlich: „Wie kommen Sie darauf?" In unseren Beispielen wurde sie bislang nur rhetorisch gebraucht. Sie können aber eine echte Gegenfrage daraus machen, wenn Ihr Gegenüber zudringliche Fragen stellt oder Sie mit irgendwelchen Behauptungen provozieren will.

Denken Sie nur an die letzte Frage unserer letzten Übung: „Ihre Leute tanzen Ihnen doch auf der Nase herum. Wie wollen Sie sich eigentlich noch Respekt verschaffen?" Bevor Sie umständlich nach einer Erklärung suchen, fragen Sie ganz entspannt zurück: „Meine Leute tanzen mir auf der Nase herum? Wieso meinen Sie das?"

Der andere muss Gründe nennen
Ihr Gegenüber ist gezwungen, Ihnen eine Antwort zu geben. Er muss konkret werden. Vielleicht zählt er jetzt einzelne Fälle auf, die ihn zu seiner Einschätzung veranlasst haben. Und Sie können ganz entspannt zu jedem Einzelfall Stellung nehmen, was deutlich angenehmer ist, als sich mit einem pauschalen Vorwurf auseinander zu setzen.

Sie erfahren: Was weiß der andere?
Darüber hinaus können Sie diese Gegenfrage auch einsetzen, um sozusagen „auf den Busch zu klopfen", wie viel der andere wirklich weiß. Angenommen, in Ihrer Abteilung herrscht tatsächlich heilloses Durcheinander, was Sie aber Ihrer Ansicht bestens verschleiern konnten. Dann bringt die Gegenfrage Klarheit, ob Ihr Gesprächspartner tatsächlich Bescheid weiß. Oder ob er nur vom Hörensagen davon Kenntnis hat. Dabei ist es sicher kein empfehlenswertes Vorgehen, nur so viel einzuräumen, wie der andere ohnehin weiß – wenn Sie befürchten müssen, dass die Sache früher oder später herauskommt.

„Beantworten Sie erst meine Frage!"
Manche Frager reagieren ausgesprochen gereizt auf eine Gegenfrage und bestehen darauf, dass Sie erst einmal seine Frage beantworten sollen, bevor er zu Ihrer Gegenfrage Stellung nimmt. Dagegen gibt es eine einfache Abhilfe. Geben Sie ihm zu verstehen: „Ich würde Ihnen ja gern Ihre Frage beantworten, aber ich verstehe sie nicht!"

„Was müsste geschehen, damit Sie zufrieden wären?"
Der andere regt sich über Sie oder Ihre Abteilung ganz schrecklich auf. Und Sie müssen zugeben: Leider nicht ohne Grund. Dann können Sie dem anderen ein wenig Wind aus den Segeln nehmen und dem Ganzen eine positive Wendung geben, indem Sie sich erkundigen, was sich denn ändern müsste, damit der andere wieder versöhnt oder zufrieden ist.
Damit eng verwandt ist die Psychotherapeutenfrage: „Was würden Sie sich denn wünschen, wie es sein sollte?" Beide Fragen können in bestimmten Fällen tatsächlich hilfreich sein und vor allem verhindern, dass nur Vorwurf auf Vorwurf geschichtet wird, ohne dass es recht weitergeht. Allerdings haben diese Fragen auch ihre Tücken. In vielen Fällen ist es einfach unangebracht, so zurückzufragen.

> **Beispiel: Änderung erwünscht**
> Herr Horstmann ist Verkäufer, er schafft es nicht, seine Vorgaben zu erreichen. Außerdem haben sich mehrere Kunden über seine etwas nassforsche Art beschwert. Sein Chef nimmt sich ihn zur Brust und überhäuft ihn mit Vorwürfen. Horstmann fragt ganz konstruktiv zurück: „Was müsste sich ändern, damit Sie zufrieden wären?" Der Chef mustert Horstmann von oben bis unten und bemerkt: „Meine Güte, rede ich die ganze Zeit gegen eine Wand, oder was?"

So gut gemeint die Frage auch daherkommt, so hölzern wirkt sie oft. Außerdemist sie nur dann angebracht, wenn tatsächlich unklar ist, womit Sie konkret beginnen sollten. Wenn Ihnen nur allzu klar ist, worüber sich Ihr Gegenüber beschwert, sparen Sie sich lieber die Nachfrage.

Fragen einfach zurückgeben

Bei plumpen polemischen Fragen ist es manchmal das beste, sie einfach unbeantwortet zurückzugeben. Einen Preis für Originalität werden Sie damit sicher nicht gewinnen, doch ist es immer noch besser, als wenn Sie gar nichts antworten und nur still die Augen nach oben verdrehen.

> **Beispiel: Beeindruckende Leistung**
> „Was ich Sie noch fragen wollte", bemerkt Herr Harder süffisant zu seinem Kollegen Binder, „wie machen Sie es eigentlich, mit so wenig Hirn so viel Mist zu produzieren?" Herr Binder erwidert fröhlich: „Keine Ahnung. Wie machen Sie es denn?"

Aggressive Gegenfragen

Neben den eher sanften oder defensiven Exemplaren gibt es auch noch eine ganze Reihe aggressiver Gegenfragen, mit denen Sie im Grunde zum Gegenangriff übergehen. Diese „harten" Fragen sind nur dann am Platz, wenn Sie wirklich unfair angegangen werden. Ansonsten wirken Sie einschüchternd, grimmig und unsympathisch. Sie tun sich keinen Gefallen, wenn Sie auf eine etwas respektlose Frage gleich aggressiv zurückfragen. Aggressive Gegenfragen sind z. B.:

- „Woher wissen Sie das?" (noch das mildeste Exemplar)
- „Warum fragen Sie?", „Worauf wollen Sie hinaus?", „Was wollen Sie eigentlich damit sagen?"

- „Ich habe es Ihnen eben erklärt. Warum hören Sie mir nicht zu?", „Warum haben Sie mich nicht verstanden?", „Wieso drehen Sie mir das Wort im Mund herum?"
- „Ich werde diese Frage nicht kommentieren. Warum versuchen Sie eigentlich mich mit allen Mitteln zu provozieren?"
- „Sie haben sich vorher nicht richtig informiert. Warum eigentlich nicht?"

Auf den ersten Blick wirken diese Gegenfragen sehr stark. Der Fragende wird eingeschüchtert und gewissermaßen „mundtot" gemacht. Manche Führungskräfte setzen solche Fragen daher gerne ein, um lästige Fragen abzuschütteln. Doch damit tun sie sich keinen Gefallen, denn sie zeigen nur, dass sie die Frage als Zumutung empfinden und nicht beantworten wollen. Ist die Frage jedoch berechtigt, erscheint eine solche Gegenfrage als anmaßend und arrogant.

Der Gegensog

Wie haben es eben bei den Suggestivfragen angesprochen: Es gibt Situationen, in denen wir uns in einer ganz bestimmten Weise verhalten müssen, sonst verletzen wir die ungeschriebenen Regeln und erscheinen unhöflich, dreist oder dumm. Wenn uns jemand grüßt, sollten wir den Gruß erwidern. Wenn Sie als Gast bei jemandem eingeladen sind, können Sie sich nicht so verhalten, als wären Sie bei sich zu Hause. Solche ungeschriebenen Regeln haben durchaus ihren Sinn und es ist ratsam, sich an sie zu halten. Auf der anderen Seite gibt es Situationen, die uns eine bestimmte Reaktion aufzwingen, die wir eigentlich gar nicht wollen. Es ist so, als würden wir in einen Sog geraten, der uns einfach mitreißt. Wir verhalten uns so, als könnten wir gar nicht anders. Können wir aber oftmals doch. Wir müssen nur versuchen, einen „Gegensog" aufzubauen, um die Situation zu durchbrechen.

Erster Schritt: Den Sog erkennen

Machen Sie sich klar, dass von bestimmten Situationen eine Sogwirkung ausgeht. Dann haben Sie eine gute Voraussetzung geschaffen, sich diesem Sog zu entziehen. Manchmal sind diese Situationen ganz banal und es liegt nur an einer bestimmten Art der Formulierung, dass wir so und nicht anders handeln. Von den Suggestivfragen war bereits die Rede, ein anderes Beispiel sind die unvollständigen Alternativen, auf die wir gleich zu sprechen kommen.

Zweiter Schritt: Klären Sie die Alternativen

Nicht immer muss es negative Folgen haben, wenn Sie sich einfach dem Sog überlassen. Unter Umständen ist es sogar die beste Alternative. Dazu müssen Sie aber wissen, was Ihre Interessen sind und was Sie sonst noch für Möglichkeiten haben. Dann können Sie sich souverän entscheiden, ob Sie dem Sog folgen oder ihn bewusst durchbrechen.

Dritter Schritt: Durchbrechen Sie den Sog

Haben Sie sich einmal für einen „Gegensog" entschieden, dann ist es oft gar nicht schwierig, den Sog zu durchbrechen. Eine einfache Formulierung kann dem Sog schlagartig seine ganze Kraft entziehen und den anderen mit einer neuen Sogwirkung konfrontieren, diesmal aus der Gegenrichtung.

Der Gegensog bei Suggestivfragen

„Sie wollen doch wohl keine Grundsatzdiskussion vom Zaun brechen?" hieß unser Beispiel für die Suggestivfrage. Wenn Sie sich gegen den Sog entschieden haben, antworten Sie: „Doch genau, eine Grundsatzdiskussion will ich jetzt führen."

Eine solche Antwort entfaltet eine außerordentlich starke Wirkung. Der Sog der Suggestivfrage ist augenblicklich verschwunden. Ihr Gegenüber muss Ihnen gegenüber jetzt erst einmal begründen, warum er keine Grundsatzdiskussion führen will. Und Sie sind im Vorteil. Allerdings wirken solche offensiven Feststellungen im Vergleich zur Nachfrage („Wieso wollen Sie keine Grundsatzdiskussion führen?") sehr herausfordernd. Wenn wirklich niemand außer Ihnen eine „Grundsatzdiskussion" führen will, haben Sie ganz schlechte Karten. Sie können Ihr Statement auch ein klein wenig abmildern, indem Sie die Suggestivfrage noch einmal wiederholen. Oder indem Sie die rhetorische Frage vorausschicken: „Warum nicht?"

> **Beispiel: Gegensog – So wehren Sie sich gegen Suggestivfragen**
> In der Kantine packt Herr Peters seine Zigaretten aus. Frau Gubitz bemerkt: „Sie wollen hier doch wohl nicht rauchen?" – „Doch", sagt Herr Peters, „ich will hier rauchen."

Unvollständige Alternativen

Ein häufiges Mittel, um Ihnen eine bestimmte Reaktion abzufordern: Ihr Gegenüber fordert Sie auf, zwischen mehreren Möglichkeiten zu wählen. Dabei gibt es Lösungen, die Ihnen besser gefallen, doch die

nennt er nicht. Dagegen können Sie sich ganz einfach wehren: Sie bringen die unterschlagene Alternative wieder ins Spiel – sofern Sie sie kennen. Frage: „Sollen wir uns eine Pizza kommen lassen oder möchtest du lieber die Reste von gestern?" Antwort: „Was hältst du davon, wenn wir heute Essen gehen?"
Aber auch wenn Sie noch keine Ahnung haben, welche weiteren Möglichkeiten es gibt, können Sie die unvollständigen Alternativen zurückweisen. Frage: „Gehen wir ins Theater oder bleiben wir hier?" Antwort: „Keine Ahnung. Lass uns mal schauen, was im Kino läuft."

Hinterfragen Sie unausgesprochene Voraussetzungen
Manchen Auswahlfragen liegen auch ungeklärte Voraussetzungen zugrunde. Gerade bei Verkaufsgesprächen ist das ein beliebtes Mittel, Sie zu beeinflussen. Sie können diese Strategie schlagfertig durchkreuzen.

> **Beispiel Terminplanung**
> „Herr Welker hat noch zwei Termine frei. Passt es Ihnen am Dienstag oder am Donnerstag?", fragt die Dame am Telefon. „Erklären Sie mir erst mal, warum ich überhaupt einen Termin mit Herrn Welker machen sollte", erkundigt sich Herr Kaminski.

Kommen Sie Anweisungen nicht nach
Ein ganz erstaunliches Phänomen: Jemand fordert uns auf, irgendetwas zu tun – und wir tun es. „Nennen Sie mir drei Gründe, warum es besser ist, Kaffee zu trinken als Tee!" Und wir suchen exakt nach drei Gründen. Schließlich spricht ja nichts dagegen, das zu tun. Es spricht aus unserer Sicht zwar auch nichts dafür – aber wir tun es eben. Anweisungen erzeugen einen Sog, mitunter einen ungeheuren Sog. Umso wichtiger ist es, ihnen entschieden entgegenzutreten, wenn es gar nicht in Ihrem Interesse liegt, der Aufforderung nachzukommen. Haben Sie sich nämlich erst einmal auf die Anweisung eingelassen, wird die Sogwirkung immer stärker. Erklären Sie also rundheraus: „Warum sollte ich das tun?" Der andere muss Ihnen nun Gründe nennen. Sie können die Anweisung auch nach Ihren Interessen abändern, wenn das möglich ist. Und häufig ist es möglich. Manchmal geht es ja um wichtigere Dinge als um die Vorzüge von Kaffee oder Tee. „Nennen Sie mir drei Gründe, warum Sie die Projektleitung übernehmen sollen!" – „Zwei genügen."

Üben Sie: Gegensog aufbauen

Versuchen Sie bei den folgenden Beispielen die „Sogwirkung" zu durchbrechen und nach Möglichkeit einen „Gegensog" aufzubauen. Unsere Lösungsvorschläge finden Sie auf Seite 222.

1. In einem Seminar fragt der Leiter: „Wollen Sie gleich eine Rauchpause machen? Oder erst in einer halben Stunde?"

Ihre Reaktion:

2. Die Gastgeberin tritt auf Sie zu und bemerkt: „Sie haben doch sicher nichts dagegen, wenn ich Sie neben Herrn Künstle setze?" Eigentlich würden Sie lieber neben Frau Ulrich sitzen.

Ihre Reaktion:

3. Ein Mann auf der Straße bittet Sie: „Wären Sie so freundlich und halten mal eben zwei Minuten meinen Hund? Ich muss eben mal kurz in die Apotheke und da darf der nicht mit!"

Ihre Reaktion:

Neunte Lektion: Schulen Sie Ihr Sprachvermögen

In dieser letzten Lektion geht es um den „Feinschliff". Sie erfahren, wie Sie Ihr Sprachvermögen verbessern und Ihre Antworten beschleunigen können. Sie haben alle gebräuchlichen Techniken kennen gelernt und sollen sie nun anwenden. Dazu geben wir Ihnen eine Vielzahl von Beispielen, auf die Sie ganz nach Belieben kontern können.

Ihr Handwerkszeug – die gesprochene Sprache

Wer schlagfertig sein will, der muss gut mit Sprache umgehen können – und zwar mit der gesprochenen Sprache. Diese „Spreche" unterscheidet sich mitunter gewaltig von der „Schreibe". Tatsächlich sind unterschiedliche Hirnareale dafür zuständig. Das ist vielleicht auch ein Grund dafür, dass viele Menschen, die mitreißend reden können, grausig formulieren, sobald sie einen Stift in die Hände bekommen. „Schreib einfach auf, was du gesagt hast", werden sie ermuntert, doch das ist gar nicht so einfach. Denn es handelt sich um zwei Fertigkeiten, die zwar zusammenhängen, aber doch auch eigenständig sind.

Ab jetzt Sprechtraining

Da Sie hier nicht erlernen wollen, wie man witzig schreibt, kann das nur eines bedeuten: Sie müssen Ihre schlagfertigen Antworten sprechen, aussprechen. Nicht alles, was auf dem Papier komisch wirkt, „funktioniert" auch noch, wenn Sie es sagen. Und manche Bemerkungen, mit denen jemand einen Volltreffer landet, erscheinen seltsam oder sogar „einfallslos", wenn man sie später nachliest.
Alle schlagfertigen Antworten, die Sie ab jetzt geben, sprechen Sie daher bitte aus. Laut und deutlich, so wie Sie das auch in der entsprechenden Situation tun würden. Oder würden Sie zu einem Zettel greifen, den Sie Ihrem Gesprächspartner überreichen?

Erst langsam, dann schnell

Vielleicht fragen Sie sich, warum wir jetzt mit dem Sprechen beginnen, während Sie vorher Ihre Antworten schriftlich ausknobeln durften. Dafür gibt es einen einfach Grund: Schreibend formulieren wir automatisch langsamer. Das hat viele Vorteile, wenn wir Schlagfertigkeit einüben wollen. Denn Training funktioniert sehr effektiv nach folgendem Prinzip: Erst machen wir die Dinge ganz langsam. Und dann machen wir sie schnell.

Sie können also sämtliche Übungen, die Sie bis hierhin schriftlich gemacht haben, noch einmal mündlich wiederholen. Sprechen Sie unbedingt „frei", also lesen Sie nicht einfach Ihre Antwort ab. Auch wenn Sie „im Prinzip" dasselbe sagen, was Sie auch notiert hatten, es ist ein Unterschied, ob Sie etwas schriftlich ausformulieren oder mündlich, mit „Ihren eigenen Worten" sagen.

Pflegen Sie Ihren persönlichen Stil

Jeder von uns spricht auf eine andere Weise, das zeigt sich ja auch in dem Ausdruck: „Sagen Sie es mit Ihren eigenen Worten". Weit mehr noch als die geschriebene Sprache ist unsere „Spreche" etwas sehr Persönliches, das ganz zu uns gehört. Was immer Sie für schlagfertige Antworten geben, sagen Sie es immer mit „Ihren eigenen Worten", denn eine Antwort kann noch so witzig und originell formuliert sein, wenn sie nicht zu Ihnen gehört, wird sie nie eine vergleichbare Wirkung erzielen.

Beispiel: „Mundgerecht"
In Film und Fernsehen machen sich viele Schauspieler die Sätze, die sie sprechen müssen, „mundgerecht"; das heißt, sie ändern ihren Text so um, dass er sich für sie gut sprechen lässt. Sie sollten ebenso verfahren und nur „mundgerechte" Sätze sprechen.

So wird Ihre „Spreche" schlagfertiger

Ihre Art zu sprechen sollten Sie nicht aufgeben. Das heißt aber nicht, dass Sie Ihre „Spreche" nicht wesentlich schlagfertiger machen könnten. Das ist sehr wohl möglich. Auf den folgenden Seiten erfahren Sie, wie das geht. Dabei wollen wir Ihnen nicht vorschreiben, wie Sie zu sprechen haben, sondern Ihnen Anregungen geben, was Sie tun können. Überlegen wir zunächst einmal: Was zeichnet eine schlagfertige „Spreche" aus?

- Sie ist knapp.
- Sie ist anschaulich.
- Sie ist klar strukturiert.
- Sie ist witzig und humorvoll.

Genau an diesen Eigenschaften können Sie arbeiten – und Sie werden Ihre Schlagfertigkeit verbessern. Alles, was Sie brauchen, ist ein Aufnahmegerät, z. B. ein handelsüblicher Kassettenrekorder mit Mikrofon. Und es kann losgehen!

Formulieren Sie knapper

Vielleicht neigen Sie zu etwas „raumgreifenden" Formulierungen. Dagegen ist zunächst nicht viel zu sagen. Doch Sie werden feststellen, dass Ihre Bemerkungen schlagfertiger werden, wenn Sie alles überflüssige Beiwerk weglassen. Der Grund: Der Satz wird schneller, er bekommt mehr „Drive". Denken Sie noch mal an den Fechtkampf zurück. Da werden Sie auch nur schwer einen Treffer landen können, wenn Sie weit ausholen. Es kommt noch etwas hinzu: Kurze Sätze sind verständlicher. Wir haben die „natürliche Grenze" der Verständlichkeit von 13 Wörtern pro Satz bereits angesprochen. Sie sollten jetzt natürlich nicht anfangen Wörter zu zählen oder in einen abgehackten Stummelsatz-Stil verfallen. Aber probieren Sie es doch einfach mal aus, wie sich Ihre Sprache verändert, wenn Sie sich um Knappheit bemühen und alle Füllsel wie „na ja", „also, ich meine" oder „wie ich schon sagte" etc. weglassen.

Blähwörter vermeiden

Alles, was Ihren Satz „aufbläht", lassen Sie weg. Dazu gehören bestimmte Ausdrücke, die sich durch kürzere ersetzen lassen. „Ich werde Sie über mögliche Störungen im Betriebsablauf unverzüglich in Kenntnis setzen."

Stattdessen können Sie auch sagen: „Bei Störungen informiere ich Sie sofort." Oder schlichter: „Wenn was passiert, melde ich mich."

> *Üben Sie: Knappe Sätze*
> Beschreiben Sie Ihre berufliche Tätigkeit. Zunächst frei von der Leber weg. Dann bemühen Sie sich um Knappheit. Beide Versionen nehmen Sie bitte mit einem Kassettenrekorder auf. Hören Sie sich anschließend beide Versionen an. Welche gefällt Ihnen besser? Welche ist präziser, prägnanter, ansprechender? Warum?

Machen Sie es anschaulicher

Bemühen Sie sich darum, Ihre Aussagen möglichst anschaulich zu machen Dadurch können Sie sich besser verständlich machen. Und Ihre Sätze wirken stärker, bleiben besser im Gedächtnis haften. Das Geheimnis einer anschaulichen Sprache ist die Überzeugungskraft ihrer

Bilder und Vergleiche. Sie übersetzen das, was Sie sagen wollen, in einen passenden Vergleich, den Ihr Gegenüber nachvollziehen kann.

Originalität wirkt stärker

Es gibt eine ganze Reihe von abgegriffenen Bildern und Klischees, die jeder kennt und jeder versteht: „Das ist nur die Spitze des Eisbergs", „Ich muss wieder die Kastanien aus dem Feuer holen", „Dadurch kommen wir vom Regen in die Traufe." Dass sie jeder versteht, ist gewiss von Vorteil, auf der anderen Seite wirken diese viel gebrauchten Redensarten ziemlich matt. Vor allem im Vergleich mit einem originellen, ungewohnten, überraschenden Bild.

> **Beispiel: Zähne putzen mit dem Besen**
> „Diese ganzen Maßnahmen sind völlig überdimensioniert, um das Problem in den Griff zu bekommen", bemerkt der Büroleiter. „Wer sich die Zähne putzen will, der braucht auch keinen Besen, sondern eine Zahnbürste."

Bei der „Spreche" sind die Anforderungen an Originalität gewiss geringer als bei der „Schreibe", und doch wirkt es frischer, einprägsamer und schließlich auch überzeugender, wenn Sie einen ungewöhnlichen Vergleich wagen. Wenn Sie nicht zum hundertsten Mal davon reden: „Wir müssen das Rad nicht neu erfinden." Sondern sich einen neuen Vergleich ausdenken. Fällt Ihnen ein passender ein?

> *Üben Sie: Abgedroschene Redensarten ersetzen*
> Versuchen Sie für die folgenden Redensarten neue Bilder oder Vergleiche zu finden. Wenn es Ihnen gelingt, die Aufgabe mündlich zu lösen – herzlichen Glückwunsch. Wenn nicht, nun ja, die Aufgabe ist auch nicht so ganz einfach. Am besten bestimmen Sie zunächst einmal, worum es bei der Redensart genau geht, dann suchen Sie sich einen anderen Bereich und probieren aus, ob Sie eine Gemeinsamkeit entdecken. Unsere Lösungsvorschläge finden Sie auf Seite 222.
>
> 1. „Wir müssen das Rad nicht neu erfinden."
> Ihre Version:
>
> 2. „Die Ratten verlassen das sinkende Schiff."
> Ihre Version:
>
> 3. „Machen Sie doch nicht aus einer Mücke einen Elefanten."
> Ihre Version:

4. „Wir sitzen doch alle im selben Boot."
Ihre Version:

Abgedroschenen Redensarten neues Leben einhauchen

Ursprünglich waren die Redensarten, die uns heute so abgedroschen erscheinen, gar nicht so übel. Sie waren sogar höchst originell und anschaulich. Die Ratten, die das sinkende Schiff verlassen, das Licht am Ende des Tunnels und die berühmte Spitze des Eisberges, das waren aussagekräftige Bilder, mit denen sich viele Sachverhalte kurz und verständlich ausdrücken ließen. Eben weil sie so anschaulich waren, wurden sie so gern genommen, immer wieder und wieder, zu allen passenden und unpassenden Gelegenheiten.

Heute sind viele dieser Redensarten durch ständigen Gebrauch so abgegriffen und nichtssagend geworden, dass wir sie kaum noch ernsthaft verwenden können. Sonst wird unsere Sprache farblos und klischeehaft. Wir können aber noch sehr viel Nutzen aus den alten Redensarten ziehen, wenn wir sie mehr oder weniger stark verfremden. „Wir sind alle im selben Boot" spricht niemanden mehr an. „Wir sitzen alle auf der selben Luftmatratze" oder „Wir sitzen alle im selben Luxusliner" wirkt dagegen viel lebendiger.

Sie können mit den alten Redensarten prima spielen: „Das, was Sie für das Licht am Ende des Tunnels gehalten haben, war der entgegenkommende Zug." Oder: „Wir standen am Rande des Abgrunds. Heute sind wir schon einen Schritt weiter."

Lassen Sie Bilder leben

Ihre Sprache wird anschaulicher, wenn Sie Ihre Bilder beleben, wenn sich Ihre Zuhörer das, was Sie da sagen wirklich vorstellen können. „Wir haben die Talsohle durchschritten", das ist nichtssagend. Malen Sie das Bild hingegen ein wenig aus, fügen Sie ein paar Details hinzu, fängt es plötzlich an zu leben.

Suchen Sie neue originelle Bilder

Es ist gar nicht so einfach sich in neuen originellen Bildern auszudrücken. Woher sollen wir die nehmen? Voraussetzung ist ja immer, dass Ihre Zuhörer das Bild verstehen. Ein einfallsreiches Bild nutzt Ihnen gar nichts, wenn die anderen gar nicht wissen, worauf Sie hinauswollen. Halten Sie sich ruhig an das Naheliegende, das jeder kennt: Bergsteigen, Angeln, Apfelbaum, Spinnennetz, Bootfahren, Autofahren, Fußballspielen und vieles mehr. Diesen vertrauten Bildern können Sie ja auch eine neue Bedeutung geben.

Beispiel: Liebe ist wie ein Haifisch

Der Schauspieler Richard Gere hat in einem Interview für die Liebe ein neues, überraschendes Bild gefunden: Den Haifisch. Die Liebe müsste wie der Haifisch ständig in Bewegung bleiben, sonst würde sie zugrunde gehen (für alle Laien in Sachen Meereskunde: wie der Haifisch auch). Außerdem müsste sie von Zeit zu Zeit in unergründliche Tiefen hinabtauchen, um neue Nahrung zu finden.

Zugegeben, ein recht gewagter Vergleich, aber einer, der in Erinnerung bleibt, denn den Haifisch bringen wir ja eher mit ganz anderen Dingen in Zusammenhang. Er gilt (zu Unrecht übrigens) als brutaler Killer, als grausamer Raubfisch. Insoweit ist dieser Vergleich sicher nicht jedermanns Sache. Und doch ist es ein guter Anhaltspunkt für Sie, mal nach Zusammenhängen zu suchen, an die nicht gleich jeder denkt.

Üben Sie: Bilder

Versuchen Sie für die folgenden „Objekte" Bilder zu finden, mit denen Sie bestimmte Aspekte beschreiben können. Denken Sie an Gemeinsamkeiten. Was ist so ähnlich wie das, was Sie beschreiben wollen? Beschränken Sie sich auf einzelne Aspekte wie im obigen Beispiel (immer in Bewegung, unergründlich), denn Sie können die Objekte nicht komplett „abbilden". Unsere Vorschläge finden Sie auf Seite 223.

Ihre Familie ist wie _____

weil _____

Ihr Beruf ist wie _____

weil _____

Ein ehrgeiziger Mensch ist wie _____

weil _____

Eifersucht ist wie _____

weil _____

Verwenden Sie einprägsame Strukturen
Schlagfertige Antworten sind übersichtlich aufgebaut. Verschlungene Gedankenketten kommen bei Ihren Zuhörern nicht an. Eingeschobene Gedanken, Abschweifungen und nachklappernde Nebenaspekte schwächen die Wirksamkeit Ihrer Antwort. Dabei geht es nicht um die Kürze, sondern darum, dass Sie Ihre Gedanken klarer herausarbeiten, ihnen sozusagen mehr Kontur geben.

Gegensätze schärfen die Aussage
Alles, was wenig Gegensätze hat, was flach ist, lässt sich buchstäblich schlechter „be-greifen". Wenn wir hingegen unseren Gedanken stärker zuspitzen und starke Kontraste bilden, wird die Sache verständlicher. Ein Bild in Schwarz und Weiß erfassen wir schneller als eines in Hellgrau und Dunkelgrau. Nun können Sie Gegensätze auf verschiedenen Ebenen einsetzen.

- Aussage Ihres Gegenübers, auf die Sie schlagfertig kontern: Ihre Antwort ist ein „Gegensatz" zur ersten Aussage.
- Auf Satzebene: Erst kommt der eine Satz, dann kommt der „Gegensatz", der ihm widerspricht. „Manche Leute halten Sie für aggressiv und arrogant. Ich sage, der Mann kennt halt seinen Wert."
- Auf Wortebene: Sie verstärken die Aussage, indem Sie den Gegenbegriff ebenfalls ins Spiel bringen. „Jetzt haben wir so lange gewartet für so ein *kurzes* Vergnügen."

Mehrere Gegenbegriffe
Erleichtert wird die Sache durch den Umstand, dass es häufig nicht nur einen, sondern gleich mehrere Gegenbegriffe oder Kontraste gibt. Allzu streng sollten wir das ohnehin nicht sehen. So können Sie zu „süß" die Gegenbegriffe „sauer", aber auch „bitter" und „salzig" nehmen, im weiteren Umfeld auch noch so etwas wie „hässlich" oder „frech" (das süße Kind, das freche Kind). Zu „blau" können Sie den Gegenbegriff „rot" nehmen (männliche Farbe, weibliche Farbe), aber auch „grau" (wenn vom Himmel die Rede ist) oder „braun" (wenn wir von sauberem oder schmutzigem Wasser sprechen), schließlich ist sogar „nüchtern" möglich, wenn nämlich vom Alkohol die Rede ist.

Gleichartiges schafft Übersicht
Eine gute Form, eine übersichtliche Struktur bekommt Ihr Satz erst, wenn Sie zu den Gegensätzen auch Gleichartiges hinzufügen. Als Kontrast zum Kontrast sozusagen. Tatsächlich wirken die Gegensätze we-

sentlich stärker, wenn sie von gleichgebauten Formulierungen eingefasst werden. Erinnern Sie sich noch an die „klassische" Antwort von Winston Churchill (→ S. 160). Sie war deswegen so überzeugend geraten, weil an entscheidender Stelle ein Gegensatz aufschien (geben – nehmen), ansonsten aber die Formulierung völlig gleich blieb.

Wiederholung sorgt für Verstärkung
Nun war Churchills Formulierung ein Echo auf die Aussage der Lady Astor, doch Sie können auch Ihre eigene Aussage übersichtlicher machen, indem Sie bestimmte Elemente immer wieder übernehmen. Durch Wiederholung können Sie Ihre Kernaussagen sehr stark hervorheben und bei Ihren Zuhörern verankern.

Eines der berühmtesten Beispiele ist die Rede von Martin Luther King, die er am 28. August 1963 beim so genannten „Marsch auf Washington" gehalten hat. Der stets wiederkehrende Satz „I have a dream" hat sich fest in das Gedächtnis der Amerikaner eingeprägt.

Üben Sie: Gleichartiges und Gegensätzliches
Bilden Sie zu den folgenden Sätzen „Gegensätze", bei denen Sie einen der zentralen Begriffe durch seinen Gegenbegriff ersetzen, die übrigen Elemente aber weitgehend beibehalten – auch wenn dabei der größte Unsinn herauskommt. Eine leichte Aufgabe – daher bitte mündlich. Lösungsvorschläge auf Seite 223.

„Hören Sie auf, hier so einen Krach zu schlagen."

„Würden Sie mich bitte später noch einmal anrufen?"

„Ich verstehe nicht, warum wir diese lächerliche Kleinigkeit nicht schon längst erledigt haben!"

„Sie leben wohl hinter dem Mond."

„Kommen Sie eigentlich morgen zur Eröffnung der Ausstellung?"

„Geben Sie mir bitte die Gabel."

Setzen Sie auf Humor und Witz
Mit dem Thema Humor und Lachen haben wir uns ja bereits beschäftigt, vor allem haben wir die komischen Überraschungseffekte angesprochen (→ S. 143). Darüber hinaus möchten wir Ihnen noch ein

paar Hinweise geben, wie Sie Ihre „Spreche" noch etwas humorvoller machen können.

Die Kunst des Weglassens
Wir haben gesagt, dass schlagfertige Antworten generell knapp sein sollten, auch wenn sie gar nicht humorvoll gemeint sind. Beim Witz kommt allerdings etwas Entscheidendes hinzu oder sagen wir besser, etwas Entscheidendes fällt weg: Der Witz ist nämlich zu knapp. Es wird nicht alles ausgesprochen. Was fehlt, fügt der Zuhörer in seinem Kopf hinzu – und lacht.

> **Beispiel: Hotelfrühstück**
> Die Pensionswirtin sagt zu ihrem Gast, während sie ihm den Morgenkaffee eingießt: „Hmm, sieht nach Regen aus." Der Gast erwidert höflich: „Aber wenn man dann genauer hinschaut, ist es doch Kaffee."

Dieser Witz funktioniert nur, solange das Wesentliche nicht ausgesprochen wird. Die Wirtin redet über das Wetter, der Gast hingegen über den Kaffee. Wir werden ähnlich überrascht wie die Wirtin und lachen erst, wenn wir begreifen, wovon gar nicht die Rede ist, dass der Kaffee nämlich so dünn ist wie Wasser. Das ist die ganze Pointe.

Weglassen – aber was?
Natürlich wird Ihre Antwort nicht dadurch schon witziger, dass Sie irgendetwas weglassen, was sich Ihr Gegenüber zur Not selbst zusammenreimen kann. Vielmehr geht es darum, dass Sie dem Vorhandenen eine neue Bedeutung geben. Und genau an dieser Stelle lassen Sie etwas weg.
Sie lassen die Szene kippen. Ohne das zu erklären. Sie vertrauen darauf, dass die anderen die neue Bedeutung verstehen. Wer die fehlende Information nicht ergänzen kann, der hat den Witz nicht verstanden. Und wie Sie sicher aus Erfahrung wissen, kann man einen Witz nicht erklären. Entweder man versteht ihn und lacht. Oder er ist verloren.

Mehrdeutigkeiten gesucht
Um eine neue Bedeutung in die vorhandene Situation hineinzubekommen, brauchen Sie Dinge, die mehrdeutig sind. Häufig sind einzelne Wörter, die mehrere Bedeutungen haben oder die sich ähnlich anhören wie ein Wort, das eine völlig andere Bedeutung hat. Wir haben das „Ohr für den Doppelsinn" bereits angesprochen und können nur noch einmal unterstreichen, wie hilfreich es ist, jeden noch so entlegenen Doppelsinn aufzugreifen.

Es können aber auch mehrdeutige Situationen sein. Denken Sie an den Autofahrer, der „Idiot!" brüllt und zur Antwort erhält „Angenehm, Dahlmann" (→ S. 157). Die Szene ist nur deswegen „witzig", weil wir die beiden Situationen im Kopf haben: Beschimpfung und konventionelles Vorstellen, das nach dem Muster abläuft: „Meier." – „Angenehm, Müller."

Wir basteln uns eine witzige Antwort

In der Praxis dürfen Sie nicht erwarten, dass Ihnen die Pointen nur so zufliegen. Das macht aber nichts, solange Sie überhaupt irgendwie wortspielerisch (oder situationskomisch) tätig werden. Wir haben es schon mehrmals angesprochen und wiederholen es an dieser Stelle gerne noch einmal: Wenn Sie angegriffen werden, sind die Ansprüche an Eleganz, Wortwitz und Originalität erheblich abgesenkt. Daher basteln wir uns jetzt gemeinsam eine witzige Antwort, die vermutlich niemanden zu Lachanfällen bringen wird, die aber praxistauglich ist.

> **Beispiel: Der richtige Umgang mit Kunden**
> Im Kollegenkreis erzählen Sie von einem besonders schwierigen Kunden. Sie berichten, wie viel Ärger er Ihnen schon bereitet hat. Eine Kollegin bemerkt spitz: „Na, das ist ja auch kein Wunder. Sie können eben nicht richtig mit Kunden umgehen."

Kommt Ihnen dieses Beispiel irgendwie bekannt vor? Hoffentlich, denn wir haben es bereits beim „Absurden Theater" kennen gelernt. Jetzt spielen Sie kein „absurdes Theater", jetzt üben Sie Ihren Wortwitz. Nun, haben Sie schon eine Vermutung, wo Sie einhaken könnten?

Auf der Suche nach dem Doppelsinn

Ganz richtig, es handelt sich um das Wörtchen „umgehen", das die nützliche Eigenschaft hat, mehrdeutig zu sein. Umgehen kann den Umgang mit irgendetwas bezeichnen, aber auch das Vermeiden von irgendetwas. „Kommst du zur Betriebsfeier?" – „Nicht wenn es sich irgendwie umgehen lässt."

Treffer! Daraus lässt sich doch ein brauchbarer Konter zusammenbasteln. Statt Kundenbetreuung Kundenvermeidung. Also, starten wir einen Versuch: „Na, wie man Kunden umgeht, das wissen Sie natürlich am besten." – Vielleicht bevorzugen Sie auch die selbstironische Variante: „Ich glaube, niemand in der Firma kann so gut Kunden umgehen wie ich."

> *Üben Sie: Doppelsinn aufgreifen*
>
> Formulieren Sie Antworten, die auf irgendeinen Doppelsinn Bezug nehmen. Nach Möglichkeit mündlich. Unsere Lösungsvorschläge sind auf Seite 223:
>
> 1. Ein Gerät geht kaputt. Sie rufen beim Kundendienst der Firma an, werden von einem zum anderen Berater durchgestellt. Schließlich haben Sie jemanden am Apparat, der für das Gerät zuständig ist. Seine erste Frage: „Haben Sie überhaupt einen Wartungsvertrag mit uns?"
> Ihre Antwort:
>
> 2. Ihnen unterläuft ein kleiner Fehler. Ihr Vorgesetzter, Herr Jonas, nimmt Ihnen das übel und fragt: „Sie wollen mich wohl fertig machen?"
> Ihre Antwort:
>
> 3. Ihr langjähriger Kollege, Herr Dittrich, hat sich einen schweren Fehler erlaubt. Als er dann noch versucht, die Sache auf andere zu schieben, wird er von den Kollegen geschnitten. Die Sekretärin bemerkt zu Ihnen: „Ich finde, eine solche Behandlung hat Herr Dittrich nicht verdient."
> Ihre Antwort:

Schlagfertigkeit hoch drei

Manche trauen sich nicht so recht, eine schlagfertige Antwort zu geben, weil sie befürchten: Ihr Gegenüber könnte ja auf ihre Antwort etwas erwidern, das ihnen dann doch wieder die Sprache verschlägt. Diese Angst ist häufig unbegründet. Vor allem wenn Sie Ihre Bemerkung so anbringen, dass Sie nach der Antwort Ihren Blick abwenden, wird es für den andern schwierig, noch einmal nachzukarten.

Doch sogar wenn er das tut, braucht Sie das nicht in Verlegenheit zu bringen. Denn erstens gewinnen Sie mit Ihrer ersten Antwort schon ein großes Stück Souveränität zurück, wohingegen Sie sich hilflos fühlen, wenn Sie von Anfang an schweigen. Und zweitens ist die Replik auf Ihre Replik in aller Regel deutlich schwächer. Ja, manchmal genügt es, diese Tatsache einfach nur festzustellen.

Beispiel: Der Rechtschreibkurs

Herr Mingers bemerkt über seinen Kollegen Hoebel, der sich in seinem Bericht mehrmals verschrieben hat: „Sie sollten mal einen Rechtschreibkurs besuchen." Herr Hoebel bemerkt trocken: „Den brauche ich nicht. Ich bin Linkshänder." Herr Mingers legt nach: „Ach, deshalb sind Sie so linkisch." Herr Hoebel zuckt kurz die Achseln und bemerkt: „Herr Mingers, das war jetzt aber eine ziemlich schwache Bemerkung."

Der Vorteil: Indem Sie die Reaktion „bewerten", zeigen Sie sich souverän. Sie beziehen den kränkenden Inhalt nicht auf sich, sondern kommentieren die ganze Sache als Versuch, Eindruck zu schinden. Das heißt: Ist die Antwort zur Abwechslung sogar einmal gelungen, vergeben Sie sich gar nichts, wenn Sie das zugeben: „Das war jetzt aber geistesgegenwärtig." Oder: „Donnerwetter, Sie sind ja noch schlagfertiger als ich."

Die Replik nochmals überbieten

Unter Umständen bietet es sich aber auch an, die Replik nochmals zu überbieten. Das ist gar nicht so schwer, wie Sie vielleicht meinen. Denn im Prinzip stehen Ihnen alle Schlagfertigkeitstechniken offen, die Sie hier kennen gelernt haben. Und da Sie erneut der Angegriffene sind, darf die Antwort einen Tick ruppiger ausfallen. Zugleich ist das Anforderungsniveau eher niedriger als zuvor. Also, auch wenn Ihre Replik nicht ganz meisterhaft ausfällt, haben Sie sich gut behauptet.

Beispiel: Linkisch

Nochmals Herr Mingers, Herr Hoebel und der Rechtschreibkurs. Auf die Bemerkung von Herr Mingers („Ach, deshalb sind Sie so linkisch.") erwidert Herr Hoebel: „Sie kennen sich aus." Oder: „Na, dann lieber linkisch als link, Herr Mingert."

Wir haben es bereits angedeutet: Wer nachkartet, der hat weniger Schonung verdient. Der andere fordert Sie ja regelrecht heraus, noch einmal nachzulegen. Und wenn er einen aggressiven Ton anschlägt, dann scheuen Sie sich nicht, entsprechend dagegenzuhalten – vor allem wenn sich der vernichtende Konter derartig aufdrängt wie im folgenden Beispiel:

Beispiel: Fett schwimmt oben

Herr Hehl bemerkt zu seiner etwas fülligen Kollegin, Frau Ranneberg: „Meine Güte, was sind Sie fett!" Frau Ranneberg erwidert: „Mir geht es bestens, Herr Hehl. Denn wie heißt es so schön? Fett schwimmt oben!" Die Kollegen schmunzeln über diese souveräne Antwort. Doch Herr Hehl wird ausfallend: „Ja, genau, Frau Ranneberg, Sch... schwimmt auch oben!" Aber

> Frau Ranneberg lässt sich nicht im Geringsten in Verlegenheit bringen, sondern bemerkt trocken: „Na, sehen Sie, Herr Hehl, dann schwimmen wir ja *beide* oben."

Sie brauchen nicht zu befürchten, dass auf Ihre Replik dann noch mal eine böse Bemerkung kommt. Sollte das dennoch der Fall sein, dann wirkt so eine Äußerung rechthaberisch, angestrengt und unsympathisch. Lassen Sie sich auf keine weitere Auseinandersetzung ein. Wenden Sie sich Ihrem Gegenüber noch einmal zu und erklären Sie mit ruhiger Stimme: „Lassen Sie es mal gut sein."

So werden Sie schneller

Worauf es bei der Schlagfertigkeit ganz besonders ankommt, ist nicht zuletzt die Geschwindigkeit. Sie müssen sehr rasch auf die Wörter zugreifen können, sonst nutzt Ihnen die ausgefeilteste Technik nichts. Nun ist es allerdings so, dass alle neuen Dinge, die wir erlernen, zunächst einmal eher langsam ablaufen. Wir sind noch etwas unbeholfen und brauchen recht viel Zeit.
Das kann dazu führen, dass Sie die eine oder andere Technik, die Sie einüben, wieder aufgeben, weil Sie meinen, dass Sie mit ihr nicht schnell reagieren können. Doch das ist ein Irrtum. Bleiben Sie bei einer Technik, wenn Sie den Eindruck haben, dass Sie dadurch brauchbare Antworten bekommen. Auch wenn es zunächst noch zu lange dauert, als dass Sie im „normalen Leben" die Technik einsetzen könnten. Sie müssen ein wenig Geduld haben. Erst wenn Ihnen die Technik als neues Ausdrucksmittel „in Fleisch und Blut" übergegangen ist, werden Sie sie voll ausschöpfen können. Und dann aber einen gewaltigen Schritt nach vorne tun.

Erst studieren, dann probieren
Wir haben es in diesem Buch ja ebenso gehalten: Zunächst geht es darum, das Prinzip einer bestimmten Technik zu verstehen. Dann sollten Sie sie praktisch ausprobieren. Durchaus in aller Langsamkeit. Wenn Sie sich hier viel Zeit nehmen, Ihre Antwort schriftlich niederlegen, so ist das in diesem frühen Stadium durchaus sinnvoll. Doch dabei dürfen Sie nicht stehen bleiben. Der nächste Schritt besteht darin, den Kugelschreiber wegzulassen, nur noch mündlich schlagfertig zu sein. Auch hier dürfen Sie es zunächst einmal langsam angehen lassen, nach Worten suchen und sich verbessern.

Die nächste Station ist dann das Training unter „realistischen" Bedingungen: Sie werden mit einem Vorwurf konfrontiert und müssen umgehend reagieren. Wichtig dabei: Sie müssen den Angriff *hören* und Ihre Erwiderung so *aussprechen*, wie Sie das auch unter normalen Bedingungen tun würden. Das mag vielleicht etwas beckmesserisch erscheinen, aber es ist sehr wichtig. Wenn Sie Ihre schlagfertigen Erwiderungen immer nur vor sich hin gemurmelt haben, können Sie kaum erwarten, unter normalen Bedingungen besonders schlagfertig zu sein. Sie müssen wissen, wie Ihre Stimme klingt, wie Sie Ihre Stimme als Gestaltungsmittel einsetzen können.

Training mit dem Kassettenrekorder

Außerordentlich hilfreich ist ein Kassettenrekorder. Besprechen Sie eine Kassette mit vielen verschiedenen Angriffen oder „Bemerkungen", gegen die Sie sich zur Wehr setzen wollen. Sie können sie diesem Buch entnehmen, aber auch eigene, „maßgeschneiderte" Angriffe sind sehr hilfreich. Vorwürfe und dumme Sprüche, die Sie sich eingeprägt haben oder die Sie sich immer wieder anhören müssen.

Für jede Antwort haben Sie zwölf Sekunden

Die Angriffe nehmen Sie auf. Am besten legen Sie eine Stoppuhr daneben und lassen zwischen jeder Äußerung eine Pause von zwölf Sekunden. Wenn Sie später das Band abhören, sprechen Sie in diese Pausen hinein Ihre Antwort. Zu Anfang werden Sie sicher viele Angriffe unbeantwortet lassen. Vielleicht geraten Sie auch mit dem nächsten Angriff durcheinander. Doch Sie werden sehen, von Mal zu Mal werden Sie sicherer. Die Angriffe und die Reihenfolge der Angriffe werden Sie schon bald kennen. Das macht nichts. Arbeiten Sie mit dieser Kassette, bis Sie alle Angriffe beantworten können.

Nehmen Sie Ihre Antwort auf

Lassen Sie nun die Kassette durchlaufen und nehmen Sie Ihre Antworten auf. Richtig, dazu brauchen Sie einen zweiten Kassettenrekorder oder ein Mehrspurgerät. Hören Sie später das Band ab.
- Wie klingt Ihre Stimme?
- Welche Antworten haben Ihnen am besten gefallen?
- Welche waren weniger gut? Warum?
- Was können Sie noch verbessern?

Tauschen Sie Ihre Kassetten aus

Sind Sie so weit gekommen, haben Sie Ihre Schlagfertigkeit schon erheblich verbessert. Sie sind ganz gewiss wesentlich schneller und sicherer in Ihren Antworten geworden. Die eine oder andere Technik beherrschen Sie vielleicht schon „wie im Schlaf". Doch die nächste Herausforderung steht Ihnen nun bevor: Tauschen Sie mit einem oder mehreren Trainingspartnern Ihre „Angriffskassetten" aus!
Selbstverständlich sollten Sie nicht wissen, welche Angriffe sich auf den Kassetten befinden. Und nun? Wie waren Sie? Seien Sie nicht zu streng mit sich. Bedenken Sie vor allem eins: Die Angriffe prasseln im 12-Sekunden-Abstand auf Sie ein. Anders als im „wirklichen Leben" sind sie nicht in eine bestimmte Situation eingebettet, sondern kommen aus den verschiedensten Zusammenhängen. Die müssen Sie erst einmal begreifen. Anders gesagt: Wenn Sie beim zweiten Abhören schon ein paar „Treffer" landen können, sind Sie richtig gut.

Trainieren Sie im Internet

Sie können Ihre Schlagfertigkeit auch spielerisch im Internet verbessern. Dazu gehen Sie einfach in einen „Chat". Und zwar nach Möglichkeit in einen „themenlosen" Chat, denn in einem themenbezogenen Chat („Formel-1-Freunde diskutieren über die rechte Hinterachse von Sebastian Vettels Rennwagen) haben Sie mit Ihrem Anliegen eigentlich nicht viel verloren.
Sie melden sich also in einem dieser Chats an. Sobald Sie die Spielregeln verstanden haben, fangen Sie an, einen der Teilnehmer ein wenig „anzufrotzeln", provozieren Sie ihn freundschaftlich. Werden Sie nicht richtig frech, sonst redet keiner mehr mit Ihnen. Alles, was Sie bezwecken, ist: Mehr oder weniger sanfte Gegenangriffe zu provozieren. Dann ist nämlich Ihre Schlagfertigkeit gefordert. Unter halbwegs realistischen Bedingungen, denn Sie müssen sehr schnell reagieren und müssen auch mit den Bemerkungen fertig werden, die Ihr „Konter" wiederum auslöst.
Kurzum, so ein Chat kann für das Schlagfertigkeitstraining ganz hilfreich sein. Allerdings gibt es einen gravierenden Nachteil: Sie geben Ihre Antworten immer nur per Tastatur. Auch wenn die Ausdrucksweise im Chat kaum als Schriftsprache zu bezeichnen ist – im Internet trainieren Sie nicht Ihre „Spreche".

Üben Sie: Angriffe kontern

Geben Sie auf die folgenden Angriffe und „Bemerkungen" jeweils drei passende Antworten. Ob Sie dabei eine Technik einsetzen und wenn ja, welche, steht Ihnen völlig frei. Vielleicht empfiehlt es sich dennoch, das Buch bis hierhin noch einmal durchzublättern und sich die einzelnen Techniken noch einmal in Erinnerung zu rufen, ehe Sie mit dem Training beginnen. Und dann legen Sie los! Unsere Lösungsvorschläge finden Sie ab Seite 224.

1. „Wieso müssen Sie Ihre schlechte Laune eigentlich an mir auslassen?"

Erste Antwort:
Zweite Antwort:
Dritte Antwort:

2. „Hören Sie doch auf, sich über Ihre Kollegen lustig zu machen!"

Erste Antwort:
Zweite Antwort:
Dritte Antwort:

3. „Sie haben aber eine lange Leitung!"

Erste Antwort:
Zweite Antwort:
Dritte Antwort:

4. „Vor einer Wochen haben Sie aber noch ganz anders geredet."

Erste Antwort:
Zweite Antwort:
Dritte Antwort:

5. „Glauben Sie wirklich, was Sie da reden?"

Erste Antwort:
Zweite Antwort:
Dritte Antwort:

6. „War das jetzt ein Witz?"

Erste Antwort:
Zweite Antwort:
Dritte Antwort:

7. „Verarschen kann ich mich auch selber!"
Erste Antwort:
Zweite Antwort:
Dritte Antwort:

8. „Drücken Sie sich immer so gespreizt aus?"
Erste Antwort:
Zweite Antwort:
Dritte Antwort:

9. Sie fragen nach den Öffnungszeiten. Eine Verkäuferin zeigt auf ein Schild und raunzt: „Da steht es doch! Können Sie nicht lesen?"
Erste Antwort:
Zweite Antwort:
Dritte Antwort:

10. Sie übertragen einem jungen Mitarbeiter die Aufgabe, Aktenordner einzustellen. Er zieht die linke Augenbraue leicht nach oben und bemerkt: „Und dafür habe ich nun studiert."
Erste Antwort:
Zweite Antwort:
Dritte Antwort:

11. „Fragen Sie doch nicht so blöd!"
Erste Antwort:
Zweite Antwort:
Dritte Antwort:

12. „Sie widersprechen mir doch nur, um Zeit zu gewinnen!"
Erste Antwort:
Zweite Antwort:
Dritte Antwort:

13. „Schau mal in den Spiegel, wie du aussiehst."
Erste Antwort:
Zweite Antwort:
Dritte Antwort:

14. „Als Chef sind Sie so blind wie ein Maulwurf."
Erste Antwort:
Zweite Antwort:
Dritte Antwort:

15. „Kaufen Sie Ihre Klamotten eigentlich immer noch auf dem Flohmarkt?"
Erste Antwort:
Zweite Antwort:
Dritte Antwort:

Am Ende zurück zum Anfang

Unser Schlagfertigkeitstraining ist jetzt fast beendet. Fast. Denn da war ja noch was. Ganz zu Anfang hatten wir Sie mit einigen unerfreulichen Situationen konfrontiert und Sie nach Ihrer Reaktion gefragt. Nun können Sie selbst feststellen, wie viel Ihr Schlagfertigkeitstraining gebracht hat. Denn nun werden wir Sie noch einmal fragen und wir sind sicher, dass Sie nun besser und schneller antworten können. Oder etwa nicht? Jeweils drei Lösungsvorschläge gibt es auf Seite 226.

- Sie sitzen in der Kantine und haben sich gerade einen Kaffee geholt. Da kommt ein Arbeitskollege vorbei und bemerkt: „Na, machen Sie wieder zwei Stunden Kaffeepäuschen?"

  Ihre Reaktion?

- Sie wollen heute frühzeitig nach Hause. Kurz vor Dienstschluss kommt Ihr Vorgesetzter mit einem Stapel Papier zu Ihnen und erklärt: „Da müssen Sie heute noch drüberschauen."

  Ihre Reaktion?

- Sie sitzen in einem Meeting. Als Sie gerade reden und die anderen Ihnen interessiert zuhören, sagt Ihr Nachbar laut: „Wann haben Sie sich denn das letzte Mal die Ohren sauber gemacht?" Die anderen lachen.

  Ihre Reaktion?

- Die neue Sekretärin hat für Sie einen Geschäftsbrief geschrieben, der voller Fehler steckt. Als Sie sie darauf aufmerksam machen, bemerkt sie leichthin: „Seien Sie mal nicht so pingelig. Seit der neuen Rechtschreibung weiß doch ohnehin keiner mehr, wie es richtig geschrieben wird."

    Ihre Reaktion?

    _____

- Sie halten eine Präsentation. Ein humorvoller Kollege hat Ihnen eine Folie untergeschmuggelt, auf der eine boshafte Karikatur Ihres Vorgesetzten zu sehen ist. Als Sie die Folie auflegen, ernten Sie schallendes Gelächter.

    Ihre Reaktion?

    _____

- Sie sprechen mit einem Kollegen. Ihnen unterläuft ein kleines Missgeschick. Ihr Kollege raunzt Sie an: „Sind Sie eigentlich blöd?"

    Ihre Reaktion?

    _____

- Sie sind Mitglied einer etwas antriebsschwachen Projektgruppe. Sie machen Vorschläge und versuchen die anderen ein wenig zur Mitarbeit anzuregen. Ein Kollege wirft Ihnen einen missbilligenden Blick zu und meint verächtlich: „Sind Sie hier der Chef? Oder was?"

    Ihre Reaktion?

    _____

Lösungsteil

Übung „Spielen Sie absurdes Theater" (S. 72)

1. „Sie tragen ja ein Toupet!"
   - „Was soll ich sonst damit machen? Jonglieren?"
   - „Dafür sind meine Brusthaare echt."
   - „Das ist eine Haarspende von Claudia Schiffer."
   - „Ich führe nur meinen blonden Schoßhund auf dem Kopf spazieren."

2. „Wissen Sie überhaupt, was Professor Müller mit dem Begriff Data Mining gemeint hat?"
   - „Ja, aber ich verrate es Ihnen nicht."
   - „Ja, die Erde ist doch eine Scheibe."
   - „Alles Müller oder was?"
   - „Ja, man kann es zusammenfalten und einen Hut daraus machen."

3. „Sie haben getrunken. Sie können nicht mehr fahren."
   - „Ach was, ich kann nicht fahren, wenn ich nicht getrunken habe."
   - „Was soll ich machen? Ich bin zu betrunken, um noch ein Taxi zu rufen."
   - „Ich weiß: Bei Alkohol Hände weg vom Steuer. Ich fahre ja auch freihändig."
   - „Wieso? Ich sehe doch jetzt alles doppelt."

4. „Na, das ist ja auch kein Wunder. Sie können eben nicht richtig mit Kunden umgehen."
   - „Doch, ich habe sogar einen Selbstverteidigungskurs gemacht."
   - „Doch, man setzt sich vor das Loch, in dem sie sich verkrochen haben, wartet einen Moment, und wenn ein Kunde rauskommt, dann schnappen Sie sich ihn und fressen ihn auf."
   - „Dafür kann ich mit brennenden Fackeln jonglieren."
   - „Also ich nehme immer viel Öl, dann werden sie knusprig und braun."

Antworten auf Fehlurteile und Unterstellungen (S. 81)

1. „Sie wollen mitfahren? Sie sind doch zu alt!"
   - „Gegendarstellung": „Ich bin keineswegs zu alt. Es handelt sich ja um eine normale Geschäftsreise und um keine Expedition in die Tropen."
   - Zurückweisung: „Das ist Ihre Ansicht. So ein Pech aber auch."
   - Nachfrage: „Was meinen Sie damit?"

Kommentar: Im Prinzip sind alle drei Antworten möglich. Wenn es sich aber um eine offensichtlich unsinnige Unterstellung handelt, entscheiden wir uns für die Zurückweisung.

2. „Sie fahren mit? Und die ganze Arbeit bleibt dann wieder an mir hängen!"
   – „Gegendarstellung": „Meine Arbeit bleibt nicht an Ihnen hängen. Wir tun alle unsere Arbeit."
   – Zurückweisung: „Sie meinen also, die Arbeit bleibt an Ihnen hängen. Ja, wenn Sie das glauben..."
   – Nachfrage: „Wieso glauben Sie das?"

Kommentar: Eine Zurückweisung ist zu scharf. Wir bevorzugen die Gegendarstellung.

3. „Na, das ist ja alles noch ein bisschen unausgegoren ..."
   – „Gegendarstellung": „Mein Konzept ist nicht unausgegoren. Ich habe verschiedene Vorschläge entwickelt und zeige ihre Konsequenzen auf."
   – Zurückweisung: „Sie finden das unausgegoren. Na und?"
   – Nachfrage: „Was finden Sie denn daran unausgegoren?"

Kommentar: Gegenüber einem Vorgesetzten ist die Zurückweisung viel zu aggressiv. Am geeignetsten ist sicher die Nachfrage.

4. „Als Brillenträger können Sie an der Gruppe aber nicht teilnehmen."
   – „Gegendarstellung": „Das stimmt nicht. Ich habe eine Sportbrille und treibe auch sonst Ballsport."
   – Zurückweisung: „Das ist Ihre Ansicht. Schön."
   – Nachfrage: „Wie kommen Sie darauf, dass mich meine Brille daran hindert, Volleyball zu spielen?"

Kommentar: Wenn Sie es sich mit Ihrem Kollegen nicht noch mehr verscherzen wollen, verzichten Sie auf die Zurückweisung. Besser erscheint uns die „Gegendarstellung", am besten die Nachfrage – mit nachgeschobener „Gegendarstellung".

Übersetzen Sie mit der Honigzunge (S. 87)

1. „Sie sind ein Kamel!" – „Ja, ich bin am belastbarsten von der ganzen Karawane."
2. „Sie sind eine Marionette der Geschäftsführung." – „Ja, man braucht viel Fingerspitzengefühl, um mich zu führen."
3. „Sie sind der faulste Mitarbeiter hier. Sie gehen immer als erster." – Ja, ich bin der einzige, der so effektiv arbeitet, dass er bis Dienstschluss fertig wird."
4. „Sie benehmen sich hier wie die Axt im Wald!" – „Ja, vor mir sinken die stärksten Bäume auf den Boden."
5. „Sie sind ein alter Knacker." – „Sie meinen alt, aber immer noch knackig."

Übersetzen Sie mit der Giftzunge (S. 89)

1. „Na, so was! Da habe ich so viele Leute eingeladen. Und ausgerechnet du kommst als erstes!" – „Bin ich dir so unwichtig, dass du es als Zumutung empfindest, die ersten Minuten mit mir zu verbringen? Danke, ich kann auch wieder gehen."

2. „Ich schaue ja kaum Fernsehen. Ich habe Besseres zu tun." – „Du willst sagen, ich bin ein träger Sack, der seine Freizeit vor der Glotze abhängt, weil ihm nichts Besseres einfällt? Danke für das Kompliment."

3. „Ich sage immer: Wer teure Geschenke macht, der hat's irgendwo auch nötig." – „Du meinst, ich hätte meine Frau hintergangen und würde ihr zum Ausgleich eine Brosche kaufen? Das ist ja wohl eine Frechheit."

Übersetzen Sie mit der diplomatischen Zunge (S. 92)

1. „Ach, hören Sie doch auf! Sie sind doch nur so eine Schießbudenfigur!"
   - „Sie sind enttäuscht, weil der Geschäftsführer nicht gekommen ist." (Ich-Ebene, Sie zeigen Verständnis, nehmen sich selbst aus der Schusslinie.)
   - „Sie meinen, ich hätte Ihnen nichts Wesentliches zu sagen." (Du-Ebene, Sie entschärfen den Angriff, um dann dazu Stellung zu nehmen – hoffentlich haben Sie etwas Wesentliches zu sagen ...)
   - „Sie meinen, wir sollten die Versammlung auflösen!" (Appell-Ebene, Sie kürzen die Sache ab oder spitzen sie zumindest zu.)

2. „Ach, lassen Sie mich doch bloß in Ruhe mit Ihrer verfluchten Zeitschrift!"
   - „Sie meinen, Sie haben schon genug zu lesen." (Ich-Ebene; er hat das Problem, Sie können unbeschwert Ihren Weg fortsetzen.)
   - „Sie meinen, ich sollte als Obdachloser lieber keine Zeitungen verkaufen." (Du-Ebene; Angriff entschärft und zu dem Thema hätten Sie sicher eine Menge zu sagen.)
   - „Sie meinen, wir sollten besser nicht miteinander sprechen." (Wir-Ebene; Angriff entschärft, lassen Sie den ungeselligen Menschen stehen.)

3. „Sie sind wirklich total unfähig!"
   - „Sie sind sehr wütend, weil Ihre Datei verloren ist." (Ich-Ebene; der arme Mann hat tatsächlich ein Problem, während Sie sich gleich wieder an Ihre Arbeit setzen können.)
   - „Sie meinen, wir hätten die Datei vorher abspeichern sollen." (Wir-Ebene; jetzt sitzt er mit im Boot.)
   - „Sie meinen, ich hätte dafür sorgen müssen, dass es keinen Programmabsturz gibt." (Du-Ebene; Angriff entschärft; falls nötig, sollten Sie eine Erklärung parat haben, dass nicht Sie für den Programmabsturz verantwortlich sind, sondern die Software, also allenfalls die Programmierer.)

Eine Antwort für Herrn Dittel (S. 115)

1. „Seien Sie doch froh, Herr Menke: Jetzt kennen wir schon drei Lokale, die wir nächstes Mal nicht abklappern müssen!" (absurder Vorteil)

2. „Ich führe Sie doch nicht, Herr Menke, Sie laufen mir nach." („Gegendarstellung")

3. „Noch ein Ton der Beschwerde, Herr Menke: Und Sie können zu Fuß laufen!" (absurdes Theater)

Hämische Kommentare parieren (S. 120)

1. „Kommt jetzt wieder so ein brillanter Vorschlag von Ihnen?" – „Ob er brillant ist, wird sich zeigen. Aber wir sollten schon darüber reden, oder?"
Kommentar: Stufe 3 bis 4. Ihr Kollege mag genervt sein, doch ist das kein Grund, Vorschläge, die von Ihnen kommen, abzuwürgen.

2. „Sie sind der genialste Mitarbeiter hier." – „Also genial ist vielleicht ein bisschen übertrieben. Aber ich bin schon ganz gut."
Kommentar: Stufe 4 (Wörtlich nehmen), unter Umständen sogar 5 (zurückweisen). Ihr Gegenüber hat sich offensichtlich einen Anlass gesucht, um Sie herabzusetzen.

3. „Das ist ja hoch interessant, was Sie alles wissen." – „Warten Sie mal ab. Ich bin noch lange nicht fertig."
Kommentar: Stufe 2 bis 3; nehmen Sie es lustig oder gehen Sie einfach darüber hinweg.

4. „Toll, Sie haben ja ein neues Wort erfunden!" – „Ich muss Sie enttäuschen. Ich habe mich einfach nur versprochen."
Kommentar: Stufe 4; die hämische Bemerkung ist schon recht feindselig; aus nichtigem Anlass sollen Sie in die Pfanne gehauen werden; daher besser kein humoristischer Kommentar.

5. „Ich unterbreche Sie ja ungern, aber hätten Sie freundlicherweise eine Minute Zeit für mich?" – „Für Sie nehme ich mir sogar zwei Minuten Zeit."
Kommentar: Reaktion auf der „untersten Stufe" angemessen: mitspielen; die Bemerkung ist nicht feindselig, das Anliegen des Kunden berechtigt.

Beleidigungen parieren (S. 128)

1. „Wie laufen Sie denn hier rum? Wie der letzte Müllsack!"
   - „Ich habe gar nicht gewusst, dass Müllsäcke laufen können. Abgesehen von Ihnen natürlich."
   - „Sie sollten doch wissen: Bei Müllsäcken kommt es nicht auf das Äußere an, sondern darauf, was drinnen steckt."

2. „Also, wenn Sie meine Ansicht hören wollen, Sie sind doch psychisch gestört!"
   - „Ach was! Sie suchen doch nur einen Dummen, der mit Ihnen in die Gruppentherapie geht!"
   - „Ach was! Wer in Ihrer Gegenwart nicht durchdreht, dem ist nicht zu helfen!"

3. „Sie sind eine falsche Schlange!"
    - „Sie brauchen nicht zu glauben, dass ich eine falsche Schlange bin, nur weil Sie ein falscher Hase sind!"
    - „Also gut, ich bin nicht echt, aber Sie sind eine richtige Schlange!"
4. „Sie könnten sich eigentlich mal waschen ..."
    - „Und Sie könnten mich eigentlich auch mal..."
    - „Nein, dann müssten Sie ja gar allein hier rumstinken."
5. „Körperpflege ist wohl ein Fremdwort für Sie."
    - „Nein, Körperpflege ist ein tägliches Vergnügen für mich."
    - „Mit Fremdwörtern kenne ich mich gut aus. Und Sie?"

Anzügliche Bemerkungen kontern (S. 136)
1. „Na, die kleine Heinze aus dem Vertrieb – wär die nichts für Sie?" – „Ach, Sie sind Frauenhändler?"
2. „Das, was Sie gestern anhatten, das hat mir irgendwie besser gefallen." – „Oh, ich wusste gar nicht, dass Sie Frauenkleider tragen."
3. „Nun geben Sie es schon zu: Sie wären doch ganz wild darauf, mit mir eine Nacht zu verbringen." – „Wieso meinen Sie das? Weil ich dann die Schlaftablette spare?"
4. „Sie sagen ja gar nichts. Frauen interessieren Sie wohl nicht. Sind Sie schwul?" – „Nein, ich bin erwachsen. Deshalb kann ich nicht drüber lachen."

Scherzhafte Bemerkungen als Entkrampfungsmittel (S. 141)
1. Fall: Steckengebliebener Fahrstuhl
    - „Was machen wir solange, bis die uns hier rausholen? Verstecken spielen?"
    - „Sollen wir uns eine Pizza kommen lassen?"
2. Fall: Umgekippte Weinflasche.
    - „Haben wir unseren Wein zu langsam getrunken?"
    - „Wenn Sie das nächste Mal nachschenken, dann bitte *in* die Gläser."
3. Fall: Versprecher „Blickpunkt"
    - „Das ist der komplizierteste Teil meiner Rede."
    - „Ich habe so meine Probleme mit diesen Fremdwörtern."
4. Fall: Alarm im Kaufhaus.
    - „Ihre Alarmanlage funktioniert wohl nur, wenn ein ehrlicher Kunde hier durchgeht."
    - „Jetzt sagen Sie mir bloß nicht, ich habe wieder keine Weltreise gewonnen."

5. Fall: Rede mit „Toilettenfehler"
   – „Danke für die Wortmeldung. Ist Ihnen sonst noch was aufgefallen?"
   – „Ich hoffe, die Rede war auch sonst ganz anregend."

Die SIHR-Technik (S. 148)

1. „Sie haben aber große Füße." – „Sie haben Recht, in meinen Hausschuhen hat vorher eine Bärenfamilie gewohnt!"
2. „Sie sind aber ungebildet." – „Sie haben Recht, ich dachte immer, das Nibelungenlied wäre von Heino!"
3. „Sie sollten nicht so viel reden." – „Sie haben Recht, dann würde ich nämlich merken, dass ich taub bin!"
4. „Sie legen wohl nicht viel Wert auf gepflegtes Aussehen." – „Sie haben Recht, die Gesundheit meiner Kopfläuse ist mir wichtiger!"
5. „Sie haben wohl gar keinen beruflichen Ehrgeiz." – „Sie haben Recht, jede Beförderung mussten meine Vorgesetzten immer gegen meinen entschiedenen Widerstand durchsetzen!"
6. „Sie könnten auch mal wieder bei sich aufräumen." – „Sie haben Recht, die ersten Kellerasseln sind ausgezogen, weil es ihnen bei mir zu unordentlich war!"

Anspielungen (S. 154)

1. Sie wollen sagen, dass Sie sehr müde sind.
   – „Ich fühle mich wie ein Sandsack nach einer Trainingsstunde mit Mike Tyson."
   – „Ich bin so müde wie die Witze von Stefan Raab."
2. Sie wollen sagen, dass Sie die letzte Bemerkung überhaupt nicht lustig fanden.
   – „Ihr Humor befindet sich wie die T-Aktie aktuell im Allzeittief."
   – „In den Worten des englischen Königshauses: We are not amused."
3. Sie wollen sagen, dass Sie früher gehen wollen.
   – „Der Mohr hat seine Schuldigkeit getan, der Mohr muss früher gehen."
   – „Ich reiche meinen vorzeitigen Rücktritt ein."
4. Sie wollen sagen, dass Sie eine Gehaltserhöhung verlangen.
   – „Ich will mehr Geld. Aus Freude am Baren."
   – „Wer sich täglich so erniedrigt wie ich, braucht eine Erhöhung."
5. Ihnen ist ein Versprecher unterlaufen, später bleiben Sie wieder an dem gleichen Wort hängen.
   – „Da kann ich mit Britney Spears nur sagen: „Ooops, I did it again."
   – „Diese Wiederholung meines Versprechers wurde Ihnen präsentiert von Krombacher und den Obibaumärkten!"

Den Sinn für Doppelsinn (S. 157)

Schraube: Schraube (zum Eindrehen), Schiffsschraube, die Daumenschrauben ansetzen/anziehen, Schrauben nachziehen, alte Schraube, Schreckschraube, Rumgeschraube, geschraubt sprechen, sich hochschrauben, Salto mit dreifacher Schraube.

Leitung: Strom- oder Wasserleitung, Leitung einer Firma oder eines Orchesters, eine lange Leitung haben, auf der Leitung stehen
Eis: Speiseeis, Glatteis, Eis im Drink, das Eis ist gebrochen, sich auf dünnem Eis bewegen, die Kuh vom Eis holen.

Bart: Bart (Haare im Gesicht), Schlüsselbart, jemandem um den Bart gehen, Milchbart, Bart Simpson (überhaupt als Name), der Bart ist ab!, um des Kaisers Bart streiten, der Witz hat so'nen Bart (ist veraltet), beim Barte des Propheten, Blaubart.

Fahne: Fahne (als Flagge), Alkoholfahne, die Fahne hochhalten, um die Fahne scharen

Draht: Draht (als schnurartiges Metall), drahtig, einen guten Draht haben, auf Draht sein, Drahtesel (für Fahrrad), Drahtzieher, ein Drahtseilakt.

Gegenkonter (S. 163)

1. „Sie kennen sich bei allen Sachen nur sehr oberflächlich aus." – „Wie gut, dass es bei Ihnen umgekehrt ist: Sie haben ein fundiertes Wissen – über gar nichts."

2. „Als die Intelligenz verteilt wurde, da hatten Sie wohl gerade Ihren freien Tag." – „Allerdings, deswegen habe ich mich gleich vorne angestellt. Sie mussten den ganzen Tag wohl richtig hart arbeiten, was?"

3. „Ich glaube, in Ihrem Hirn gibt es irgendwo eine undichte Stelle." – „Ich weiß, bei Ihnen ist das Hirn vakuumverpackt."

4. „Sie sollten mal langsam aufhören, hier den Idioten zu spielen." – „Ich möchte eben nicht, dass Sie sich einsam fühlen."

Akupunktur (S. 165)

1. „Ich habe den Eindruck, dass Sie sich bei uns hier auf die faule Haut legen."
   - Dem eitlen Angreifer: „Faule Haut? Oh je, hätten Sie wohl ein wenig Hautcreme für mich?"
   - Dem geizigen Angreifer: „Legen? Um Gottes Willen, bei Ihnen arbeite ich nur in Stehen, um die Büromöbel zu schonen."
   - Dem grausamen Angreifer: „Ich weiß, Sie würden mich lieber in siedendes Öl legen."

2. „Sie haben wohl nur wirre Ideen im Kopf."
   - Dem eitlen Angreifer: „Ich kann Sie beruhigen, so lange sie im Kopf sind, ruinieren Sie einem nicht die Frisur."
   - Der geizigen Angreifer: „Ich weiß, bei sich selbst haben Sie alles, was im Kopf ist, schon längst eingespart."

- Dem grausamen Angreifer: „Sie wollen mir ja nur ein Loch hineinbohren und nachschauen."

3. „Merken Sie eigentlich gar nicht, wie lächerlich Sie sich in den letzten Monaten benommen haben?"
   - Dem eitlen Angreifer: „Wieso? Passte mein Outfit nicht zu Ihren Kroko-Schuhen?"
   - Der geizigen Angreifer: „Was habe ich getan? Habe ich Ihnen zu viel Luft aus Ihren Büroräumen geatmet?"
   - Dem grausamen Angreifer: „Warum sagen Sie das? Ist in Ihrer Folterkammer gerade ein Platz frei geworden?"

Der Korken im Ohr (S. 168)
1. „Das war einfach nur dumm und plump" – „Es macht brumm und pumpt? Das wird wohl eine Motorpumpe sein, wenn Sie mich fragen."
2. „Sie sind völlig inkompetent." – „Sie haben gestern im Korn gepennt? Oh, dann sind Sie heute bestimmt nicht ausgeschlafen."
3. „Haben Sie Tomaten auf den Ohren?" – „Ihre Automaten sind erfroren? Ja, Sie dürfen sie halt abends nicht draußen herumstehen lassen."
4. „Was sind Sie nur für ein hirnverbrannter Idiot!" – „Sie suchen nach einem angebrannten Gummiboot? Schauen Sie mal in die Kleinanzeigen, vielleicht verkauft da einer so was."

Tierbilder (S. 173)
1. *Ferkel:* Ist bekannt dafür, sich mit Vergnügen im Dreck zu wälzen. Gleicht folgendem Diskussionsverhalten: Ihr Gegenüber startet unsachliche oder persönliche Angriffe („Dreck") und merkt nicht, dass der Dreck an ihm selbst kleben bleibt.
2. *Elefant:* Ist bekanntlich ein Dickhäuter; wenn er irgendwo drauftritt, merkt er das gar nicht. Gleicht folgendem Diskussionsverhalten: Kümmert sich nicht um die Auswirkungen seiner Argumente, keine Rücksicht auf andere, er erkennt gar nicht, wenn sie sich durch ihn verletzt fühlen.
3. *Kettenhund:* Ist bekannt dafür: kläfft jeden an, der sich ihm nähert, hat einen sehr begrenzten Aktionsradius. Gleicht folgendem Diskussionsverhalten: Aggressiv; bringt immer die gleichen Argumente, ist nicht bereit, sich auf andere Sichtweisen einzulassen.

Unterstellungsfragen ausheben (S. 187)
1. „Sie haben ja schon wieder den Termin nicht eingehalten! Wieso schaffen Sie eigentlich Ihre Arbeit nicht?" – „Der Kunde hat sich kurzfristig um entschieden, allein deswegen hat sich der Termin verschoben. Selbstverständlich schaffe ich unter normalen Umständen meine Arbeit."

2. „Von Ihnen kommen auch keine neuen Ideen mehr. Wollen Sie nicht langsam in den Ruhestand gehen?" – „Ich habe viele neue Ideen. Leider werden sie nicht umgesetzt. Wenn jemand in den vorzeitigen Ruhestand gehen sollte, dann doch wohl eher die Bremser."

3. „Seit vier Jahren waren Sie auf keiner Fortbildung. Wie sollen wir eigentlich auf einen grünen Zweig kommen, wenn Sie kein neues Wissen mehr annehmen wollen?" – „Ich war auf keiner Fortbildung, weil ich hier unabkömmlich war. Also können Sie nicht behaupten, dass ich kein neues Wissen annehmen will."

4. „Ihre Leute tanzen Ihnen doch auf der Nase herum. Wie wollen Sie sich eigentlich noch Respekt verschaffen?" – „Wie kommen Sie darauf, dass meine Leute mir auf der Nase herumtanzen? Wir pflegen einen lockeren kollegialen Umgang, der getragen ist von gegenseitigem Respekt. Insoweit sehe ich keinen Grund, mir Respekt zu verschaffen."

Gegensog aufbauen (S. 194)

1. „Wollen Sie gleich eine Rauchpause machen? Oder erst in einer halben Stunde?" – „Vielleicht sollten wir erst mal darüber sprechen, ob wir überhaupt eine Rauchpause brauchen?"

2. „Sie haben doch sicher nichts dagegen, wenn ich Sie neben Herrn Künstle setze?" – „Ich habe nichts gegen Herrn Künstle, aber ich würde lieber neben Frau Ulrich sitzen."

3. „Wären Sie so freundlich und halten mal eben zwei Minuten meinen Hund? Ich muss eben mal kurz in die Apotheke und da darf der nicht mit!" – „Nein, ich bin nicht so freundlich. Ich muss zum Bus."

Abgedroschene Redensarten ersetzen (S. 198)

1. „Wir müssen das Rad nicht neu erfinden." (= Wir können etwas übernehmen, auf vorhandene Ideen aufbauen) – „Das Haus steht schon. Wir müssen nur noch das Dach draufdecken."

2. „Die Ratten verlassen das sinkende Schiff." (= die letzten verlieren die Hoffnung auf Besserung; häufig abwertend gemeint) – „Jetzt verdorrt sogar schon das Unkraut."

3. „Machen Sie doch nicht aus einer Mücke einen Elefanten." (= (a) jemand übertreibt maßlos oder (b) macht sich übertriebene Sorgen) – (a) „Eins und eins ergibt zwei und nicht elf."; (b) „Bevor Sie sich trauen eine Kerze anzuzünden, kaufen Sie sich einen Feuerlöscher."

4. „Wir sitzen doch alle im selben Boot." (= wir sind alle aufeinander angewiesen) – „Wir stehen zusammen wie ein Stapel Suppendosen. Zieht jemand unten eine raus, fällt alles in sich zusammen."

Bilder (S. 200)

Ihre *Familie* ist z. B. wie die Sonne. Sie gibt Wärme, Kraft zum Wachsen.

Ihr *Beruf* ist z. B. wie ein Fahrstuhl. Man muss nur die richtigen Knöpfe drücken, um schnell nach oben zu kommen.

Ein *ehrgeiziger Mensch* ist wie eine Zitrone. Gesund für alle anderen in der Abteilung (Ansporn), aber ungenießbar, wenn man mit ihm allein zu tun hat.

Eifersucht ist wie eine Zunge, die immer wieder über einen schmerzenden Zahn fährt. Weil sie schmerzhaft ist, immer wiederkehrt und man zwanghaft immer wieder zu diesem Gefühl zurückkehrt.

Gleichartiges und Gegensätzliches (S. 202)

1. „Hören Sie auf, hier so einen Krach zu schlagen."
   - Hören Sie auf, hier so eine Ruhe zu schlagen.
   - Fangen Sie an, hier so einen Krach zu schlagen.
   - Hören Sie auf, hier so einen Krach zu erdulden.

2. „Würden Sie mich bitte später noch einmal anrufen?"
   - Würden Sie mich bitte früher noch einmal anrufen?
   - Würden Sie mich danke später noch einmal anrufen?
   - Würden Sie mich bitte später noch einmal auflegen?
   - Würden Sie sich bitte später noch einmal anrufen?

3. „Ich verstehe nicht, warum wir diese lächerliche Kleinigkeit nicht schon längst erledigt haben!"
   - Ich verstehe nicht, warum wir diese weinerliche Kleinigkeit nicht schon längst erledigt haben!

4. „Sie leben wohl hinter dem Mond."
   - Sie sterben wohl hinter dem Mond.
   - Sie leben wohl hinter der Sonne.

5. „Kommen Sie eigentlich morgen zur Eröffnung der Ausstellung?"
   - Kommen Sie eigentlich gestern zur Eröffnung der Ausstellung?
   - Kommen Sie eigentlich morgen zur Schließung der Ausstellung?

6. „Geben Sie mir bitte die Gabel."
   - Nehmen Sie mir bitte die Gabel.
   - Geben Sie sich bitte die Gabel.

Doppelsinn aufgreifen (S. 205)

1. „Haben Sie überhaupt einen Wartungsvertrag mit uns?" – „Ich habe schon lange genug in der Leitung gewartet. Da brauch ich keinen Vertrag."

2. „Sie wollen mich wohl fertig machen?" – „Sie fertig machen? Aber Herr Jonas, Sie sind doch perfekt, so wie Sie sind."

3. „Ich finde, eine solche Behandlung hat Herr Dittrich nicht verdient." – „Ich finde, Herr Dittrich hat hier schon mehr als genug verdient."

Abschlusstraining: Angriffe kontern (S. 210)

1. „Wieso müssen Sie Ihre schlechte Laune eigentlich an mir auslassen?"
   - „Gesetzliche Vorschrift. Paragraf 195 Betriebsverfassungsgesetz." (Absurdes Theater)
   - „Das ist nicht meine schlechte Laune. Ich bin einfach nur böse auf Sie." („Gegendarstellung")
   - „Wieso glauben Sie, dass ich schlecht gelaunt bin?" (Nachfrage)

2. „Hören Sie doch auf, sich über Ihre Kollegen lustig zu machen!"
   - „Mit Humor geht alles besser." (Instant-Satz)
   - „Und wer sorgt dann für die gute Stimmung?" (Umdeuten)
   - „Sie meinen, Sie könnten das besser?" (Angriff zurücklenken)

3. „Sie haben aber eine lange Leitung!"
   - „Lieber eine lange Leitung als einen kurzen Verstand." (Instant-Satz)
   - „Nur weil Sie dauernd auf der Leitung stehen, habe ich noch lange keine lange Leitung." (Doppelsinn)
   - „Ja, wenn ich schon mal die Leitung übernehme, dann möglichst lange." (Doppelsinn)

4. „Vor einer Wochen haben Sie aber noch ganz anders geredet."
   - „Ja, ich lerne schnell dazu." (Dolmetscher: Honig-Zunge)
   - „Jetzt seien Sie mal nicht so nachtragend." (scherzhafte Übertreibung)
   - „Vor einer Woche war diese Auffassung ja auch noch richtig." (Richtigstellung)

5. „Glauben Sie wirklich, was Sie da reden?"
   - „Ich glaube immer, was ich rede. Sie etwa nicht?" (Richtigstellung mit suggestiver Gegenfrage)
   - „Ich glaube es nicht, ich weiß es." („Gegendarstellung")
   - „Sie meinen, ich stelle mich vor Sie hin und erzähle Ihnen Lügenmärchen?" (Dolmetscher-Technik: Giftzunge)

6. „War das jetzt ein Witz?"
   - „Ja, für Leute mit Humor." (Angriff zurücklenken)
   - „Nein, aber furchtbar komisch." (scherzhafte Richtigstellung)
   - „Nein, ich lache über Sie." (Zurückweisung, mit Gegenangriff)

7. Verarschen kann ich mich auch selber!"
   - „Das stimmt, aber ich kann es besser." (Rechtgeben mit Gegenkonter)
   - „Beeindruckende Leistung." (absichtliches Missverständnis)
   - „Ich weiß, Sie trainieren ja auch jeden Tag." (Rechtgeben mit Missverständnis)

8. „Drücken Sie sich immer so gespreizt aus?"
   - „Ich versuche mich meinen Zuhörern anzupassen." (Instant-Satz)
   - „Sie meinen, ich sollte das Niveau etwas absenken, damit Sie noch folgen können." (Dolmetscher-Technik: Gift-Zunge)
   - „Was meinen Sie bitte mit „gespreizt"?" (Nachfrage)

9. „Da steht es doch! Können Sie nicht lesen?"
   - „Doch, ich kann lesen. Und Sie können mich auch ..." (Zurückweisung)
   - „Doch, ich kann lesen. Soll ich es Ihnen beibringen?" (Angriff zurücklenken)
   - „Sie meinen, weil ich das Schild nicht gleich gesehen habe, das Sie den ganzen Tag vor der Nase haben, kann ich nicht lesen."
     (Dolmetscher-Technik: Diplomatische Zunge)

10. „Und dafür habe ich nun studiert."
    - „Wofür haben Sie masturbiert?" (Korken im Ohr)
    - „Sie meinen, wir sollten Sie rauswerfen und einen Klippschüler dafür einstellen." (Dolmetscher-Technik: Gift-Zunge)
    - „Ich wusste nicht, dass Sie für unser Unternehmen überqualifiziert sind." (scherzhafte Übertreibung)

11. „Fragen Sie doch nicht so blöd!"
    - „Ich frage nicht Blöd, ich frage Sie." (Missverstehen)
    - „Es gibt keine blöden Fragen. Nur blöde Antworten. Ihre zum Beispiel." (Zurückweisen)
    - „Wie kommen Sie darauf, ausgerechnet Sie hätten eine kluge Frage verdient?" (Gegenfrage)

12. „Sie widersprechen mir doch nur, um Zeit zu gewinnen!"
    - „Und wenn Sie mir widersprechen, dann um meine Zeit zu stehlen." (Konter)
    - „Sie wollen damit sagen, ich halte Sie mit meiner unsachlichen Kritik davon ab, Ihre Arbeit zu tun?" (Dolmetschertechnik, Giftzunge)
    - „Wenn wir Ihren Vorschlag umsetzen, dann werden wir alle Zeit verlieren." (Konter)

13. „Schau mal in den Spiegel, wie du aussiehst."
    - „Schau mal in den Abfalleimer, wie du aussiehst." (Konter)
    - „Mach ich doch schon. Und ich bin jedes Mal begeistert." (Wörtlich nehmen)
    - „Ich brauche keinen Spiegel. Mir genügen die neidischen Blicke der anderen." (absichtliches Missverstehen)

14. „Als Chef sind Sie so blind wie ein Maulwurf."
    - „Sie haben recht, ich finde auch blind meinen Weg." (Dolmetscher-Technik: Honigzunge)
    - „Na, dann sehen Sie sich mal vor. Maulwürfe fressen Würmer." (Umdeutung)
    - „Aber ich wühle mich durch die größten Hindernisse." (Dolmetscher-Technik: Honigzunge)

15. „Kaufen Sie Ihre Klamotten eigentlich immer noch auf dem Flohmarkt?"
    - „Nein, sonst wären wir uns ja bestimmt schon mal begegnet." (Beleidigung umdrehen)
    - „Wieso glauben Sie das?" (Gegenfrage)
    - „Wie heißt es so schön? Reite einen Tiger und es wird dir schwer fallen, abzusteigen." (Absurdes Sprichwort)

Am Ende zurück zum Anfang (S. 212)

„Na, machen Sie wieder zwei Stunden Kaffeepäuschen?"
- „Warum fragen Sie? Suchen Sie wieder jemanden, der Ihnen Gesellschaft leistet bei Ihrer fünfstündigen Pinkelpause?"
- „Zwei Tage! Zwei Stunden brauche ich doch allein zum Umrühren."
- „Das ist nicht meine Kaffeepause. Das ist mein Erholungsurlaub von Ihren Sprüchen."

„Da müssen Sie heute noch drüberschauen."
- „Was meinen Sie mit drüberschauen?"
- „Heute noch drüberschauen dauert aber bis morgen."
- „Sie meinen, ich sollte meinen Arbeitstag noch um drei Stunden verlängern."

„Wann haben Sie sich denn das letzte Mal die Ohren sauber gemacht?"
- „Sie machen sich Gedanken über meine Ohren. Ich mache mir Gedanken über unsere Absatzstrategie."
- „Interessante Methode, das Gesprächsthema zu wechseln."
- „Ich merke, Sie sind konzentriert bei der Sache."

„Seien Sie mal nicht so pingelig. Seit der neuen Rechtschreibung weiß doch ohnehin keiner mehr, wie es richtig geschrieben wird."
- „Na ja, wer Ihren Brief bekommt, der weiß zumindest, wie es falsch geschrieben wird."
- „Sie meinen, ich bin pingelig, weil ich einen fehlerstrotzender Brief nicht hinnehme."
- „Sie hoffen darauf, dass der Empfänger genauso ahnungslos ist wie Sie."

Ein humorvoller Kollege hat Ihnen eine Folie untergeschmuggelt, auf der eine boshafte Karikatur Ihres Vorgesetzten zu sehen ist. Als Sie die Folie auflegen, ernten Sie schallendes Gelächter.
- „Wer jetzt am lautesten lacht, der hat mir die Folie untergeschmuggelt."
- „Es freut mich, dass Sie die Folie so sehr erheitert. Aber ich muss Ihnen etwas gestehen: Man hat sie mir untergeschmuggelt."
- „Heiterkeit kennt keine Grenzen. Offenbar auch keine Grenzen des guten Geschmacks."

Ihr Kollege raunzt Sie an: „Sind Sie eigentlich blöd?"
- „Sagen Sie das zu jedem, dem ein Missgeschick passiert?"
- „Nein. Und wie steht es mit Ihnen?"
- „Wieso? Suchen Sie Gleichgesinnte?"

„Sind Sie hier der Chef? Oder was?"
- „Wieso? Würden Sie dann endlich was für unser Projekt tun?"
- „Ich bin nicht der Chef, ich mache nur konstruktive Vorschläge. Stört Sie das?"
- „Brauchen wir hier einen Chef? Oder was?"

Über den Autor

Dr. Matthias Nöllke schreibt Bücher, hält Vorträge und arbeitet für den Bayerischen Rundfunk. Er ist Autor zahlreicher Hörfunksendungen mit einem besonderen Zugang zum Thema („Machtspiele", „Menschenaffen. Wie die Tiere sprechen lernten", „Einstürzende Sandhaufen. Die einfachen Gesetze der Katastrophen", „Von den Bienen und den Schmetterlingen. Was Sie schon immer über Unternehmensführung wissen wollten", „Die einzige Art Nüsse zu knacken. Die Kultur der Tiere", „Über Intelligenz. Warum wir alle so klug sein wollen" u. v. m.).

Im Haufe Verlag sind von ihm unter anderem die Bücher erschienen: „Von Bienen und Leitwölfen", „Small Talk" und „Machtspiele".

Literatur

Berckhan, Barbara: Die etwas intelligentere Art, sich gegen dumme Sprüche zu wehren. München 1998.

Berger, Peter L.: Erlösendes Lachen. Berlin 1998.

Dahms, Christoph; Dahms, Matthias: Die Magie der Schlagfertigkeit. Wermelskirchen 1995.

Ekman, Paul: Gesichtsausdruck und Gefühl. Paderborn 1988

Fichtl, Gisela: Der ZitateGuide. Plan egg 2001.

Landau, Terry: Von Angesicht zu Angesicht. Was Gesichter verraten und was sie verbergen. Heidelberg 1993.

Nöllke, Claudia; Nöllke, Matthias: Frauen tricksen besser. München 2001.

Nöllke, Matthias: Schlagfertigkeit. Planegg 1999.

Nöllke, Matthias: Konflikte mit Kollegen und Chefs. Planegg 2000.

Pöhm, Matthias: Nicht auf den Mund gefallen! Landsberg am Lech 1998.

Titze, Michael; Eschenröder, Christoph: Therapeutischer Humor. Frankfurt am Main 1998.

Sabine Peipe

Crashkurs Projektmanagement

6. Auflage

inklusive Arbeitshilfen online

ca. 224 Seiten
Buch: € 19,95 [D]
eBook: € 16,99 [D]

Projektmanagement für Einsteiger

Ein fiktives Beispielprojekt, das sich als roter Faden durch das gesamte Buch zieht, macht jeden Abschnitt anschaulich und erleichtert den erfolgreichen Transfer in die Praxis. Vorausschauende Planung wird dabei ebenso erklärt, wie die effiziente Organisation und der erfolgreiche Projektabschluss.

Jetzt bestellen!
www.haufe.de/fachbuch (Bestellung versandkostenfrei),
0800/50 50 445 (Anruf kostenlos) oder in Ihrer Buchhandlung

HAUFE.

Andreas Edmüller / Heinz Jiranek

Konfliktmanagement

Konflikte vorbeugen, sie erkennen und lösen
4. Auflage

Toptitel zum Sonderpreis

HAUFE.

ca. 224 Seiten
Buch: € 19,95 [D]
eBook: € 16,99 [D]

Praktische Strategien gegen Konflikte

Dieses Buch hilft Ihnen, Konfliktsituationen zu erkennen und zu entschärfen. Die Autoren erklären ihre Entstehung und welche Phasen sie durchlaufen. Das Buch liefert Ihnen viele praktische Verhaltensbeispiele für verschiedene Konfliktsituationen. Und: Praktische Tipps zum Thema Mobbing.

Jetzt bestellen!
www.haufe.de/fachbuch (Bestellung versandkostenfrei),
0800/50 50 445 (Anruf kostenlos) oder in Ihrer Buchhandlung

HAUFE.